Wer war das? · Abenteurer und Entdecker

Christine Schulz-Reiss

WER WAR DAS?

Abenteurer und Entdecker

Loewe

Bibliografische Information Der Deutschen Bibliothek
Die Deutsche Bibliothek verzeichnet diese Publikation in der Deutschen Nationalbibliografie; detaillierte bibliografische Daten sind im Internet über *http://dnb.ddb.de* abrufbar.

Der Umwelt zuliebe ist dieses Buch auf chlorfrei gebleichtem Papier gedruckt.

ISBN-10: 3-7855-5638-1
ISBN-13: 978-3-7855-5638-2
1. Auflage 2006

Vignetten: Beate Mizdalski
Umschlagfotos: gettyimages/James Strachan (Bücherwand) und akg-images
Umschlaggestaltung: Andreas Henze
Printed in Germany (003)

www.loewe-verlag.de

Wer war das?

Einleitung 11

Mit Lederkappe, Trinkhorn und Rauschebart 13

Der Aufschneider von Venedig 21

Ein Träumer aus Tanger 31

Der Herr der schwimmenden Städte 41

Zur falschen Zeit am falschen Ort 47

Der Held der Lusiaden 55

Gift-Tod im Meer des Friedens 65

Die grausame Gier nach Gold 73

Der kalte Tod vor Kamtschatka 83

Dem Glück der Wilden auf der Spur 89

Groß, charmant und genial 99

Es liegt ein Herz in Afrika … 109

Die Auferstehung der Helena 117

Huckepack durchs ewige Eis 127

Mit dem Sternenbanner am Leib ins ewige Eis 137

Vom Helden zum Griesgram 147

Der teuerste Keks der Welt 157

Allein unter Menschenfressern 167
Der Fluch des Pharaos 177
Auf den Spuren der Ritter 185
Auf der Suche nach den Haschisch-Rauchern 193
Leichtsinn im Kopf und den Teufel im Leib 201
Lucky Lindys rätselhaftes Leben 209
Unterwegs mit Captain Planet 217
Wasserscheu im Ozean 225
Ein Feigling namens Parzival 235
Wovon der Yak-Hirte träumt 245
Ein Mann mit guten Manieren 251
Der Ritt mit der Blechgans 255
Die einsame Frau im Wald 265
Stichwortverzeichnis 274
Der war das! 281

Einleitung

Bering-Straße, Humboldt-Strom, Amerika: Wenn du mit dem Finger über die Weltkarte reist, stößt du immer wieder auf die Namen großer Entdecker. Von anderen, die du in diesem Buch findest, hast du vielleicht in der Schule oder anderswo schon einmal gehört. Ihre Abenteuer oder Entdeckungen haben sie berühmt gemacht. Es gibt über sie aber noch viel mehr zu erzählen: Wer waren sie wirklich? Wo und wie sind sie aufgewachsen? Wie haben sie gelebt? Wurden sie als Abenteurer geboren? Oder was hat sie dazu gemacht? Und was ist aus ihnen geworden?

Antworten auf diese und andere Fragen findest du in diesem Buch. Jedes dieser Leben ist schon ein Abenteuer für sich. Viele Entdeckungen erscheinen, wenn man mehr über den Menschen dahinter weiß, noch einmal in einem ganz anderen Licht. Einige Abenteurer hatten ein klares Ziel vor Augen – und haben es erreicht. Andere entdeckten etwas ganz anderes als das, nach dem sie auf der Suche waren. Einige sind gescheitert – und trotzdem berühmt geworden. Viele haben sich freiwillig in Gefahr begeben, manche wurden von anderen benutzt. Gemeinsam haben die hier vorgestellten Personen, dass sie bis an die Grenzen dessen gegangen sind, was die Menschen ihrer Zeit für möglich gehalten haben, oder sogar darüber hinaus.

Du findest in diesem Buch die Lebensgeschichten von Leuten, die „man" kennt oder von denen die Erwachsenen meinen, du solltest sie kennen. Aber auch von Menschen, deren Namen du vorher vielleicht noch nie gehört hast: Zheng He zum Beispiel oder Ibn Battuta. Die beiden stammen aus Asien und Afrika und sind bei uns bis heute noch wenig bekannt. Das liegt daran, dass sie in anderen Kulturkreisen lebten. Erst im letzten Jahrhundert fingen Historiker und Wissenschaftler an, sich auch für sie zu interessieren. Den Entdeckern dort ging es wie den „Entdeckungen“ zum Beispiel des Christoph Kolumbus: Die Länder, der Kontinent und die Menschen, auf die er gestoßen ist, waren auch vor ihm schon da. Kolumbus war nur der Erste, der den Blick der „alten“ Welt Europa auf sie gelenkt hat. Dass seine Herren dann so taten, als sei diese „neue“ Welt deshalb ihre, ist das dunkle Kapitel der Entdeckungen. Auch darüber wirst du durch die Biografien in diesem Buch etwas erfahren.

Und die Frauen? Warum kommen hier nur so wenige vor? Noch im vergangenen Jahrhundert galt das Reisen – zumal allein – für Frauen als viel zu gefährlich. Außerdem gehörte es sich nicht. Deshalb gab es nur wenige Abenteurerinnen. Für die, die trotzdem ein solches Leben wagten, hat sich früher kaum jemand interessiert, und wir haben nichts von ihnen erfahren.

Die Lebensgeschichten der hier vorgestellten Menschen sind chronologisch geordnet. Sie beginnen um das Jahr 1000 und reichen bis zur Gegenwart. Du kannst dir einzeln herauspicken, wer dich gerade interessiert. Oder du liest die Biografien eine nach der anderen. Dann kannst du gleichzeitig eine Reise durch die Entdecker- und Abenteurer-Geschichte der Menschheit machen. So kannst du nachvollziehen, wie sich der Mensch und sein Blick auf die Welt im Lauf der Jahrhunderte verändert haben: Worum ging es unseren Vorfahren? Was ist uns heute wichtig? Nach jeder Lebensgeschichte erfährst du, was aus einem Abenteurer oder seiner Entdeckung geworden ist.

Am Anfang jeder Biografie steht ein kleines Rätsel über die Person oder ihr Abenteuer. Der Name wird darin noch nicht verraten. Mit dem Rätsel kannst du dich, Freunde, Eltern oder Lehrer testen, indem du fragst: Wer war das?

Mit Lederkappe, Trinkhorn und Rauschebart

Aufgeregt blickt die Festgesellschaft aufs Meer hinaus. Viele der 16 000 Menschen in der Bucht im äußersten Norden Amerikas tragen einen Rauschebart, haben Lederkappen auf dem Kopf und stoßen mit Trinkhörnern an. Endlich ist aus der Ferne das Getucker von Motoren zu hören. Langsam kommt das Geräusch näher. Da sind sie! 13 Knarren aus Island – Langboote wie zu Wikingerzeiten. Die Segel sind gerafft. Sie fahren mit Motorkraft, damit der Wind sie nicht zu schnell an die Küste treibt. 2 200 Seemeilen liegen seit dem Aufbruch von Island bis hierher nach L'Anse aux Meadows in Neufundland hinter ihnen. Mit ihren hölzernen Booten haben sie den Weg genauso hinter sich gebracht wie die Seefahrer, deren historische Reise sie nachvollziehen: Nur der Wind trieb sie an.

Gunnar Marel Eggertsson ist mit seiner Flotte im Juni in Island gestartet. Heute, am 28. Juli 2000, bekommt er wieder Boden unter die Füße. Die Sterne haben ihm den Weg gezeigt – wie seinem Ur-Ur-Ur-Großvater 1 000 Jahre zuvor. Zu dessen Ehren hat er nun das Nordmeer gekreuzt.

Auch sein Urahn steuerte nicht mit vollen Segeln die Küste des in Europa damals noch unbekannten Kontinents Amerika an. Am Ende mussten seine 35 Männer die Masten um- und sich selbst in die Riemen legen, damit niemand sie hörte. Lautlos geht es heute nicht zu: Mit Trommeln und Gesang erwarten Inuit-Frauen die Europäer. Chief Misel Joe, der Häuptling der kanadischen Micmac-Indianer, nimmt Eggertson höchstpersönlich in Empfang. Vor 2 000 Jahren war das anders: Den ersten Europäer, der auf diesen Kontinent kam, hat keiner erwartet.

Wer war das?

Leif Eriksson –

der erste Entdecker Amerikas

Geborem um 970 in Eriksstadir/Island
Gestorben ca. 1025 in Brattahlid/Grönland

Was war denn mit dem los? Gefährlich schwankend torkelte der Seemann aus dem Dickicht auf den Meeresstrand zu. Er sah ganz so aus, als habe er zu tief in sein Trinkhorn geschaut. Oder war er gar in ein ganzes Fass Met gefallen? Unter dem struppigen Bart leuchtete ein fröhlich gerötetes Gesicht. Selig lächelte der Kundschafter seinen Kameraden auf der Knarre im Meer zu. Er schwenkte die Arme, als wollte er sagen: Schaut her, was ich gefunden habe!

Was hielt er denn da in den Händen? Als der Mann näher kam, sah Leif Eriksson, dass es Trauben waren. So prall und rund, dass er glaubte, ihre Süße schon auf der Zunge zu spüren. Die 34 anderen Männer neben ihm fingen an zu grölen und hielten sich vor Lachen die Bäuche. Der Kerl war total betrunken! Hier gab es also Wein oder andere berauschende Früchte. Wenn das keine gute Nachricht war!

Leif Eriksson war mehr als zufrieden: Sie hatten sie gefunden, Bjarnis grüne Küste, von der ihm der Kaufmann in Grönland erzählt hatte. Bjarni Herjulfsson hatte sie nach einer Irrfahrt im Nebel nur in der Ferne gesehen. Er war auf seiner Schifffahrt von Island nach Eriksfjord hoffnungslos vom richtigen Kurs abgekommen und glaubte schon, sein verwirrter Kopf spiegele ihm ein Trugbild vor. Deshalb hatte sich Bjarni nicht näher an dieses fremde Land herangewagt. Wusste er doch nicht, ob diese grüne Küste nicht nur ein Hirngespinst war. Es war keins. Das konnte Leif Eriksson nun bezeugen. Er würde dieses grüne Land Vinland, Weinland, nennen. Leif musste lächeln. Immer, wenn er den Namen künftig aussprechen würde, sollte er das glückliche Gesicht seines betrunkenen Kundschafters vor Augen haben, wie der mit den Trauben zurück zu ihrem Boot getorkelt war.

So könnte sie abgelaufen sein: die wahre Entdeckung Amerikas durch den ersten Europäer. Was wir von ihr und dem Mann, der sie machte, wissen, können wir nur zwei Sagen entnehmen. Andere Berichte gibt es nicht. Und auch die Sagen wurden erst lange nach dem Tod des Wikingers niedergeschrieben. Aber noch heute kennt sie in Norwegen, Island und Grönland jedes Kind: die Greenländer-Saga und die Saga von Erik dem Roten, der der Vater des Wikingers Leif Eriksson war.

Lange war Leif mit 35 Mann an Bord seiner hölzernen Knorr auf der Suche nach dem fruchtbaren Land durchs Nordmeer gekreuzt. Die Knorr, das Handelsschiff der Wikinger, hatte er einem Drachenboot vorgezogen. Sie bot mehr Ladefläche für Proviant und die erhoffte Beute als die Furcht erregenden Schiffe mit den Drachenköpfen am Bug.

In Grönland, von wo Leif um die erste Jahrtausendwende n. Chr. kam, wurden die Weidegründe knapp. Eriksson hoffte deshalb, ein Land zu finden, in dem die Winter nicht so erbarmungslos kalt waren und die Sommer ergiebigere Ernten als seine karge Heimat versprachen. Auf der langen Reise durchs Nordmeer waren sie nach 320 Kilometern auf eine unbekannte Küste gestoßen, die Eriksson Helluland, Steinland, nannte. Dort ragten riesige Felsplatten weit ins Meer, was sie für den Ackerbau untauglich machte. Vermutlich war das der Süden von Baffin Island im heutigen Kanada.

Dann waren sie weiter südlich zu einem „Waldland"– in der Sage heißt es auch „Markland"– gelangt. Forscher vermuten, dass damit das heutige Labrador gemeint war. Die Wälder dort waren zwar grün und boten reiche Ausbeute an Holz. Doch Leif Eriksson fand das Klima noch immer zu rau, um sich hier niederzulassen. Also steuerte der Sohn Eriks des Roten weiter nach Süden, bis er auf dieses grüne Ufer stieß. Die Fischgründe davor waren reich. Üppig die Wiesen im Hinterland, aus dem sein Kundschafter so überaus fröhlich zurückgekommen war. Vermutlich war es Neufundland, die Stelle am Meer vielleicht genau die, an der Kapitän Egertsson 1 000 Jahre nach seinem Urahn so freundlich empfangen werden sollte.

Einige Forscher glauben, dass Leifs Landgang noch weiter südlich, bei Cap Cod in der Gegend des heutigen Boston oder gar in der Nähe von New York, stattgefunden haben könnte. Die geografische Beschreibung eines Ortes namens „hop" in der Greenländer-Sage passt ziemlich gut auf die Hafenbucht, in der heute die amerikanische Millionenstadt steht. Sei's drum! Viel erstaunlicher ist doch, dass Leif in der rauen See von hoch oben aus dem Norden der Welt überhaupt so weit gekommen war. Ohne Karten und Kompass. Navigiert wurde nach den Sternen. Einsam auf einem unbekannten Meer, in dem es, sollten sie kentern, keine Hoffnung auf Rettung gab.

Die Wikinger navigierten ihre Schiffe nach den Sternen. Den Kompass gab es damals noch nicht. Er wurde erst Anfang des 2. Jahrtausends vermutlich in China erfunden.

Die Suche nach neuem Land war für die Wikinger des ersten Jahrtausends unserer Zeitrechnung ein Überlebensgebot. Von Kindesbeinen an war Leif Eriksson das raue Leben eines Seefahrersohnes gewohnt. Wobei sein Vater ein ganz besonders rüder Geselle war. Wir wissen nicht, wie bei den Wikingern eine glückliche Kindheit aussah. Sicher ganz anders als alles, was wir heute darunter verstehen. Wurde ein Kind seinen Eltern zur Last, setzten sie es einfach aus.

Das war dem kleinen Leif zwar nicht widerfahren. Wohl aber bekam er zu spüren, dass die Menschen um ihn herum seinen Vater fürchteten. Der, Erik der Rote, war für seinen Jähzorn bekannt. Die Leute hatten Angst vor ihm, weil er ein berüchtigter Totschläger war. Erik der Rote, so benannt wegen seines feurigen Schopfs, hatte deshalb schon jung das Land seiner Vorfahren, Norwegen, verlassen müssen. Notgedrungen siedelte er sich in Eisland, dem heutigen Island, an.

Leifs Familie wurde aus Norwegen verbannt, weil sein Vater ein Totschläger war.

In Island wurde Leif um das Jahr 970 geboren. Als sein Vater dort angekommen war, waren zwar auch die fruchtbaren Gründe Islands schon vergeben. Aber Erik hatte einen Platz im Nordwesten der Insel gefunden, an dem er sich ein Haus bauen konnte. Der Ort wurde nach ihm Eriksstadir benannt. Die Frau des Roten, Thjodhildur, bekam nach Leif drei weitere Kinder. Dass alle vier Geschwister überlebten, war eine Besonderheit. Wurde doch in diesen harten Zeiten und dem kargen Land nur jedes dritte Kind überhaupt zehn Jahre alt. Vor allem die langen Winter brachten Hunger und Tod. Angeblich war es ein Wikinger, der aus gemahlener Baumrinde ein hartes, dünnes, trockenes Brot buk und so aus purer Not das Knäckebrot erfand …

Thjodhildur hatte nicht nur ihre liebe Not, die Kinder satt zu kriegen. Auch ihr Mann brachte neuen Kummer: Er wurde wieder zum Mörder. Diesmal waren gleich zwei Männer den Fäusten des Roten nicht lebend entkommen. Mit den Wikingern war nicht zu spaßen. Nicht von ungefähr trugen ihre Herrscher Namen wie Erik Blutaxt, Ivar der Knochenlose oder Geirmundr Höllenhaut. Feinden von außen Boden und Beute abzunehmen und dabei den Schädel einzuschlagen war nichts Ehrenrühriges. Wohl aber, gegenüber den eigenen Landsleuten die Fäuste nicht zügeln zu können. Das wurde hart bestraft! Und der Rote trieb es auch in Island gar zu toll. Diesmal wurde er für drei Jahre aus der neuen Heimat verbannt. Wieder galt es, eine neue Bleibe zu suchen. Der Weg zurück nach Norwegen war ihm Zeit seines Lebens verstellt. Also ging es wieder aufs Meer und noch weiter nach Westen.

Erik der Rote fand die größte Insel der Erde, Grönland.

Dort sollte es noch eine Insel geben. Keiner wusste, wo genau sie lag, geschweige denn, wie und ob man dort überhaupt leben konnte. Angeblich hatten irische Mönche sie irgendwann auf der Flucht vor den Wikingern entdeckt. Erik fand dieses Land und siedelte sich mit Thjodhildur, Leif, Thorvald, Thorstein und der kleinen Freydis an. Er nannte es Greenland, grünes Land. Was der Wikinger damals nicht wusste: Er hatte die größte Insel der Erde, Grönland, gefunden. Erik der Rote verdankte es also seiner Verbannung, dass er Aufnahme in die Geschichtsbücher fand. Vielleicht hat dieses Erlebnis auch in Leif den Entdeckermut geweckt, der ihn zum Nationalhelden Norwegens werden ließ.

Diesmal konnte keiner seinem Vater Grund und Boden streitig machen, weil er noch niemand gehörte. Auch wenn Grönlands Klima zu Wikingerzeiten nicht ganz so grimmig wie heute war: Der Name „grünes Land“ war maßlos übertrieben. Erik wollte mit ihm andere Wikinger anlocken. Einem Fjord und einer vorgelagerten Insel gab er seinen Namen, um zu zeigen, wer der Herr im Lande war. Nach der dreijährigen Verbannung fuhr Erik nach Island zurück, um Siedler anzuwerben. Mit 25 Schiffen fuhren sie los. Nur 14 kamen tatsächlich in Grönland an. Die anderen kenterten im eisigen Meer. Die Einwanderer bauten an Eriks Fjord zwei Dörfer, Vestbygd und Austbygd. Bald zählten die Siedlungen 4 000 Bewohner.

Leifs Zuhause war Brattahlid, ein Hof in der Nähe von Austbygd. Ruinen davon sind noch erhalten. Für den Sohn Eriks war es nun an der Zeit, ein „richtiger“ Wikinger zu werden. Eigentlich hätte Leif dazu einen „Viking“ – einen Raubzug – erfolgreich bestehen müssen. Jeder Junge ab zwölf Jahren musste sich so als Mann beweisen, um vollwertiges Mitglied der Gesellschaft zu werden. Doch Leif war weit sanftmütiger als sein Vater. Statt Boote zu entern, rettete er lieber Leben. Einmal zog er 14 Schiffbrüchige aus den eiskalten Fluten. Seitdem wurde er

„Leif hinn heppni“, Leif der Glückliche, genannt. Bei ihm sollte als Beweis des Mannesmuts genügen, dass er allein mit einem Schiff den Weg in die alte Heimat, ins Land der Ahnen, nach Norwegen fand.

Es wurde eine lange Reise. Stürme trieben sein Drachenboot weit nach Süden ab. Er landete schließlich westlich von Schottland auf den Hebriden. Den Winter über harrte er dort aus. Nicht ein räuberisches Abenteuer, sondern die schöne Thorgunna machte ihn zum Mann – ihr blieb ein Kind als Erinnerung ...

Als Eriksson nach Norwegen kam, war Olaf Trygvasson dort Herrscher. Der König hatte sich vom grausamen Glauben der Wikinger an den einäugigen Kriegsgott Odin und dessen furchtbaren Sohn Thor abgewandt und war zum Christen geworden. Nun wollte er sein ganzes Volk bekehren. Leif wurde sein Freund. Auch er ließ sich taufen. Der König schickte ihn mit dem Auftrag nach Grönland zurück, die Landsleute dort zu Christen zu machen. Beim „roten Erich“ hatte Leif damit keinen Erfolg. Doch die Mutter ließ gegen den Willen des Vaters auf Brattahlid sogar eine kleine Kapelle bauen. Archäologen fanden im 20. Jahrhundert Reste davon. In den nächsten Jahren wurden die Grönländer Christen. Auch für dieses Verdienst wurde Leif Eriksson bekannt.

Leif Eriksson brachte das Christentum nach Grönland.

Danach machte sich der Sohn des Roten auf den langen Weg nach Amerika. Als sicher gilt, dass er mit seinen Männern dort überwintert hat. Sie bauten sich Langhäuser an einem Ort, den sie Leifsbudir nannten. Die Reste eines solchen Gebäudes gruben Forscher später bei L'Anse aux Meadows in Neufundland aus. Im nächsten Sommer soll Leif nach Grönland zurückgekehrt sein.

Sein Vater war inzwischen gestorben. Leif als der älteste Sohn übernahm Brattahlid und führte den Hof, bis er vermutlich im Jahr 1025 starb.

Mit den Ureinwohnern Amerikas, den Inuit oder Eskimos und Indianern, wie Kolumbus sie 500 Jahre später nennen sollte, kam erst Leifs Bruder Thorwald in Kontakt – mit tödlichem Ausgang. Die Nordmänner stöberten neun Eingeborene auf, die sich unter ihren umgedrehten Lederbooten versteckt hatten. Acht von ihnen wurden getötet. Der neunte floh und kehrte mit einer Streitmacht zurück, gegen die die Wikinger keinerlei Chance hatten: Gegen die Pfeile der wendigen Indianer kamen die wilden Gesellen aus Grönland mit ihren schweren Äxten und Speeren nicht an. Ein Rätsel bleibt, warum die Wikinger die Eingeborenen trotzdem „Skrälinger", Schmächtige, nannten.

Nach rund 40 Jahren gaben die Nordmänner ihre Besiedlungsversuche in Amerika auf.

Ahnungslose Entdecker

Leif Erikssons Entdeckung Amerikas war im restlichen Europa lange völlig unbekannt. Deshalb gilt Christoph Kolumbus als der Mensch, der als Erster, von unserer Seite der Welt aus kommend, diesen fernen Kontinent betrat. Eines haben die beiden Entdecker gemeinsam: Keiner von ihnen wusste zu seinen Lebzeiten, auf was er da wirklich gestoßen war.

Eriksson hielt sein Vinland nur für eine große Insel. Er ahnte nicht, dass er an einem bis dahin unbekannten Kontinent gelandet war. Die Wikinger trieben noch lange Handel mit den „Skrälingern". Archäologen fanden dort alte Münzen aus Norwegen.

Alexander von Humboldt wunderte sich im 19. Jahrhundert über „weiße Indianer", die groß und blauäugig waren. Sie trugen ihre Boote über Land von einem Fluss-System in das andere. Genau so, wie die Wikinger das in grauer Vorzeit taten.

Der Aufschneider von Venedig

„Mein Sohn und Ihr Gefolgsmann!" Mit diesen Worten stellt der Kaufmann aus Venedig seinen 21-jährigen Sprössling dem Kaiser von China vor. Dieser und sein Onkel werfen sich vor dem goldenen Thron des Großkhans der Mongolen im Marmorpalast von Xanadu auf den Boden.

Wir schreiben das Jahr 1275. Hinter den drei Europäern liegt eine vierjährige Reise. Über 7 000 Kilometer haben sie zu Fuß und zu Pferd auf ihrem Weg ins ferne China hinter sich gebracht. Sie durchquerten das Pamir-Gebirge, dessen Gipfel sich bis zu 7 000 Meter in den Himmel erheben. Sie kämpften sich durch die Wüste Takla Makan. Hinter ihnen liegen zahllose Abenteuer – und vor ihnen 17 Jahre im riesigen, unbekannten Reich des großen Kublai Khan. Dem gefällt der junge Mann, vor allem seine Wissbegier und Unerschrockenheit. Deshalb macht der Kaiser ihn zu seinem persönlichen Gesandten.

Der venezianische Kaufmannssohn wird Statthalter von Hangchow (Hangzhou), der nach seinen Worten „bei weitem glanzvollsten Stadt der Welt" und dem wichtigsten Handelszentrum am Pazifik südlich von Shanghai.

Erst 1295 werden die drei Abenteurer endlich wieder in ihr geliebtes Venedig kommen. Einem Schriftsteller erzählt unser Held von der Reise. Dessen Aufzeichnungen tragen ihm den Spottnamen „Il Millione", „der Aufschneider", ein. Zu fantastisch hören sich seine Schilderungen für die Menschen an. Er gibt dem östlichen Teil der Erde ein neues Gesicht. Landkarten werden umgezeichnet, neue Reiserouten erprobt. Der Weltruhm, den ihm sein „Buch der Wunder" einbringt, hält bis heute an.

Wer war das?

Marco Polo –

im Dienste des Kaisers von China

Geboren 1254 als Venezianer
Gestorben am 8.1.1324 in Venedig

Diese Träume! Dieses Fieber! Es war, als hätten Marco die Geister, deren Stimmen er auch später, nach seiner Krankheit, noch hören wird, schon leibhaftig gepackt! Über Wochen schüttelten den jungen Mann nun schon die Hitzeschübe. Im nächsten Moment – schweißgebadet noch – fing er an zu frieren. Wenigstens ließ ihn der Vater, der sich schon einmal für lange Zeit von ihm verabschiedet hatte, dieses Mal nicht wieder allein …

Das war im Jahr 1260 gewesen, als Niccolò Polo und dessen Bruder Maffeo die Familie in Venedig verließen, um nach Konstantinopel – dem heutigen Istanbul – zu reisen. Damals war Marco gerade sechs Jahre alt. Gute Geschäfte warteten an der Wasserstraße zwischen dem Mittelmeer und Schwarzen Meer auf die venezianischen Kaufleute, kamen dort doch die begehrten Handelswaren aus dem fernen Osten an – Gewürze wie Pfeffer und Zimt, kostbare Gewebe, Edelsteine und Farben. Sie fuhren die Meerenge, die Europa von Asien trennt, hinauf ins Schwarze Meer bis an die Krim. Und lernten dort durch Zufall einen Gesandten des Großen Khan der Mongolen kennen: Der schwärmte ihnen nicht nur vor, dass es im Reich des Kaisers von China noch viel bessere Geschäfte zu machen gab. Sein Herr habe zudem schon lange den Wunsch, Europäer kennen zu lernen und etwas über ihren Glauben zu erfahren. Schließlich hatte sich des Kaisers Mutter dem Christentum zugewandt. Ob sie nicht mitkommen wollten?

Das ließen sich die Brüder Polo nicht zweimal sagen! Die Einladung war wie ein Geschenk Gottes. Klang das doch verführerisch nach seltenen Waren, guten Geschäften, vielleicht sogar Gold? Die Polos schlossen sich dem Mongolen an – und reisten tief ins Reich der Mitte, zu Kublai Khan, dem mächtigsten Herrscher der damaligen Welt. Es sollte neun Jahre dauern, bis sie zurück nach Venedig kamen. In der Tasche hatten sie eine Depesche des Khans für den Papst und den Auftrag, mit hundert Gelehrten und Öl vom Heiligen Grab in Jerusalem wieder nach China – damals Cathay genannt – zurückzukehren. Der Kaiser hatte ihnen extra goldene Täfelchen mit einer Inschrift um den Hals hängen lassen. Daran konnte jeder erkennen, dass sie in seinem Auftrag unterwegs waren. Damit standen sie unter seinem Schutz, und jeder war verpflichtet, ihnen bei Bedarf beizustehen.

Schon Marcos Vater war Gast am Hof des Kublai Khan.

1269 kamen die Brüder zurück nach Venedig. Doch Papst Clemens IV. war soeben gestorben. Sie warteten zwei Jahre vergeblich auf die Wahl eines Nachfolgers, dann reisten sie so wieder los. Diesmal durfte der junge Marco, inzwischen 17 Jahre alt, sie begleiten, wohl auch, weil kurz zuvor seine Mutter gestorben war. Kaum waren sie abgereist, fanden die Kardinäle doch noch einen neuen Stellvertreter Gottes. Die Polos warteten in Akkon im früheren Palästina auf einen Legaten Gregors X., der ihnen einen Brief des neuen Papstes und Geschenke für den Mongolenfürsten übergab. Die hundert Wissenschaftler und Theologen, die der Khan nach Kambaluc – dem heutigen Beijing (Peking) – holen wollte, fanden sich nicht. Nur zwei Dominikanermönche schlossen sich den Handlungsreisenden an. Bereits in Armenien kehrten die beiden frommen Männer allerdings wieder um, weil ihnen schon dort die Reise zu mühsam war.

1271 begann schließlich der lange Weg der drei Polos nach Osten. Das Abenteuer sollte 24 Jahre dauern und dem Jüngsten von ihnen, Marco, zu Weltruhm verhelfen. Heute, fast 800 Jahre später, schmücken sich immer noch viele Firmen mit seinem Namen. So mancher Fernost-Reisende des 21. Jahrhunderts gibt gern damit an, indem er sagt: „Ich wandle auf Marco Polos Spuren."

Doch zurück zu dem fiebernden jungen Mann. Für ihn galt es jetzt erst einmal, seiner Krankheit Herr zu werden. Wie gut, dass er in den Händen dieser heilkundigen Mönche mit den kahl rasierten Schädeln war! Sie gaben ihm Gerstenmehl, das sie mit Yak-Butter mischten, und andere fremdartige Speisen. So päppelten sie Marco in ihrem buddhistischen Kloster am Fuß des gewaltigen Pamir-Gebirges auf, damit er den Kampf gegen die mörderische Malaria gewann. Fast ein Jahr mussten Vater und Onkel warten, bis Marco endlich gesundet war.

Marco schwärmte von den Sitten in Tibet.

Oder gab es in Wahrheit einen anderen Grund, der die nur aus Männern bestehende Reisegesellschaft so lange dort ausharren ließ? Trotz seiner Krankheit erinnerte sich Marco, inzwischen 18 Jahre alt, später gern zurück an seine tibetische Zeit. Herrschte hier doch die Sitte, dass kein Mann freiwillig eine Jungfrau heiratete. Im Gegenteil: Die künftige Gattin war umso wertvoller, je mehr Liebhaber sie bereits vor ihrer Eheschließung gehabt hatte. „Ein herrliches Land für einen 16- bis 24-Jährigen!", schwärmte Marco später in seinem „Buch der Wunder". Vielleicht machte er diese Entdeckung aber auch erst Jahre danach: Als Gesandter des Kaisers von China kam er erneut nach Tibet.

Vorerst waren sie aber noch auf dem Weg zum Kublai Khan. Der schwierigste Teil der Reise lag erst vor ihnen: hinauf in die Hochebenen des Pamir-Gebirges, vorbei an Gipfeln von 6000 und 7000 Metern Höhe. Auf Pferden, mit Lastenträgern, begleitet von Yaks. Deren Dung nährte in den Nächten das Feuer, das in den eisigen Höhen überlebensnotwendig war. Die Milch der Tiere stellte wertvolle Nahrung für die Menschen dar.

In diesen 40 Tagen auf dem Dach der Welt entdeckte Marco Polo etwas, für das sich erst Jahrhunderte später eine wissenschaftliche Erklärung fand: Das Essen ließ sich hier oben viel schwieriger kochen. Polo führte das auf die große Kälte zurück. Wir wissen es heute besser: Bei dem hohen Luftdruck in den Bergen kocht das Wasser schon unter 100 Grad. Deshalb brauchen die Speisen viel länger, um gar zu werden. Für die Menschen des Mittelalters war diese Erfahrung geheimnisvoll.

Hinter sich hatten die drei Venezianer nun das Schwarze Meer, Armenien, den Kaukasus, Persien, Usbekistan und schließlich den Pamir. Jetzt musste ihre Karawane eine Woche lang ruhen, um Kräfte zu sammeln. Denn ebenso unfreundlich wie das Gebirge erwartete die Reisenden die Wüste Takla Makan. Für sie hieß es Vorräte bunkern – einen Monat lang sollte ihre Durchquerung dauern. Zwar kannten die mongolischen Begleiter Wasserstellen, die jeweils eine Tagesreise voneinander entfernt lagen. Aber Essbares gab es in der ganzen Wüste nicht. Würden sie überhaupt hindurchfinden, ohne den Weg zu verlieren? Die Abenteurer hatten weniger Angst vor einer Fata Morgana, einer Luftspiegelung, die sie hätte auf Irrwege führen können, als vor den schaurigen Klängen, die der Wind erzeugt, wenn er über die endlosen Sanddünen streicht: Wie Lockrufe unheimlicher Geister hörte sich das an, manchmal wie „Saiteninstrumente, Trommelklang und Waffenlärm“. Den Tieren hatten sie Glocken um den Hals gehängt, damit sie davon abgelenkt und „daran gehindert würden, vom rechten Weg abzuirren“.

All dies schrieb Marco Polo fleißig auf – ebenso wie er notierte, was er bei den Menschen der fremden Völker beobachtete, durch deren Länder er kam: Deren Sitten und Gebräuche, Sprachen und Speisen – alles war neu und wundersam.

Marco Polo kannte China besser als der Kaiser.

Die Gewohnheit, sich Notizen zu machen, behielt Marco bei, als er später Gesandter des chinesischen Kaisers war. Der erfuhr häufig erst aus den Berichten des Venezianers, wie seine Untertanen in den entlegensten Ecken seines riesigen Reiches lebten. Wohl auch deshalb lehnte der Kublai Khan es 17 Jahre lang ab, die Freunde aus Europa wieder ziehen zu lassen. Marco Polo sollte für ihn zum wichtigsten Kundschafter in eigener Sache werden.

Vierzig Tage vor Erreichen ihres Zieles Kambaluc fing eine Gruppe von Kurieren des Großkhans die Reisenden ab. Sie waren beauftragt, sie sicher zu ihm zu bringen – aber nicht in die Hauptstadt, sondern weiter nach Norden zur kaiserlichen Sommerresidenz. Diese befand sich in dem sagenhaften Xanadu, heute Shangtu genannt. Prachtvolle Häuser und Paläste waren den Venezianern aus ihrer reichen Heimatstadt wohl bekannt. Doch Xanadu muss bei weitem alles übertroffen haben, was ihnen je vor Augen gekommen war. Säle und Zimmer des Palastes waren vergoldet. Die Dächer ruhten auf Säulen, auf deren oberem Ende je ein Drache saß. Deren ausgestreckte Tatzen wiederum trugen eine Decke aus lackiertem Bambus. Aus ebendiesem Material bestand ein Palast im Palast, den der Kaiser überall hin mitnehmen konnte. Mit 200 Seilen wurde er an seinem jeweiligen Ort wie ein Zelt wieder aufgestellt. So schilderte Marco Polo später, was er in Xanadu sah.

Das Angebot Niccolò Polos, seinen Sohn in die Dienste von Kublai zu stellen, nahm der Khan der Mongolen sofort an: Marco wurde zu einem seiner engsten Vertrauten und nach zwei Jahren sogar Mitglied im Geheimen Rat seines Hofes. Im Auftrag des Kaisers bereiste er in den insgesamt 17 chinesischen Jahren dessen ganzes Reich. Polo berichtete später von Korea und Sibirien, Burma und Bengalen, Armenien und Tibet sowie Indien und sogar Japan. Dass er dort – im sagenhaften Cipangu –

tatsächlich war, darf bezweifelt werden: Schließlich waren Versuche der Mongolen, diese ihrem Reich vorgelagerte Insel zu erobern, gescheitert.

Polos Schilderungen dieses angeblich vor Gold schier überquellenden Landes faszinierten später, im 15. Jahrhundert, einen anderen Entdecker so sehr, dass er Zeit seines Lebens auf der Suche nach einem westlichen Weg nach Cipangu war: In Christoph Kolumbus' Nachlass fand sich eine Ausgabe von Polos „Buch der Wunder". An den Stellen, an denen es um Japan geht, war es mit zahlreichen Anmerkungen versehen.

Auch Christoph Kolumbus wollte nach Japan.

Noch tiefer beeindruckt zeigte sich Marco Polo von der „Stadt des Himmels", der Hafenstadt Hangchow: Sie muss ihn mit ihren Wasserkanälen und prächtigen Handelshäusern an Venedig erinnert haben, das sie an Reichtum und Komfort aber noch bei weitem übertraf. Polo berichtet begeistert, dass es in Hangchow sogar ein eigenes System für die Ableitung der Abwässer gab. Er zählte „1 600 000 häusliche Herde" – damit sind Familien und Haushalte gemeint. Fasziniert schildert er die riesigen Gebäude aus Stein, in denen Händler aus aller Herren Länder ihre Waren lagerten. Begeistert berichtete er, dass es sogar öffentliche Badehäuser mit wahlweise warmem und kaltem Wasser gab.

Marco Polo wurde nicht müde, seinen Herrn und Gebieter zu loben: „Alle Könige und Kaiser der Welt und alle Könige der Christen und Sarazenen zusammengenommen vermöchten nicht zu leisten, was dieser Kublai, der Großkhan, zu Wege brachte!", wird sich das später lesen. In China lernte Polo das Papiergeld kennen. Er staunte über ein Postwesen, das so perfekt organisiert war, dass eine Botschaft von sich abwechselnden berittenen Boten an einem Tag über 500 Kilometer weit überbracht werden konnte.

Bei aller Abenteuerlust – die Polos wollten wieder nach Hause. Niccolò und Maffeo waren alte Männer geworden. Und auch

Kublai Khan ging mittlerweile auf die 70 Jahre zu. Niemand wusste, ob – wenn der Kaiser plötzlich sterben sollte – sein Nachfolger den Europäern genauso wohl gesonnen sein würde wie er. Doch der Kaiser wollte von einer Rückreise der Venezianer nichts wissen. Bis ihnen der Zufall zu Hilfe kam: Es war im Jahr 1292, als die Mongolenprinzessin Kokachin mit einem persischen Fürsten verheiratet werden sollte. Die Venezianer boten sich als ihre Begleiter an – und der Khan stimmte zu.

Doch die Hochzeitsgesellschaft sollte nicht den beschwerlichen Landweg nehmen. Mit großem Gefolge, einer Flotte von 14 Viermastern, segelte die Prinzessin nach Persien: von Hangchow durchs südchinesische Meer, vorbei am heutigen Vietnam, um die Südspitze von Malaysia herum nach Sumatra. Dort wurden sie fünf Monate lang von stürmischem Wetter festgehalten. Um nicht den dort lebenden Kannibalen in die Hände zu fallen, wurde sogar ein riesiges Lager errichtet, um das herum Tag und Nacht auf eigens gebauten Türmen eine feste Wache stand.

Wieder auf See, passierten sie die Nikobaren und Andamanen, legten in Ceylon – heute Sri Lanka – und Südindien an. Alles Länder, in die bis dahin noch nie ein Europäer einen Fuß gesetzt hatte. Umso ausführlicher schilderte Marco Polo, was es dort alles an Kostbarkeiten, Edelsteinen, wertvollen Stoffen und Stickereien gab. Die Strapazen von Wüste und Gebirgen blieben ihnen diesmal erspart – und doch sollen 600 Menschen aus dem Geleit der Prinzessin während dieser langen Fahrt ums Leben gekommen sein.

In Hormus ging es schließlich wieder an Land. Die Polos übergaben Kokachin ihrem Fürsten und setzten zur letzten Etappe ihrer Rückreise an. Über Kerman, Täbris und Erzurum ging es nun bis ins türkische Trapezunt. Von dort segelten sie durchs Schwarze Meer nach Konstantinopel und gelangten schließlich zurück ins heimische Mittelmeer. Drei Jahre hatte die Rückreise gedauert, bis Marco Polo 1295 endlich wieder seinen Fuß auf venezianischen Boden setzen konnte. Vom Kaiser üppig beschenkt, kam er als reicher Mann dort an. Er wurde Kaufmann wie sein Vater. Ansonsten ist aus dem nun folgenden Lebensabschnitt des jetzt 41-Jährigen kaum etwas bekannt.

In einem Vierteljahrhundert hatte Marco Polo 50 000 Kilometer zurückgelegt.

Dass die Nachwelt überhaupt so ausführlich von seinen fantastischen Reisen erfuhr, ist der Konkurrenz seiner Heimatstadt Venedig mit der anderen norditalienischen Handelsmetropole Genua zu verdanken. Als es zu einem Seegefecht zwischen beiden vor dem heutigen Kroatien kam, befehligte Marco Polo eine Kriegsgaleere. Die Genueser siegten – und steckten ihn für drei Jahre ins Gefängnis. Dort lebte er in seiner Zelle mit einem anderen Häftling namens Rustichello zusammen, der Schriftsteller war. Ihm erzählte Marco Polo von seinen Reiseerlebnissen. Rustichello schrieb daraus das „Buch der Wunder", das nach seinem Erscheinen einen reißenden Absatz fand.

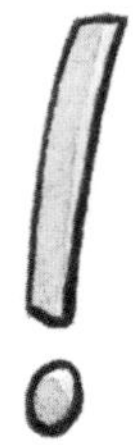

Gut möglich, dass Geschichten wie die von Menschen mit Hundeköpfen und -schwänzen, einfüßigen Schnellläufern und Vogelmenschen, Fledermäusen so groß wie Geier oder Stachelschweinen, die ihre Stacheln einzeln zur Verteidigung auf einen Angreifer abschossen, Rustichellos Fantasie entsprungen waren. Bis zum 15. Jahrhundert wurde „Il Millione" – so wurde nicht nur Polo, sondern auch sein „Buch der Wunder" genannt – jedenfalls in fast alle europäischen Sprachen übertragen. Über 100 Mönche und Übersetzer machten sich daran zu schaffen, sodass bald nicht mehr nachzuvollziehen war, was darin schon Dichtung und was noch Wahrheit war.

Marco Polo selbst heiratete nach seiner Haft im Jahr 1299 und wurde Vater dreier Töchter. Sein Leben endete mit 70 Jahren. 1324 – auf dem Sterbebett – soll sein Beichtvater auf ihn eingeredet haben, wenigstens jetzt noch seinen vermeintlichen „Lügen" abzuschwören. Stattdessen hat Marco Polo nach der

Überlieferung als Letztes in seinem Leben folgende Worte gesagt: „Ich habe nicht die Hälfte dessen erzählt, was ich sah, denn ich wusste, man würde mir keinen Glauben schenken."

Dichtung und/oder Wahrheit?

Noch rund 700 Jahre nach seinem Tod streiten sich zwei Städte darum, der Geburtsort Marco Polos zu sein. Venezianer war er in jedem Fall. Das heißt aber nur, dass er ein Angehöriger der Republik Venedig war. Die erstreckte sich damals von Italien über die dalmatinische Adria bis zur Stadtrepublik Ragusa, dem heutigen Dubrovnik. Ein Venezianer musste also nicht unbedingt ein Kind der gleichnamigen Lagunenstadt sein.

Noch heute nehmen sowohl Venedig als auch die kroatische Insel Korcula für sich in Anspruch, der Heimatort des Weltreisenden gewesen zu sein: In beiden kann man ein „Geburtshaus" Polos bestaunen.

Auch an seinen Reiseberichten sind Zweifel erlaubt: Marco Polo kann nicht alles, was er erzählt hat, selbst erlebt haben. In seinen Berichten kommen auch Gegenden vor, in denen er nicht gewesen sein kann. Zumindest hat er aber hervorragende Informanten gehabt. Andererseits fehlt einiges im „Buch der Wunder", was er eigentlich gesehen haben müsste: die Jagan Kerme etwa, die chinesische Mauer, die sich bereits im 13. Jahrhundert Tausende von Kilometern weit durch die Landschaft zog. Nach der geschilderten Reiseroute hätte Polo sie zweimal queren müssen. Sicher ist: Einen Teil seines Weges legte der Venezianer auf der so genannten Seidenstraße zurück. Sie war bereits seit dem zweiten Jahrhundert vor Christus ein viel benutzter Handelsweg der Karawanen.

Ein Träumer aus Tanger

„Ich träumte, ich sei auf den Schwingen eines riesigen Vogels. Er flog mit mir Richtung Mekka, dann in den Jemen. Und schließlich flog er ganz weit nach Osten, landete in einem dunklen und grünlichen Land und setzte mich dort ab." Als der junge, bärtige Mann dem Scheich in Alexandria am nächsten Morgen von diesem Traum erzählt, kommt er aus dem Staunen nicht mehr heraus: Denn der, Abu Abdullah al-Murschidi, kann nicht nur nahtlos fortsetzen, wie die nächtlichen Fantasien weitergingen, sondern sagt ihm auch eine Reise in den Orient voraus.

Ob der Scheich wohl ahnte, dass sein Besucher aus Tanger insgesamt 29 Jahre lang und über 120 000 Kilometer weit in – nach heutigen Grenzen – über 40 Ländern der Erde unterwegs sein würde? Die Strecke war dreimal so lang wie die, die sein europäischer Vorgänger Marco Polo zurückgelegt hatte. Dabei wollte der marokkanische Kaufmannssohn, der die Gastfreundschaft Abu Abdullah al-Murschidis in Anspruch genommen hatte, bei seinem Aufbruch von Tanger nur seiner Pflicht als Muslim nachkommen. Er wollte nach Mekka, in die Stadt des Propheten Muhammad, pilgern. Aus dieser „Hadsch" – so heißt die Pilgerfahrt – wurde die längste Reise des 14. Jahrhunderts.

Zum ersten Mal wurde die gesamte islamische Welt erkundet, die sich damals von Südspanien bis China, vom Kaspischen Meer bis ins ostafrikanische Tansania hinzog. Unser Abenteurer hat damit mehr von der Welt gesehen als je ein Mensch zuvor. Die Länder, die er bereiste, hat er gründlich erkundet. Jeder gebildete Muslim kennt seinen Bericht darüber. Außerhalb der islamischen Welt wurde sein Buch dagegen erst im 19. Jahrhundert bekannt.

Wer war das?

Ibn Battuta –
unterwegs auf Allahs Teppich

Geboren am 24.2.1304 in Tanger/Marokko
Gestorben vermutlich 1369 in Tanger

So lässt es sich reisen! 1 000 Reiter des Sultans begleiten den prächtigen Zug. 100 Konkubinen stehen dem neu ernannten Gesandten für den langen Weg von Indien nach China zur freien Verfügung. Weitere 100 Tänzerinnen sollen beim Lagern unterwegs für Zeitvertreib sorgen. 20 Köche sind fürs leibliche Wohl zuständig. 100 Vollblutpferde umtänzeln die Reisegesellschaft. Mehrere Wagen sind mit Brokat, edelsteingeschmückten Schwertern, goldenen Kandelabern und anderen kostbaren Geschenken beladen.

Ibn Battuta kann es kaum glauben. Vor wenigen Wochen noch saß er in einem düsteren Kerker in Delhi und bangte um sein Leben. Hatte er doch den mächtigen indischen Sultan Mohammad Ibn Tughluq durch seinen Besuch bei einem Mystiker so sehr erbost, dass er das Schlimmste befürchten musste. Der fromme Mann, ein Anhänger der islamischen Sufi-Sekte, hatte den Wutanfall des Sultans nicht überlebt. Und jetzt reiste Ibn Battuta im Auftrag ebendieses Herrschers in Richtung des Landes, von dem er schon so lange träumte: nach China! Dort sollte er Indien als Botschafter vertreten.

Wieder einmal hatte Ibn Battuta Glück gehabt! Oder galten für ihn die Worte des Koran ganz besonders? Dort heißt es: „Allah hat die Erde für dich wie einen weiten Teppich ausgelegt, damit du auf ihren endlosen Wegen reisest.“

Abu Abdallah Mohammed bin Abdallah bin Mohammed bin Ibrahim al-Lawati – wie Ibn Battuta eigentlich hieß – hatte auch schon anderes erlebt. Nicht immer war das Reisen so komfortabel und angenehm wie auf diesem Weg zum indischen Hafen Calicut. Von dort sollte es übers Arabische Meer durch den Indischen Ozean nach China gehen. Wie hatte er in der russischen Steppe gefroren! Beim Ritt entlang der zugefrorenen Wolga musste er Eis zerhacken, um an Trinkwasser zu kommen. „Ich pflegte drei Pelzmäntel und zwei Paar Hosen übereinander zu tragen. An den Füßen hatte ich ein Paar wollene Stiefel mit gesteppten Leinen und darüber wiederum ein Paar Stiefel aus Pferdeleder mit einem Futter aus Bärenfell", erinnerte er sich später. So konnte ihm die Kälte zwar nicht mehr viel anhaben, er ohne Hilfe aber nicht einmal sein Reittier besteigen. Auch damals hatte er ein Gefolge, dessen starke Männer ihn aufs Pferd heben mussten. An vergnügliches Rasten mit Konkubinen war da allerdings nicht zu denken gewesen – und wenn, dann wären ihm vermutlich allein beim Gedanken daran die Glieder eingefroren … Doch auch auf der jetzigen Expedition nach China sollte es noch anders kommen, so eben, wie es Ibn Battuta Zeit seines Lebens mit dem Reisen ging.

Als er damit anfing, war der Sohn eines reichen marokkanischen Adeligen 21 Jahre alt. Er wollte seiner Pflicht nachkommen, die ihm sein Glaube als Muslim vorschrieb. „Ich verließ meinen Geburtsort Tanger am 13. Juli 1325 mit der Absicht, die Wallfahrt zu unternehmen." Mit diesen Worten beginnt der Bericht Abu Abdallah Mohammed bin Abdallah bin Mohammed bin Ibrahim al-Lawatis, den er am Ende seiner fast 30-jährigen Erkundung der islamischen Welt auf Bitten des Sultans von Fez dem andalusischen Dichter Ibn Jusayy diktiert hat.

Ibn Battuta war ein islamischer Rechtsgelehrter.

Einmal im Leben muss jeder Muslim in Mekka, dem Geburtsort des Religionsgründers und Propheten Muhammad, ge-

Jeder Muslim muss einmal im Leben nach Mekka pilgern.

wesen sein, um den Schwarzen Stein in den Mauern der Kaaba, des zentralen Heiligtums, zu berühren. Ibn Battuta hat ihn sogar geküsst und dies als „besonders wohltuend für den Mund" beschrieben.

Wie viele Muslime schloss sich auch Ibn Battuta für seine Mekka-Wallfahrt Karawanen an. Als Sohn eines Adeligen und als Rechtsgelehrtem kam ihm zugute, dass jeder wohlhabende Glaubensbruder verpflichtet war, ihm unterwegs zu helfen – selbst im entferntesten Land. Ibn Battuta bekam deshalb auch in der Fremde immer wieder Anstellungen als Reiseleiter, Verwaltungsbeamter oder Händler. Denn ewig sollte das Geld seines Vaters nicht reichen, und mehrmals verlor er auch durch Un- und Überfälle all sein Hab und Gut.

Von Tanger nach Mekka sind es 5 000 Kilometer. Es dauerte zehn Monate, bis Ibn Battuta mit wechselnden Karawanen über Algerien, Tunesien und Libyen zunächst ins ägyptische Alexandria kam. Dort sah er die Ruinen des siebten Weltwunders – des sagenhaften Leuchtturms auf der Insel Pharos. Als Weltwunder galt er, weil niemand wusste, wie man einen so gewaltigen Turm überhaupt hatte bauen können.

In Alexandria blieb der Marokkaner einige Wochen. Dort war es, wo er von dem großen Vogel träumte, der ihn auf seine Schwingen nahm und mit ihm weit nach Osten flog. Der Mystiker Scheich Abu Abdullah al-Murschidi, ein Anhänger der islamischen Sufi-Sekte, deutete ihm diesen Traum als Vorzeichen für eine lange Orient-Reise. Und noch etwas sagte er dem Pilger voraus: Er werde unterwegs auf andere Sufi-Heilige treffen, zwei davon in Indien und einen in China. Gut möglich, dass einer von ihnen der Mystiker war, wegen dem ihn der indische Sultan in Delhi in den Kerker werfen ließ.

Die Begegnung mit al-Murschidi bezeichnete Ibn Battuta später als das Schlüsselerlebnis seines Lebens: Er sei deshalb so lange und so weit durch die Welt gereist, um nach den drei Sufis zu suchen. Wahrscheinlicher ist wohl, dass ihn das Fernweh trieb. Das hatte ihn schon als kleinen Jungen gepackt, war seine Heimat- und Hafenstadt Tanger gegenüber dem spanischen Gibraltar doch quirliger Treffpunkt von Händlern aus aller Welt.

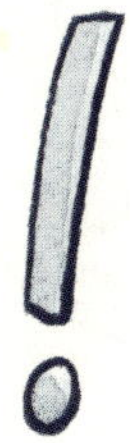

Schon in Ägypten zeigte sich jedenfalls, dass es Ibn Battuta nicht nur um die Erfüllung seiner Pilgerpflicht ging: Er durchstreifte das Nildelta und reiste nach Kairo. Eine solche Stadt hatte er nie zuvor gesehen. Beeindruckt schilderte er später, dass es dort so viele Menschen gab, dass sie „wie Meereswogen durch die Straßen flossen“. Er zählte 12 000 Wasserträger, 30 000 Lastenträger und 36 000 Schiffe auf dem Nil. Der Marokkaner berichtete, dass es in dieser Stadt ein öffentliches Krankenhaus gab, in dem Behandlungen und Medizin für die Kranken kostenlos waren.

Ibn Battuta genoss es, Land und Leute zu erkunden. Deshalb beschloss er, den weiteren Weg nach Mekka unabhängig von anderen Pilgern zurückzulegen. Statt der üblichen Route, die über Damaskus und Medina führte, zog er weiter den Nil aufwärts nach Luxor. Rätsel gibt noch heute auf, warum er die Pyramiden der ägyptischen Pharaonen später als kegelförmig beschrieb. Hatte er sie vielleicht gar nicht gesehen? In Aidhab schließlich wollte er ein Schiff besteigen und von dort übers Rote Meer nach Dschidda segeln.

Aidhab war ein wichtiger Handelshafen und Umschlagplatz für Seide und Gewürze aus Indien und dem Fernen Osten. Mekka war von hier nur noch 320 Kilometer entfernt. Doch in Aidhab hatte es gerade einen Aufstand gegeben, und Ibn Battuta fand kein Schiff, das die Passage machen wollte. Er musste zurück nach Kairo und von dort doch den Weg über den Sinai nach Palästina nehmen. Dafür bekam er Bethlehem, den Geburtsort Jesu, der für die Muslime ein Prophet war, zu sehen.

Auch die Gräber Abrahams, Isaaks und Jakobs in Hebron sowie Jerusalem mit seinem Felsendom besuchte er. Der Felsendom war die größte Moschee der damaligen Welt.

In Damaskus schloss sich Ibn Battuta einer Karawane an und gelangte nach weiteren 55 Tagen, im Oktober 1326, endlich nach Mekka. Jetzt durfte er sich „Hadschi" nennen – wie jeder Muslim, der am Ziel der Wallfahrt, der „hadsch", angekommen war. Es sollte nicht sein letzter Besuch an der heiligen Stätte des Islam sein. Noch dreimal kam der Abenteurer dorthin zurück.

Doch erst trieb ihn das Fernweh weiter: In Mekka schloss er sich persischen Pilgern an, die auf dem Rückweg in den heutigen Iran und den Irak waren. Ibn Battuta besuchte die Stätten der islamischen Gelehrsamkeit Basra und An-Nadschaf mit dem goldenen Grab Alis, des Neffen von Muhammad. Dessen Anhänger nannten sich Schiiten und sahen Ali als rechtmäßigen Nachfolger des Propheten an. Ibn Battuta zog weiter nach Bagdad und von dort erneut nach Mekka. Eine Krankheit hielt ihn diesmal ein ganzes Jahr in der heiligen Stadt.

1328 sollte es dann mit der Fahrt auf dem Roten Meer klappen: In Dschidda schiffte sich Ibn Battuta ein, fuhr in den Jemen, dann durch den Golf von Aden und schließlich die ostafrikanische Küste bis 1 000 Kilometer südlich des Äquators entlang. Unterwegs lernte er Mogadischu, Mombasa und als südlichsten Punkt das muslimische Kilwa im heutigen Tansania kennen. Auf dem Meer ging es zurück nach Arabien: über Oman, durch den Persischen Golf und Bahrain, von wo aus Ibn Battuta erneut den Landweg in seine zweite Heimat Mekka nahm.

Doch auch dies sollte längst nicht alles gewesen sein. Erzählungen indischer Pilger hatten Ibn Battuta neugierig auf deren Land gemacht. Weil er aber nie den direkten Weg nahm, gelangte er diesmal erst nach Anatolien, Russland und bis ins Land der Goldenen Horde, das Reich der Mongolen. In Anatolien lernte Ibn Battuta den zweiten Sufi-Gelehrten kennen, Dschalal ad-Din al-Rumi, der in Konya den Orden der Tanzenden Derwische gegründet hat. Unsere Redewendung „Der tanzt wie ein Derwisch“ stammt von dem ekstatischen Herumwirbeln der Anhänger Dschalal ad-Din al-Rumis bei ihren Gebeten.

Überall wurde Ibn Battuta freundlich aufgenommen, auch im Land der Goldenen Horde. Dieses riesige Reich der Mongolen, das vom Aralsee bis zur Ostsee, vom Kaukasus bis Nowgorod reichte, hatte sich unter seinem Herrscher, Mohammed Öz Beg Khan, erst wenige Jahre zuvor dem islamischen Glauben zugewandt. Da kam ein Gelehrter wie der Mann aus Marokko gerade recht.

Die hohe Wertschätzung, die er durch den Khan erfuhr, zeigte sich schon darin, wie komfortabel er dessen Land durchreisen konnte. War der Khan selbst unterwegs, glich sein Gefolge einer reisenden Stadt mit Moscheen und Basaren. Für Ibn Battuta wurde ein ähnliches rollendes Lager ausgestattet: Vier riesige Wagen, auf denen Zelte aus Filz befestigt waren, nahmen die mittlerweile gewaltig angewachsene Reisegesellschaft auf. Wie bequem es darin gewesen sein muss, beschrieb Ibn Battuta so: „Man kann sich darin aufhalten nach Belieben, schlafen oder essen, lesen oder schreiben.“ Er selbst habe es sich in seinem Wagen mit einem Sklavenmädchen gemütlich gemacht.

Der Khan hatte großes Vertrauen zu dem Adeligen aus Tanger. Deshalb bat er ihn, eine seiner vier Ehefrauen in ihre Heimatstadt Konstantinopel zu begleiten. Sie war die Tochter des byzantinischen Kaisers Andronikos III. Für Ibn Battuta, der nach Indien wollte, war das ein gewaltiger Umweg. Doch für einen Muslim war es damals nicht einfach, in die christliche Stadt am schmalen Durchgang zwischen Mittelmeer und Schwarzem Meer zu gelangen. Deshalb nahm er die Einladung gerne an und den Abstecher von 4 000 Kilometern in Kauf.

Andronikos III. behielt den Begleiter seiner Tochter fünf Wochen lang bei sich. Konnte der ihm doch viel von den heiligen Städten der Christen, Bethlehem und Jerusalem, erzählen, in denen der Kaiser selbst noch nicht gewesen war.

Dann ging es zurück durch die russische Steppe – diesmal die vereiste Wolga entlang. Anschließend auf Kamelen durch die usbekische Wüste nach Buchara, Samarkand, über die Pässe des Hindukusch durchs wilde Afghanistan, bis Ibn Battuta endlich im Herbst 1333 am Indus ankam. Von dort, in Multan, schickte er Kuriere zum Sultan nach Delhi, um seinen Besuch anzukündigen. Der hieß ihn in seiner Halle der 1 000 Säulen mit allen Ehren willkommen.

Mohammed Ibn Tughluq war von Ibn Battuta sehr angetan. Er ernannte ihn zu seinem Kadi – zu einem Richter. Das blieb der weit Gereiste sieben Jahre lang, bis er wegen des Besuchs bei dem Sufi-Mystiker bei Ibn Tughluq in Ungnade fiel und ins Gefängnis kam. Doch der Zorn des Sultans verrauchte schnell. Nach nur fünf Monaten trat Ibn Battuta als dessen Gesandter 1341 die zu Beginn erwähnte Expedition nach China an.

Der indische Sultan schickte Ibn Battuta nach China.

Die Schiffspassage von Calicut gen Osten fand jedoch ein schnelles Ende: Schon an der Südostküste Indiens kenterten die drei Dschunken, auf denen Ibn Battuta sich mitsamt seinem Gefolge eingeschifft hatte. Der Marokkaner verlor sein ganzes Hab und Gut. Nur sein Gebetsteppich war ihm geblieben. In einer der Dschunken ertranken seine Frau und sein Kind.

Was tun? Als Gescheiterter wollte der Botschafter des Sultans nicht nach Delhi zurückkehren, hatte er doch schon einmal die Folgen des Jähzorns seines indischen Herren zu spüren gekriegt. Da war es besser, auf eigene Faust nach China zu gehen! Erst aber wollte er die Malediven, eine Inselgruppe 650 Kilometer südlich von Indien, erkunden. Die Königin dieser Inseln, Khadija, behielt ihn gleich da und setzte ihn in Male als Richter ein. Ibn Battuta berichtete später, dass er auf den Malediven sechsmal geheiratet habe. Ebenso oft ließ er sich allerdings wieder scheiden, bis sein Aufenthalt in der traumhaft schönen Inselwelt nach nur neun Monaten schon wieder zu Ende war.

Weiter ging es nach Ceylon, dem heutigen Sri Lanka, wo Ibn Battuta zum Adam's Peak pilgerte. Dort ist ein Fußabdruck im Fels zu sehen, der angeblich vom Urvater der Menschheit, Adam, stammt. 1345 steuerte Ibn Battuta Bengalen, Burma und schließlich Sumatra an. Rätsel geben bis heute seine Erzählungen von einem Land namens Mul-Jawa auf. Kein Forscher konnte bislang herausfinden, was der Weltenbummler mit dieser letzten Station vor China gemeint haben könnte.

Dort ging er in Guangzhou – dem heutigen Kanton – an Land. Er betete in der Moschee dieser Stadt, der ersten, die es in China gab. Battuta war begeistert, wie gut es den Menschen hier ging. „Seide", so schrieb er, „wird selbst von armen Mönchen und Bettlern für Kleidung verwendet." Ihn beeindruckte das feine Porzellan, und selbst die Hennen in China fand er „größer als in unserem Land". Für ihn als Reisenden war China ein angenehmes Land: „Ein Mann kann allein auf eine neunmonatige Reise gehen und ohne Furcht große Summen Geldes mitnehmen." Aber nicht von allem war der Afrikaner begeistert. Es schockierte ihn, „wie die Hindus ihre Toten verbrennen", und dass sie Schweine und sogar Hunde aßen. Von Kanton reiste Ibn Battuta weiter nach Beijing (Peking).

1346 machte sich Ibn Battuta endlich auf den Heimweg. In Guangzhou schiffte er sich ein und segelte über Sumatra an der indischen Küste entlang bis nach Hormus im Persischen Golf. Er ging nach Bagdad und noch einmal nach Mekka. Es dauerte weitere drei Jahre, bis er wieder nach Marokko kam. 24 Jahre hatte er seine Eltern nicht gesehen – seine Mutter war wenige Monate vor seiner Rückkehr der Pest zum Opfer gefallen.

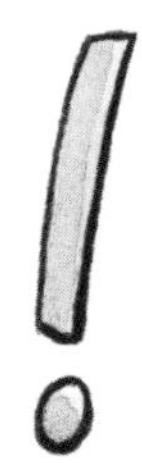

In Tanger hielt es Ibn Battuta nicht lange. Er reiste ins spanische Granada, das damals unter islamischer Herrschaft stand. Dort lernte er Ibn Jusayy kennen, der später seine Reise- und Lebensgeschichte aufschreiben sollte. Vorher aber erkundete Ibn Battuta noch sein eigenes Land. 1352 schickte ihn der Sultan von Fez, Abu Inan Faris, in die afrikanischen „Negerlande". So nannte Ibn Battuta die Länder der Sahara, die er auf Kamelen durchritt. 2 400 Kilometer sollte er auf dieser Reise zurücklegen, die ihn bis nach Mali und Timbuktu führte, bevor er 1355 wieder nach Marokko kam. 1369 starb Abu Abdallah Mohammed bin Abdallah bin Mohammed bin Ibrahim al-Lawati. 66 Jahre war er alt geworden, bis seine Lebensreise in Tanger schließlich ein Ende fand.

Der Marco Polo des Orients

In Tanger, Ibn Battutas Heimatstadt, trifft man an vielen Ecken auf den berühmtesten Weltenbummler der islamischen Welt. Dort gibt es ein Hotel seines Namens, und eine Fähre ins nahe Spanien wurde nach ihm benannt. Bei uns hingegen ist er noch immer nur wenig bekannt. Kein Wunder: Während Marco Polos „Buch der Wunder" schon zu seinen Lebzeiten große Berühmtheit erlangte, wurde der „Marco Polo des Orients", Ibn Battuta, in Europa erstmals 1853 ins Französische übersetzt. Deutsche Leser mussten sogar bis 1911 warten, bis es die erste Ausgabe seiner „Rihla", so heißt der Reisebericht, in deutscher Sprache gab. Dabei war, was er schilderte, besonders für Europäer spannend und neu. Hatte der Marokkaner doch Länder und Leute aus Gegenden geschildert, in die so leicht kein Christ kommen kann. Der Zutritt in das muslimische Heiligtum von Mekka zum Beispiel ist Glaubensfremden streng untersagt.

Der Herr der schwimmenden Städte

Welch ein gewaltiger Anblick muss das gewesen sein! Das Holz eines ganzen Waldes dürfte kaum gereicht haben, um nur eines dieser riesigen Schiffe zu bauen. Aber da kam ja nicht eines allein! Es waren hunderte dieser schwimmenden Häuser – fast eine ganze Stadt auf dem Meer!

Auch der Admiral dieser Armada war von überragender Gestalt. Mehr als zwei Meter soll er gemessen haben. Und wenn er die Stimme erhob, klang das, als hätte jemand eine große Glocke geschlagen. 28 000 Seeleute hörten auf seinen Befehl. Weit über 60 000 Kilometer hat er mit seinen Schatzschiffen, von denen einige über 130 Meter lang und bis zu 50 Meter breit waren, auf den Weltmeeren zurückgelegt. So ist es jedenfalls auf der Inschrift der Steintafel zu lesen, die sich dieser Abenteurer in seiner chinesischen Heimat hat aufstellen lassen: „Wir haben mehr als 100 000 Li des gewaltigen Ozeans befahren und darin riesige Wellen bezwungen, die sich wie Berge himmelhoch erhoben, und haben unseren Blick auf barbarische Gegenden geworfen."

Angeblich hat er sogar schon vor über sechs Jahrhunderten und 70 Jahre vor Kolumbus von China aus Amerika entdeckt. Das Kap der Guten Hoffnung soll er umsegelt haben, bevor Vasco da Gama geboren war. Er war es, der Chinas Kaiser dazu verhalf, der mächtigste Mann der Weltmeere zu werden. Dem ging es dabei weniger um die Unterwerfung fremder Völker, als darum, mit ihnen tributpflichtigen Handel zu betreiben. Allerdings nach seinen Regeln. Deshalb hatte die Armada auch 24 Bronzekanonen an Bord. Einsetzen musste der Admiral sie selten, jagten doch die gewaltigen Schiffe schon genug Schrecken ein.

Wer war das?

Zheng He – des Kaisers oberster Eunuch

Geboren 1371 in Yunnan
Gestorben 1433 in Calicut

Dieses Geschenk würde der Kaiser seinem ersten Eunuchen nie vergessen: Wie groß dieses Tier war! Allein der Hals war länger als alles, was die Chinesen je auf vier Beinen gesehen hatten. Das musste das Zeichen sein, dass Yong Li von vollkommener Tugend war! Wie hieß es doch in den alten Mythen? Wenn das Quilin seinem Volk erscheint, bedeutet dies, dass endlich ein wirklich großer Kaiser regiert. Und dieses Tier sah doch wahrhaftig aus wie das mystische Einhorn, das Symbol für die Zeit des „Großen Friedens".

Der Admiral brachte den Chinesen Löwen, Zebras und seltene Vögel aus Afrika.

Am kaiserlichen Hofe wusste man nicht, dass das vermeintliche Quilin eigentlich eine Giraffe war. Woher auch? Zheng He, der Admiral der kaiserlichen Flotte, hatte es aus Afrika mitgebracht.

Wer war dieser Admiral, der Yong Li solche Geschenke überreichte und dessen Flotte der ganze Stolz des mächtigen Ming-Kaisers war? Seine Ahnen sollen einst Könige im heutigen Usbekistan gewesen sein. Doch das war Jahrhunderte her und die glorreiche Zeit der Familie schon lange vorbei. Zheng He wurde 1371 in der Provinz Yunnan geboren. Seine muslimischen Eltern nannten ihn Ma He.

Ma He wuchs in einer Zeit des Umbruchs in China auf. Die Ming nahmen gerade den mongolischen Großkhanen die Herrschaft ab. Auch in Yunnan wurde gekämpft – und Ma He als Zehn- oder Zwölfjähriger von den Truppen des Ming-Generals

Fu Youde gefangen genommen. Er wurde als Diener in den Haushalt des 25-jährigen Prinzen Zhu Di gebracht, und ihm widerfuhr, was damals mit allen gefangenen Jungen geschah: Er wurde kastriert. Für seinen Herren war das die Garantie, dass er ihm treu ergeben sein würde. Ein Eunuch barg nicht die Gefahr, eines Tages die Macht für den eigenen Sohn an sich reißen zu wollen, würde er doch nie einen haben.

Bei Feldzügen gegen die Mongolen erwies sich Ma He als geschickter Kämpfer. Besonders das Organisationstalent des jungen Mannes, den er von nun an Zheng He nannte, beeindruckte Zhu Di. Als der Prinz 1402 dritter Kaiser der Ming-Dynastie wurde, ernannte er den inzwischen zwei Meter großen Diener zu seinem Obereunuchen. Damit war er sein engster Vertrauter.

Der Kaiser hatte Großes mit ihm vor: Er ließ eine riesige Schatzflotte bauen. Er hatte seine Regierungszeit unter das Motto „Yong Li“ – ewige Freude – gestellt und nannte sich nun auch selber so. Diese Freude wollte er mit großem Reichtum schmücken. Die Flotte sollte über die Weltmeere segeln, um Chinas Handelsmacht weit über den fernöstlichen Raum auszudehnen. Zheng He sollte ihr Anführer sein und wurde zum obersten kaiserlichen Admiral ernannt.

Yong Lis Schatzflotte bestand aus 1681 Schiffen.

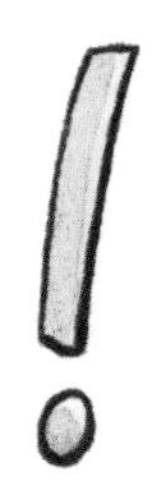

Diese Armada war mit nichts zu vergleichen, was es bis dahin gegeben hatte und jemals danach wieder gab. Mit 300 Schiffen und bis zu 28 000 Mann Besatzung rückte Zheng He in den Jahren zwischen 1405 und 1433 siebenmal auf die Weltmeere aus. Die größten der Schiffe hatten neun Masten, waren bis zu 135 Meter lang und 50 Meter breit. Im Vergleich dazu sollte sich die „Santa María“ des großen Christoph Kolumbus 70 Jahre später mit ihren 27 Metern Länge geradezu lächerlich ausnehmen … Sie wurden in der Nähe der südlichen Hauptstadt Nanking auf einer Werft am Fluss Jangtsekiang gebaut. Dort fand man Jahrhunderte später noch ein elf Meter langes hölzernes Ruder. Die

Aufbauten dieser Schatzschiffe waren mehrere Stockwerke hoch. Es gab mit Seide und Lack verkleidete Luxuskabinen. In ihnen wurden „Botschafter“ aus den fernen Ländern als Gäste mit nach China gebracht. In den riesigen Laderäumen stapelten sich Geschenke für ausländische Fürsten. Mit Seide, Brokat, Porzellan und Kunstwerken wollte man sie für den Handel gewinnen.

Geschnitzte Tierköpfe – häufig Drachen – streckten am Bug dieser schwimmenden Giganten ihre Schnauzen in den Wind. Es muss ein gewaltiger Anblick gewesen sein, wenn diese Drachenschiffe mit ihren blutroten Segeln am Horizont auftauchten – im Gefolge bis zu 250 Begleitschiffe: Tanker, die ausschließlich Trinkwasser gebunkert hatten, Achtmaster für den Transport von Pferden, die auf dem Rückweg mit wilden Elefanten beladen wurden, fünfmastige Kriegsschiffe und einige kleinere Kampfboote zur Verfolgung von Piraten.

Ärzte und Apotheker begleiteten Zheng He. Sie sollten nach neuen Heilmethoden forschen.

Eine solch riesige Flotte zu navigieren war eine taktische Meisterleistung. Der Kompass war den Chinesen zwar schon seit dem elften Jahrhundert bekannt, und als Zeitmesser benutzten sie markierte Räucherstäbchen. Aber wie konnten die Hunderte von Schiffen miteinander kommunizieren? Die Flotte muss sich in voller Fahrt auf dem Meer über Kilometer erstreckt haben. Jeder Kurswechsel musste zum augen- und ohrenbetäubenden Spektakel geraten: Da wurden Trommeln und Gongs geschlagen, Wimpel geschwenkt und Flaggen gesetzt, mit Laternen und Fackeln Leuchtsignale gegeben. Angeblich setzte Zheng He sogar Brieftauben ein, damit die Kapitäne sich auch über große Distanzen hinweg untereinander verständigen konnten.

Siebenmal war Zheng He zwischen 1405 und 1433 unterwegs. Von Vietnam über Java bis in die Molukken. In der Straße von Malakka jagten und vernichteten seine Dschunken eine gewaltige Piratenflotte. Er segelte nach Sri Lanka und ins indische Calicut, in den Persischen Golf und nach Afrika. Jedes Mal nahm er Botschafter aus den fernen Ländern mit zu Chinas Kaiser, der mit ihnen Tributverträge für den Handel schloss. Bei der jeweils nächsten Reise fuhr er sie in ihre Heimatländer zurück. Am Persischen Golf und in Hormus ließ er Saphire und Perlen, Korallen und Rubine laden. Die Schatzschiffe machten ihrem Namen alle Ehre.

Zwischen 1417 und 1419 erreichte Zheng He Ostafrika. In Malindi nahm er das vermeintliche „Quilin" – die Giraffe –, aber auch Löwen und Straußenvögel, Nilpferde und Zebras an Bord. Auf seinen nächsten Reisen soll Zheng He sogar bis nach Europa und schließlich Amerika gekommen sein.

Doch dann wendete sich das Blatt: Yong Lis Nachfolger wollten von der trotz aller mitgebrachten Schätze teuren Seefahrerei nichts mehr wissen. 1477 wurden auf Geheiß des Hofes seine Logbücher vernichtet, Ende des 15. Jahrhunderts die gesamte Flotte verbrannt. Zheng He fiel damit der Vergessenheit anheim.

Aber was war mit unserem Helden geschehen? Er hatte durch seine Reisen China zu unglaublicher Macht und nie da gewesenem Reichtum verholfen. Die Staaten und Handelszentren von Japan über Korea, Südostasien bis hin nach Südindien, am Persischen Gold und an Ostafrikas Küste, im gesamten Indischen Ozean gehörten diesem Wirtschaftsreich an. Doch nach Zheng Hes sechster Fahrt war Yong Li 1424 gestorben. Sein Nachfolger Zhu Gaozhi ließ alle Fahrten der Schatzflotte verbieten. Das neue Herrscherhaus hatte sich dem Glauben des Konfuzius zugewandt. Dem war Menschenliebe wichtiger als Macht, Gerechtigkeit mehr wert als Gold und Geld.

Zheng He wurde seines Amtes als Admiral enthoben, durfte sich aber noch Militärkommandeur von Nanking nennen. Er zog sich auf sein Anwesen in der Nähe der Moschee der Stadt zurück. Zhu Gaozhi überlebte seinen Vorgänger jedoch nur um ein paar Monate. Dem nächsten Kaiser, Zhu Zhanji, fehlten die

Tribute der anderen Länder. Deshalb befahl er Zheng He, im Juni 1430 noch einmal aufzubrechen, um die Staatskassen wieder zu füllen. Zheng He kam bis nach Dschidda am Roten Meer. Von dort aus soll auch er seiner Pflicht als Muslim nachgekommen und nach Mekka gepilgert sein. Auf der Rückreise, 1433, ist er in der indischen Handelsmetropole Calicut gestorben.

In der Nähe von Nanking wurde ein Grabstein für ihn aufgestellt. Auf ihm stand in arabischer Schrift: „Gelobt sei Allah!" Bewacht wurde Zheng He von einer Schildkröte aus Stein.

Wie der große Held verschwand

Die Welt sähe heute anders aus, wäre China die See- und Handelsmacht geblieben, die es dank Zheng He bis Mitte des 15. Jahrhunderts war. Stattdessen erklärten die Spanier und Portugiesen, danach auch die anderen Europäer, die fremden Länder, die sie vermeintlich als Erste „entdeckt" hatten, als Kolonialherren zu ihrem Eigentum. China dagegen war es darum gegangen, Geschäfte zu machen und durch Tribute Geld zu verdienen.

Selbst in seiner Heimat war Zheng He bald vergessen. Was blieb, waren ein paar Reisegeschichten, die bald als Legenden galten. Weil er den Beinamen San Bao hatte, hieß es einmal, Zheng He sei das Vorbild für die Geschichte von Sindbad dem Seefahrer gewesen. Aber heute weiß man, dass es die Erzählungen von Sindbad schon im zehnten Jahrhundert gab.

Zheng He löste sich in Nichts auf. Sogar sein Grabstein verschwand. Erst 1985 – 580 Jahre nach der Rückkehr von seiner ersten Reise – erinnerte sich China wieder an seinen großen Helden und stellte ein Denkmal für ihn auf. Überlebt hat er nur im indonesischen Semarang. Dort wurde er als Gott verehrt, und Tempel sind nach ihm benannt.

Zur falschen Zeit am falschen Ort

Jedes Kind kennt seinen Namen. In Amerika ist sogar ein Tag nach ihm benannt. Dabei war sein Leben eigentlich die Geschichte eines mehrfachen Misserfolgs: Die Menschen verehren ihn für etwas, was einem anderen schon ein halbes Jahrtausend zuvor gelang. Dort, wo er hinwollte, kam er nie an. Was er stattdessen fand, ist nach einem Mann benannt, der erst nach ihm kam. Und die Menschen, die er „entdeckte", tragen wegen ihm einen falschen Namen. Seinen Auftraggebern brachte unser Abenteurer zwar die Macht über neue Länder. Das versprochene Gold aber blieb er ihnen schuldig.

Er selbst wurde in Ketten gefesselt zurückgebracht. Am Ende betrog ihn Spaniens König sogar um den zugesicherten Lohn. Vielleicht war es Ironie des Schicksals – Jahre zuvor hatte er dasselbe mit einem einfachen Seemann getan. Dem hätte der Finderlohn für die Entdeckung des gesuchten Landes zugestanden. Am Ende starb unser Held, ohne zu wissen, wo er auf seinen vier großen Reisen tatsächlich gelandet war.

Trotz all dieser Irrtümer fällt jedem, der das Wort „Entdecker" hört, als Erstes sein Name ein. Mit seinen Seereisen begann ein neues Zeitalter. Er starb an Land. Doch seine Gebeine waren noch mehrmals auf großer Fahrt, bevor sie Ruhe fanden. Erst wurde er im spanischen Sevilla begraben, dann von dort nach Santo Domingo in die Karibik gebracht. Das nächste Grab sollte auf Cuba sein, von wo er schließlich – angeblich – wieder zurück nach Spanien kam. Dort, wo sein großes Abenteuer 1492 begann. Keiner weiß, ob es wirklich seine Gebeine sind, die in einem kostbaren Sarkophag in Sevillas Kathedrale liegen.

Wer war das?

Christoph Kolumbus –

der Entdecker der „Indianer“

Geboren zwischen dem 25.8. und 31.10.1451 in Genua
Gestorben am 20.5.1506 in Valladolid

Was war das? Wie drei schwimmende Häuser sah aus, was da Kurs auf die Küste nahm. Neugierig rannten die nackten Menschen zum Strand. Die hölzernen Gebilde hielten an. Fremdartig gewandete Gestalten seilten sich jetzt an den Außenwänden ab. Sie kletterten in kleine Boote, die wie aufgeschlagene Kokosnuss-Schalen auf den Wellen tanzten, tauchten Ruder ein und näherten sich mit kräftigen Stößen dem Land. Wenige Minuten später standen die Fremden vor den Inselbewohnern. Einer schwenkte ein großes Tuch, das an einem Stock befestigt war. Er rammte die Stange in den Boden. Die anderen beugten ein Knie und senkten den Kopf. Sie führten ihre rechte Hand von der Stirn zur Brust, danach tippten sie auch ihre Schultern an. Hatte das Meer den Menschen neue Götter gesandt?

Vorsichtig näherten sich die Bewohner der Insel Guanahani den Ankömmlingen. Ein Mann in bunten Kleidern streckte ihnen die Hände entgegen. Er bot ihnen glitzernde Perlen an. Andere winkten den Eingeborenen mit roten Mützen. Nehmt! Nehmt!, schienen ihre Gesten zu sagen. Bald griffen die Insulaner zu. Wie freundlich diese Fremden doch waren!

Gut möglich, dass solche Gedanken den Eingeborenen von Guanahani an diesem 12. Oktober 1492 durch den Kopf gegangen sind. Wie sollte der Schein sie trügen! Noch stürzten sie sich fröhlich lachend in die Fluten, schwammen hinaus zu den schwimmenden Häusern. Was da vor ihrer Heimatinsel geankert hatte, waren in Wirklichkeit spanische Segelschiffe. Und die waren in räuberischer Absicht hierher gekommen. Doch wer konnte das ahnen? Die Insulaner sahen sich neugierig auf den schwimmenden Holzkästen um. Sie überreichten den Seeleuten „Papageien, Knäuel von Baumwollfäden, lange Wurfspieße und viele andere Dinge noch, die sie mit dem eintauschten, was wir ihnen gaben, wie Glasperlen und Glöckchen".

Die Santa María war eine Karacke, die Niña und Pinta waren Karavellen. Diese Schiffe konnten auch gegen den Wind kreuzen.

So schilderte Christoph Kolumbus, der Mann in der bunten Uniform, seine erste Begegnung mit den „Indianern". Jetzt durfte er sich Admiral des Ozeanischen Meeres nennen! Weil er endlich – wie er glaubte – Indien gefunden hatte. Deshalb hat er die Eingeborenen der Bahama-Insel Guanahani auch Indios, Indianer, genannt. Die meisten von ihnen sollten die vermeintlichen „Götter" nicht überleben. Dem Stamm einer anderen Insel machten die Fremden gänzlich den Garaus. Das Tuch an dem Stock, den die Ankömmlinge in die Erde gerammt hatten, war die spanische Flagge. Damit hatten die Besucher die Heimat der Eingeborenen zu ihrem Besitz erklärt. Wenig später machten sie 1 600 der Insulaner zu ihren Sklaven. 550 verschleppten sie nach Spanien. Die Hälfte davon überlebte diese Reise nicht.

Der 12. Oktober 1492 war der Tag, an dem Christoph Kolumbus Amerika fand. Er nannte die Insel, auf der er landete, San Salvador, Heiliger Erlöser. Denn die Entdeckung kam dem gebürtigen Genueser und Wahl-Spanier wie eine Erlösung vor: Hatte er doch täglich damit rechnen müssen, dass auf seinen drei Schiffen Meuterei ausbrach. Nur noch schwer waren die 90 Mann in Schach zu halten gewesen. Viele von ihnen hatte Todesangst gepackt, im endlosen Ozean verloren zu sein. Bis – endlich! endlich! – am frühen Morgen dieses Oktobertages von der „Pinta" der erlösende Ruf Rodrigo de Trianas kam: „Land in Sicht!"

Schnell eilte Kolumbus selbst an Deck seiner „Santa María“, um kundzutun: „Ich sah in der Nacht schon von dort einen Feuerschein!“ So machte er sich zum Ersten, der angeblich das vermeintlich indische Land im fahlen Mondschein in der Ferne liegen sah. Das war keine Frage der Ehre, sondern von Geld. Dem, der „Indien“ als Erster erblicken sollte, waren vom König 10 000 Maravedis – so hießen die spanischen Kupfermünzen des 15. Jahrhunderts – versprochen worden, von denen Rodrigo de Trianas nun keinen einzigen abbekam.

71 Tage zuvor, am 3. August 1492, hatten die „Santa María“, die „Pinta“ und die „Niña“ in Palo die Leinen los gemacht, um Indien zu finden. Das war das Ziel dieser spanischen Expedition. Seit die Osmanen in Europa eingedrungen waren und das Byzantinische Reich entmachtet war, war der Landweg nach Indien und in das dahinter liegende China versperrt. Und damit auch der Zugang zu wertvollen Gewürzen, Edelsteinen, Stoffen und Gold. Kolumbus aber war schon damals davon überzeugt, dass die Erde eine Kugel ist. Er glaubte fest daran, dass man nach Osten kam, wenn man nur weit genug nach Westen reiste.

Christoph Kolumbus – oder Cristoforo Colombo, wie er mit seinem italienischen Geburtsnamen hieß – war ein erfahrener Seemann. 1451 als Sohn des Genueser Wollwebers Domenico Colombo und dessen Frau Suzanna Fontanarossa geboren, hatte er zwar das Handwerk seines Vaters erlernt, fuhr dann aber lieber, knapp 14 Jahre alt, mit Handelsschiffen aufs Meer. Das Kartenlesen hatte er sich mit Bartolomeo, einem seiner drei jüngeren Brüder, selbst beigebracht. Ein abenteuerliches Leben begann: Als Kolumbus mit 25 Jahren auf einer Handelsexpedition den Atlantischen Ozean erreichte, wurde sein Schiff von Piraten zerstört. Er selbst rettete sich schwimmend an Land – und kam so nach Portugal. Von dort aus soll er den Nordatlantik bereist haben. Es gibt Hinweise, dass er sogar bis nach Island gelangte. In dem einstigen Thule erfuhr er, dass das Meer manchmal fremdartig aussehende Tote an Land spülte. Ob die aus dem Westen kamen? Doch erst mal segelte der Genuese in Portugals Diensten die westafrikanische Küste entlang.

1479 heiratete Kolumbus Felipa Perestello, die Tochter des Gouverneurs von Porto Santo auf Madeira. Im Nachlass des Schwiegervaters stieß er auf interessante Dokumente. Sie stachelten seinen Ehrgeiz, Indien im Westen zu suchen, noch weiter an. Nach sechs Jahren Ehe starb seine Frau. Mit seinem Sohn Diego machte sich der Witwer nun nach Spanien auf. Er wollte dem dortigen Königspaar seine Pläne vortragen.

Der Genueser hatte die Reisegeschichten Marco Polos studiert. Er kannte Berichte von Gelehrten, die von einer Westroute nach Cipangu – der China vorgelagerten japanischen Insel – sprachen. Auch Berechnungen des Astronomen Ptolemäus aus dem zweiten Jahrhundert nach Christus und die seines italienischen Zeitgenossen Paolo dal Pozzo Toscanelli über den Erdumfang waren ihm bekannt. Was Kolumbus nicht wusste: „Seine" Erdkugel war viel zu klein. Die Weltkarten des Marco Polo zeigten die Ausmaße Asiens weit größer, als der Kontinent tatsächlich ist. So kam es, dass sich Toscanelli und nach ihm Kolumbus gehörig verrechneten. Statt der vermeintlichen 4 000 Kilometer zwischen den Kanarischen Inseln und Japan war die Entfernung über viermal so lang. Niemand ahnte, dass dazwischen noch ein ganzer Kontinent lag.

Es dauerte weitere acht Jahre, bis Kolumbus endlich einen Auftraggeber für seine abenteuerlichen Reisepläne fand. Erst hatte er vergeblich beim portugiesischen Hof angefragt. Auch die Spanier winkten ab, zu abenteuerlich erschien sein Plan. Zudem war das Königshaus zu dieser Zeit damit beschäftigt, die Stadt Granada im Süden des Landes von der muslimischen Herrschaft zu befreien.

Im Januar 1492 war Granada endlich erobert. Ob es die Gier nach Gold war, das Kolumbus für den Fall des Erfolges seiner Mission versprach, oder das Bestreben der frommen Königin Isabella I. von Kastilien, die Menschen des Ostens zum Christentum zu bekehren – jedenfalls sagten sie und König Ferdinand II. von Aragon Kolumbus nun doch ihre Unterstützung zu. Der italienische Seefahrer wurde zum Admiral ernannt und ihm der Posten des Vizekönigs des zu erobernden Landes in Aussicht gestellt. Außerdem sollte er zehn Prozent aller edlen Metalle bekommen, die er fand.

Eilig heuerte Kolumbus eine Mannschaft an. Beim Auslaufen in Palo im August 1492 versprach er, in drei Wochen am Ziel zu sein. Tatsächlich trieben die Schiffe über zwei Monate auf den endlosen Weiten des unbekannten Ozeans. Kein Wunder, dass die Seeleute murrten. Die Vorräte wurden knapp. Und was, wenn der Ozean kein Ende mehr nahm? Vergeblich hatte Kolumbus versucht, seine Leute mit einem gefälschten Logbuch hinzuhalten. Er hatte die zurückgelegten Strecken viel kürzer angegeben, als sie waren. „Nur zwei Tage noch!“, hielt er die Besatzungen ein letztes Mal hin – bis dann endlich die Erlösung am Horizont aufgetaucht war: San Salvador. Bis heute ist umstritten, ob sein San Salvador die Insel ist, die auch heute diesen Namen trägt. Möglicherweise waren Kolumbus und seine Leute als Erstes auf dem heutigen Samana Cay an Land gegangen.

Von San Salvador segelte Kolumbus weiter nach Cuba und Haiti, das er Hispaniola nannte. Dort kenterte seine Santa María auf einem Korallenriff. Aus dem Holz des zerstörten Schiffes ließ Kolumbus eine Festung erbauen. Da gerade Weihnachten war, gab er ihr den Namen „La Navidad“. Hispaniola wurde die erste spanische Kolonie, Kolumbus ihr Vizekönig. 38 Leuten befahl er, dort zu bleiben, und rüstete sie mit Waffen aus. Sie sollten die eingeborenen „Indianer“ zur Goldsuche antreiben. Er selbst segelte nach Spanien zurück, wo er begeistert empfangen wurde. Ein Gemälde zeigt den triumphierenden Kolumbus beim Empfang durch das Königspaar in Barcelona: Stolz präsentiert er bunte Papageien, Kokosnüsse, Mais, Süßkartoffeln und mit Federn geschmückte Indianer.

Die Indianer musste Kolumbus zurückbringen. Königin Isabella wollte keine Gefangenen.

Für Kolumbus sollte es die erste und letzte Heldenfeier gewesen sein. Er reiste noch dreimal ins vermeintliche Indien, ohne auch nur einmal den Spaniern die erwarteten Reichtümer mitzubringen. Mehr noch schadete ihm, dass er die eigenen Leute auf den von ihm besiedelten Inseln nicht in den Griff bekam. Zur zweiten Fahrt brach der Entdecker mit einer gewaltigen Flotte von 17 Schiffen und 1 500 Menschen, darunter 20 Landwirte, am 25. September 1493 vom südspanischen Cadiz aus auf. Diesmal ging es weiter nach Süden auf die Insel Dominica – so benannt, weil die Ankunft dort an einem Sonntag war. Danach machte Kolumbus Guadeloupe, Martinique, Antigua und St. Nevis zu spanischem Eigentum.

Seine Festung Navidad in Hispaniola aber fand er in Trümmern vor. Kein Einziger von seinen Leuten lebte noch. Wie mussten die Spanier gewütet haben, dass die von Kolumbus selbst als unschuldig, freundlich und friedlich beschriebenen „Indianer“ die Fremden allesamt umgebracht hatten! Der Vizekönig ließ im Norden der Insel ein neues Fort errichten. Diese Siedlung wurde zu Ehren der Königin „Isabella“ genannt. 1494 erreichte Kolumbus Cuba. Er hoffte, dieses Mal aufs indische Festland gelangt zu sein. Doch wieder musste er feststellen, dass es nur eine Insel war. Seinen Leuten verbot er bei Androhung drastischer Strafen, von diesem Misserfolg auch nur ein Sterbenswörtchen zu berichten. Wer dagegen verstieß, dem sollte die Zunge herausgerissen werden …

Bald beschwerten sich Abgesandte des spanischen Königshauses über den Admiral: Er sei arrogant und unfähig, eine Kolonie zu verwalten. Bei seiner Rückkehr nach Europa 1496 fiel der Empfang für den Vizekönig merklich kühler aus. Trotzdem finanzierte ihm das Königspaar eine dritte Fahrt. Als Gefangener der eigenen Mannschaft, in Ketten gefesselt, wurde er nach Spanien zurückgebracht. Wieder hatte es einen Aufstand gegeben. Nun wurde ihm auch der Titel des Vizekönigs aberkannt und ein anderer als Gouverneur nach Hispaniola entsandt.

1502 erlaubten Ferdinand und Isabella dem Admiral der Weltmeere eine vierte Expedition, bei der er endlich das Festland erreichte. Seine Karavellen legten in Honduras, Nicaragua und Costa Rica an. Kolumbus glaubte noch immer, in Indien gelandet zu sein. Vergeblich suchte er nach der Mündung des Ganges. Krank und erschöpft musste er diese letzte Expedition 1504 abbrechen. Als er nach Spanien zurückgekehrt war, lag Isabella im Sterben. Der König aber verwehrte dem gescheiterten Indien-Reisenden die versprochene Pension. Am 20. Mai 1506 starb Kolumbus 55-jährig in Valladolid.

Ein Portugiese fand Kolumbus’ Land

Christoph Kolumbus hat nie erfahren, dass er der Entdecker eines neuen Kontinents war. Diese neue Welt – Amerika – wurde 1507 nach einem anderen italienischen Seefahrer, dem Florentiner Amerigo Vespucci, benannt. Der war noch zu Lebzeiten von Kolumbus die südamerikanische Küste entlanggesegelt.

Den Seeweg nach Indien, den Kolumbus so vergeblich gesucht hatte, fand ausgerechnet ein Portugiese: Vasco da Gama, dessen Land mit Spanien im Wettstreit um die Macht lag. Er hatte die Südspitze Afrikas, das Kap der Guten Hoffnung, umschifft und war dann nach Osten gefahren. 1498 erreichte er das indische Calicut.

Der Held der Lusiaden

Ihm gelang, wovon Kolumbus träumte: Er kam nach einer langen, schwierigen Seefahrt tatsächlich in Indien an und verschaffte seinem König so die Macht, die sich der Konkurrent Spanien erhofft hatte. Allerdings nahm unser Abenteurer den genau entgegengesetzten Weg des Genuesen und segelte nach Osten.

Seine Entdeckung machte den portugiesischen König nicht nur reich, sondern ebnete seinem Land den Weg zur im 16. Jahrhundert größten Handelsmacht der damaligen Welt. Auch wenn viele dafür mit ihrem Leben bezahlen mussten: Die Portugiesen verehren ihn noch heute, 500 Jahre später, als ihren Nationalhelden. Die bekannteste Brücke in ihrer Hauptstadt trägt seinen Namen. Das berühmte Seefahrerkloster Jeronimos im Lissaboner Stadtteil Belem wurde ihm zu Ehren errichtet. König Emanuel I. ließ es nach seiner Rückkehr an genau der Stelle erbauen, an der im Jahr 1497 noch eine kleine Kapelle stand. In ihr hatte der große Seefahrer am Tag seiner Abreise, dem 8. Juli 1497, um göttlichen Beistand gebetet. Dorthin wurden nach seinem Tod – er starb 1524 – auch seine Gebeine gebracht.

Auch der größte Dichter des Landes, Luís Vaz de Camôes, erwies dem Mann die Ehre: In einem zehnstrophigen Heldenepos, den Lusiaden, hat er dem berühmtesten Seefahrer Portugals ein literarisches Denkmal gesetzt. Wer heute die Westküste Indiens oder Ostafrika bereist, wird an vielen Orten auf seine Hinterlassenschaften stoßen: In Goa zwischen dem ehemaligen Calicut und Bombay künden die Ruinen einer einstmals prächtigen Stadt mit Klöstern und Kirchen von ihm. Im kenianischen Mombasa erzählt im alten Fort Jesu ein Museum von dem Portugiesen. In Malinidi steht ein riesiges Denkmal zu seinen Ehren.

Wer war das?

Vasco da Gama –

der Mann, der den Seeweg nach Indien fand

Geboren um 1468 in Sines
Gestorben am 24.12.1524 in Cochin

Ziemlich peinlich, dieser Auftritt! Die kleine dürre Gestalt mit den juwelenbesetzten Armreifen, eine Kette aus prächtigen Perlen und funkelnden Rubinen um den Hals, schaute den Besucher verächtlich an. „Dein Herr muss ein ziemlich unwichtiger König sein!“, meinte der Zamorin herablassend, während ihm der Mann mit der seltsamen Mütze auf dem Kopf seine mickrigen Geschenke präsentierte. Vier Korallenschnüre, ein paar Glasperlen, eine Kiste Zucker und ein paar Stücke gefärbten Stoff! Das sollte alles sein? Das war eher eine Beleidigung!

Mit zerknirschtem Gesicht sah ihn sein Gegenüber an. Hatte Vasco da Gama doch nicht damit gerechnet, hier in Indien auf einen solch stolzen Herrscher zu treffen. Waren die Geschichten von den primitiven Eingeborenen, bei denen man schon mit dem billigsten Firlefanz Eindruck schinden konnte, etwa nur arrogante Prahlerei gewesen? Oder hatten die Spanier mit Absicht gelogen? Wie war das mit Christoph Kolumbus, als der damals im Auftrag des spanischen Königshauses auf den vermeintlich „West-Indischen Inseln“ ankam? Es hatte doch geheißen, er habe sich die Indianer mit ein paar lächerlichen Glasperlen, Glöckchen und roten Mützen gefügig gemacht. Und nun das! Irgendetwas stimmte hier nicht …

Der Portugiese ahnte: Sollte seine Mission gelingen, war jetzt diplomatisches Geschick gefragt. Er musste sich schnell etwas einfallen lassen! Also entschuldigte er sich vielmals bei dem mit Edelsteinen geschmückten Herrscher von Calicut. Die Geschenke seines Königs seien viel üppiger gewesen. Bedauerlicherweise aber sei das damit beladene Schiff bei einem schweren Sturm auf dem Weg hierher im Meer versunken. Dennoch wolle er im Namen Emanuels I. von Portugal anfragen, ob man nicht künftig miteinander Geschäfte machen könne.

Mit überheblichem Lächeln hörte sich der Zamorin Vasco da Gamas Worte an. Schließlich ließ er sich herab zu sagen: „Wohl wahr, mein Land ist reich an Zimt, Nelken, Ingwer, Pfeffer und Edelsteinen. Dafür herrscht Mangel an Gold und Silber, und ich hätte auch gern scharlachrotes Tuch. Wenn ihr das habt, könnten wir vielleicht handelseinig werden." Gewürze gegen Gold? Gewürze wie die, die der Zamorin aufgezählt hatte, waren im beginnenden 16. Jahrhundert tatsächlich so kostbar wie das Edelmetall.

„Finde Christen und Gewürze!" Mit diesem Auftrag hatte Portugals König Emanuel I. Vasco da Gama am 8. Juli 1497 in Lissabon aufs Meer geschickt. Er solle die Ostroute nach Indien finden, und das schnell! Schließlich wollte man den Spaniern, die ihren Kolumbus westwärts auf die Suche nach Indien hatten reisen lassen, nicht einfach so das einträgliche Geschäft mit dem Gold des Orients überlassen. Außerdem waren die Fahrten des Genuesers, so hatte man in Lissabon gehört, in dieser Hinsicht kein Erfolg gewesen. Die sagenhaften Gewürzinseln hatten die Spanier jedenfalls nicht gefunden.

Gewürze waren das Gold des Orients, weil sie so kostbar waren.

Wer an diese kostbaren Kräuter, Blüten und Wurzeln kam, war reich. Denn seit die Muslime den Europäern den Landweg in den Orient abgeschnitten hatten, herrschte Mangel an Pfeffer, Nelken und Zimt. Jetzt brachten die arabischen Händler ihre Ware von Osten her ans Mittelmeer und hatten so das Monopol auf die exotischen Spezereien. Obendrein machten sie ihre Geschäfte vorzugsweise mit den venezianischen Händlern. Die trieben natürlich die Preise noch weiter hoch.

Und was war mit den Christen? Portugals Herrscher hoffte, mit Hilfe Vasco da Gamas den sagenhaften Priesterkönig Johannes zu finden. Von ihm hatte Marco Polo berichtet. Vermutet wurde er in Afrika oder in Asien. Mit seiner Hilfe und mit ihm im Bund, so versprach sich Emanuel, dürfte es ein Leichtes sein, die eigene Macht nach Osten auszudehnen.

Warum aber hatte der König ausgerechnet Vasco da Gama für diese Expedition ausgesucht? Unter den der Seefahrt kundigen Portugiesen rief das Ende des 15. Jahrhunderts verständnisloses Kopfschütteln hervor. Gab es doch weit erfahrenere Leute für eine solche Mission: Bartolomeu Diaz etwa. Der hatte 1488 die Südspitze Afrikas gefunden und als Erster umsegelt. Jenes gefürchtete Kap Tormentoso, das Kap der Stürme. Emanuels Vorgänger Johann II. hatte es daraufhin in „Kap der Guten Hoffnung" umbenannt. Am südlichsten Punkt Afrikas tat seitdem ein Pradao – eine Steinsäule mit Portugals Wappen und einem Kreuz oben drauf – den Machtanspruch Lissabons auf diesen Teil der Erde kund. Nach seiner Entdeckungstour hatte Diaz Karten von über 2 200 Kilometern bis dahin unbekannter Küstenregionen anfertigen lassen. Diesmal durfte er nur für diesen da Gama die Schiffe bauen.

Oder der Abenteurer Pedro de Covilhao. Er sprach Arabisch und hatte vor zehn Jahren Mekka-Pilger auf ihrer Heimreise über den Indischen Ozean begleitet. Obendrein fand er die indische Hafenstadt Goa, die damals ein Zentrum des Handels mit Araberpferden war. Über Ägypten war er mit interessanten Neuigkeiten aus dem Osten nach Hause gekommen.

Nein, niemand konnte sich erklären, wie ausgerechnet dieser rotgesichtige Vasco da Gama zu dem Auftrag kam. Einige glaubten, sein Vater, der Zivilgouverneur Estevão da Gama, oder sein Bruder Paulo hätten Vasco den Job abgetreten. Vielleicht dachte Emanuel I. auch, dass jetzt eher ein Diplomat und Soldat als ein sturmerprobter Seemann von Nutzen sein würde. Die Route war ja schließlich bekannt.

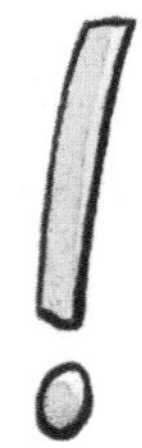

Später sollte sich zeigen, dass der König mit seiner Entscheidung ein glückliches Händchen gehabt hatte. Nach da Gamas Erfolgen wurde er jedenfalls „Emanuel der Glückliche" genannt.

Wen störte da noch, dass sein Seefahrer Portugal weniger mit diplomatischem Geschick als mit Härte und Grausamkeit den Weg zur führenden Großmacht der Meere eröffnet hatte? Dass dabei viele Menschen ums Leben kamen? Einmal versenkte da Gama sogar ein ganzes Schiff mit 300 Mekka-Pilgern, darunter viele Frauen und Kinder, im Indischen Ozean.

Als Vasco da Gama 1497 mit vier Schiffen in Richtung Indien aufbrach, war er 29 Jahre alt. 1468 war er in der Hafenstadt Sines an Portugals südlicher Atlantikküste geboren worden und dann in der Residenzstadt der Könige Evora aufgewachsen. Er hatte Astronomie und Navigation studiert und wurde Soldat. 1492 war er zum Marineoffizier ernannt worden.

Darüber, wie er lebte und ob er eine eigene Familie hatte, ist nichts bekannt. Wohl aber, dass er seinen Bruder Paulo mit auf die abenteuerliche Reise nach Indien nahm. Er selbst war Generalkapitän des Flaggschiffs, der „Santa Gabriel". Sein Bruder kommandierte die „Santa Raphael". Beides waren Dreimaster, Karavellen von 100 Tonnen Schiffsraum. Weniger mächtig war die „Berrio", die unter dem Befehl des erfahrenen Kapitäns Nicolas Coelho stand. Das vierte Boot war ein Versorgungsschiff von sogar 200 Tonnen. Es hatte Vorräte für drei Jahre an Bord, um für alle Widrigkeiten gewappnet zu sein. Wusste doch niemand, welche Abenteuer auf die insgesamt fast 200 Mann Besatzung der Vierer-Flotte warteten.

Es war noch gar nicht so lange her, dass die Menschen glaubten, im Süden warteten Ungeheuer im Meer. Furcht erregende Seeschlangen und anderes grauenvolles Getier würden jeden vernichten, der in ihr Reich vordrang. Lange Umwege wurden deshalb einkalkuliert. Für andere heikle Situationen waren auch einige Sträflinge an Bord: Warum das Leben der eigenen Leute beim ersten Landgang auf fremdem Gebiet riskieren, wenn solch wertloses Gesindel dafür gut zu gebrauchen war?

Aber auch die eigentliche Besatzung sollte noch merken, dass mit ihrem Generalkapitän nicht zu scherzen war. Einmal sorgten unerbittliche Stürme dafür, dass sich gewaltige Wellen die Portugiesen-Schiffe wie Bälle zuspielten. Die Seeleute flehten, doch weg vom Sturm nach Süden abzudrehen. Da drohte da Gama: „Ich habe in Lissabon geschworen, keine Handbreit vom Kurs abzuweichen. Den Nächsten, der mir einen solchen Vorschlag macht, schmeiße ich eigenhändig über Bord!“ So wird es 15 Jahre später der Seemann Gaspar Correa in einem erschütternden Protokoll dieser Reise schildern. An anderer Stelle erzählt er, was geschah, als etliche Seeleute an Erschöpfung starben und die anderen jammerten, man solle doch umkehren. Der General brüllte nur: „Und wenn 100 sterben – lieber gehe ich unter, als umzudrehen!“

In seinem Jähzorn war Vasco da Gama unberechenbar. Einmal ließ er bei einer beginnenden Meuterei trotz heftigsten Seegangs die Anführer aller Schiffe auf seine Santa Gabriel holen und unter Deck bringen. Dort, so gab er vor, sollten sie zur späteren Rechtfertigung vor dem König unterschreiben, dass eine Weiterfahrt nicht mehr möglich war. Als alle im Schiffsbauch waren, ließ er sie jedoch anketten und ihre Navigationsinstrumente über Bord werfen. Blankes Entsetzen machte sich breit. Doch da Gama meinte in seinem Größenwahn: „Was brauchen wir Instrumente? Gott allein wird uns an die indische Küste führen!“

Zwei Jahre später, am Ende dieser ersten Indien-Expedition, sollte nur noch jeder Dritte der ehemals 200 Mann starken Besatzung seine portugiesische Heimat wiedersehen. Die anderen waren umgekommen – durch Erschöpfung und Krankheiten. Vor allem der Skorbut setzte den Seefahrern zu: Monatelanger Mangel an frischer Nahrung raffte viele dahin. Trotzdem wurde da Gama bei seiner Rückkehr nach Portugal 1499 als Held gefeiert und später ein zweites Mal auf große Fahrt nach Indien geschickt.

Skorbut war eine häufige Seefahrer-Krankheit. Sie brach aus, weil es auf den Schiffen kein Obst und Gemüse gab. Den Menschen fehlte das lebensnotwendige Vitamin C.

Doch zunächst musste er sein erstes Abenteuer überstehen. Das fing kurz nach dem Auslaufen mit dichtem Nebel an. Vasco da Gama selbst verlor mit seiner Santa Gabriel die Orientierung und die anderen Schiffe. Deshalb lief er den vereinbarten Not-Treffpunkt an. Erst nach zehn Tagen fand die Flottille bei den Kapverdischen Inseln wieder zusammen. Danach ging es auf südwestlichem Kurs weit hinaus in den Atlantik. So wollte er den tückischen Winden an der westafrikanischen Küste entgehen. Angeblich kam da Gama dabei bis auf 600 Seemeilen an die südamerikanische Küste heran, ehe er wieder gen Osten abdrehte. Vier Monate dauerte die Fahrt auf dem offenen Meer. Dann endlich konnten die Schiffe in der St. Helena-Bucht, rund 200 Kilometer vor dem heutigen Kapstadt, vor Anker gehen. Hier wurden sie auf Vordermann gebracht und frisches Trinkwasser gebunkert. Als Buschmänner neugierig zum Strand gelaufen kamen, schickte da Gama einen seiner Leute los, um das Dorf dieser Hottentotten zu erkunden. Es kam zum Streit, und der Mann musste fliehen. Bei der anschließenden Prügelei am Ufer wurde da Gama selbst am Bein schwer verletzt. Schnell zogen sich die Portugiesen auf die Schiffe zurück – eilends stach man wieder in See.

Am 22. November passierte die Flotte das Kap der Guten Hoffnung. Eine schwierige Klippe war damit geschafft. In der heutigen Mosselbay – die Portugiesen nannten die Bucht wegen der großen Viehherden Angra dos Vaqueiros – ging es nochmal an Land. Da Gama beschloss, nur mit den drei Karavellen weiterzufahren, das dicke Versorgungsschiff wurde abgewrackt. Und wieder legten sich seine Leute mit den Hottentotten an, indem sie sich ungefragt am ohnehin knappen Trinkwasser bedienten. Da Gama ließ schnell noch einen Pradao aufstellen, ehe er nun Kurs Richtung Norden nahm.

In Mosambik trafen die Eroberer auf ein wichtiges Handelszentrum der Araber. Für die war der Indische Ozean so etwas wie für die Europäer das Mittelmeer. Da Gama war begeistert von dem Reichtum, den er hier sah: Im Hafen von Quelimane lagen große Schiffe, beladen mit Gold, Silber, Nelken, Pfeffer, Ingwer, Silberringen, Perlen und Rubinen, so ließ er im Roteiro, dem Bordbuch, notieren. Es hatte den Anschein, als warte hier ein freundlicher Empfang auf sie: Schließlich kamen mit Orangen beladene Einbäume auf die Portugiesen zu. Doch als sie zum Wasserfassen an Land gingen, rempelten die Araber die Fremden rüde an. Kurzerhand ließ da Gama mit Kanonen auf die Soldaten des Sultans schießen und weiterfahren. Wenigstens einen Lotsen konnte er zuvor noch an Bord nehmen. Doch der setzte die Santa Raphael vor Mombasa auf Sand. Zur Strafe ließ da Gama ihn in Fesseln legen und foltern.

Wieder schien das Land, vor dessen Küste sie lagen, sie freundlich zu empfangen. Doch die vermeintlichen Tunfisch-Schwärme, die die Männer nachts auf die Santa Gabriel zuschwimmen sahen, waren in Wirklichkeit Männer mit Messern zwischen den Zähnen, die das Schiff entern wollten. Sofort wurde abgelegt, unterwegs ein Handelsschiff gekapert und schließlich Malindi angelaufen. Der dortige Sultan hatte wohl von dem Überfall gehört. Jedenfalls bot er da Gama freiwillig Hilfe an. Er besorgte ihm einen neuen Lotsen. Und nach sieben Tagen, am 24. April, segelten die Portugiesen ostwärts über den Indischen Ozean. Am 20. Mai erreichten sie die indische Malabarküste und die Stadt Calicut, wo es zu dem für da Gama so peinlichen Empfang durch den Zamorin kam.

Der zeigte sich nicht abgeneigt, mit Portugal ins Geschäft zu kommen. Mit seinen arabischen Partnern wollte er es sich jedoch auch nicht verderben. Schließlich übergab der Herr von Calicut da Gama ein Schreiben an Portugals König. Die fremden Schiffe wollte er aber nur auslaufen lassen, wenn sie vorher Schutzzoll bezahlten. Da Gama weigerte sich. Stattdessen nahm er einige Inder als Geiseln und presste so seine Flotte frei. Am 29. August 1498 traten die Portugiesen die Heimreise an.

Die sollte noch härter als die Hinfahrt werden. Sie segelten gegen den Wind und kamen weit langsamer voran als geplant. Der Proviant wurde knapp, die Männer starben wie die Fliegen. Am Ende reichte die Besatzung nicht mehr zum Steuern von drei Schiffen. Deshalb wurde die Santa Raphael vor der kenianischen Küste verbrannt.

Doch auch Vasco da Gama selbst sollte Blutzoll bezahlen: Sein Bruder Paulo erkrankte auf der Rückreise so schwer, dass der General die Azoren ansteuern musste. So kam die Berrio am 10. Juli 1499 alleine in Portugal an. Paulo da Gama starb – und Vasco ließ ihn auf der Insel Terceira bestatten. Erst am 9. September fuhr die Santa Gabriel mit dem Generalkapitän in Lissabon ein.

Das war ein Empfang! König Emanuel I. ernannte seinen Eroberer zum Grafen von Vidiguera und zum Admiral des Indischen Ozeans. Von jetzt an durfte sich der Abenteurer „Dom" Vasco da Gama nennen. Nur ein Jahr später schickte der König erneut eine Flotte von diesmal 13 Schiffen gen Indien, die in Cochin südlich von Calicut einen Handelsposten errichtete.

Da Gama selbst stach erst 1502 wieder in See. Diesmal führte er eine riesige Kriegsflotte an, um die gesamte Malabarküste zu erobern. Calicut ließ er in Schutt und Asche legen. Entlang der Küste setzte er Patrouillenschiffe ein. So bekamen die Portugiesen die westindische See unter ihre Kontrolle und zerstörten ein jahrhundertealtes arabisches Handelssystem. In den nächsten Jahrzehnten beherrschte Lissabon den gesamten südostasiatischen Raum: von Ceylon über Indonesien, Malaysia und die Molukken bis nach China im Norden.

Zwanzig Jahre später, 1524, segelte da Gama ein drittes und letztes Mal gen Osten, inzwischen ernannt zum Vizekönig von Portugiesisch-Indien. Diesmal sollte er selbst sein Leben dort lassen. Am 24. Dezember 1524 erschoss ihn nach einem Streit der Statthalter von Cochin. Da Gamas Grabstein ist dort noch heute in der Klosterkirche der Franziskaner zu bewundern. Seine Gebeine wurden wenige Jahre später ins Kloster Belém zurück in seine Heimat am Atlantik gebracht.

Der lange Schatten der Kolonialherren

Die portugiesische Kolonialzeit, die mit Vasco da Gama begann, reichte bis ins vergangene Jahrhundert. Erst 1976 kam Portugiesisch-Timor frei und schloss sich Indonesien an. Im gleichen Jahr wurde Macao aus dem Kolonialstatus entlassen, aber noch 23 Jahre lang von den Portugiesen verwaltet. Seit 1999 gehört es zu China. Auch Portugiesisch-Indien und die Provinzen Guinea, Mosambik, Angola sowie die Kapverdischen Inseln erhielten erst in den 70er Jahren des vergangenen Jahrhunderts ihre Freiheit zurück. Nach der jahrhundertelangen Fremdherrschaft durch die europäischen Kolonialherren haben viele dieser Länder bis heute nicht den Anschluss an die Gegenwart geschafft.

Gift-Tod im Meer des Friedens

Von wegen „Mar Pacifico" – friedliches Meer! Hätte der Mann gewusst, was ihn hier noch erwarten sollte, niemals hätte er diese verdammten Gewässer so freundlich benannt! Aber so schrecklich waren die Erlebnisse der letzten Monate gewesen, dass er beim Anblick des offenen Meeres, das sich da vor ihm auftat, voller Glück und Dankbarkeit auf die Knie sank und zu weinen begann. Glaubte er doch, jetzt hätten er und seine Mannschaft den schwierigsten Teil ihrer Expedition endlich hinter sich gebracht. Aus Hunger hatten sie Schiffsratten, Leder und Pinguine gegessen. Jetzt gab es Hoffnung: Nur noch einen Monat, und das Ziel dieser langen Fahrt wäre endlich erreicht.

Welch ein Irrtum! Das Vierteljahr, das in Wirklichkeit noch vor ihnen lag, sollte noch schlimmer werden. Seine Leute, zermürbt von Hunger und Durst, waren der Verzweiflung nah: Weit und breit in allen vier Himmelsrichtungen Wasser, Wasser, Wasser. Unter ihnen lauerte ein Abgrund von 11 000 Metern bis zum Meeresgrund. Hätten sie gewusst, dass sie genau dort den Ozean kreuzten, wo er am tiefsten war, wäre wohl Panik ausgebrochen.

Nachdem sie endlich wieder Land entdeckt hatten, währte das Leben unseres Abenteurers nicht mehr lange. Bei dem Versuch, die Bewohner der heutigen Philippinen-Insel Mactan zum Christentum zu bekehren, wurde er von vergifteten Pfeilen durchbohrt und getötet. Er erfuhr nicht mehr, was er mit seiner Expedition bewiesen hatte: dass die Erde tatsächlich eine Kugel war. Er selbst kam nicht mehr in seine spanische Wahlheimat zurück. Trotzdem gilt er als der Mann, der diese Kugel als Erster umrundet hat. Dem Pazifik blieb der Name, den er ihm gab.

Wer war das?

Ferdinand Magellan –
als Erster einmal um die Erde

Geboren 1480 in Sabrosa
Gestorben am 27.4.1521 auf Mactan

Was sollten sie davon noch träumen! Eine Tafel, „beladen mit Geflügel, süßen Kartoffeln, vielen Ananas, die die köstlichsten Früchte sind, die sich finden lassen, dem Fleisch des Tapir, das dem des Rindes ähnelt, Zuckerrohr und zahllosen anderen Dingen"! So schwärmte Antonio Pigafetta in seinem Tagebuch von dem Gelage. Zu diesem Festmahl war Kapitän Fernão Magalhães, wie Ferdinand Magellan in seiner portugiesischen Muttersprache heißt, mit der Besatzung seiner fünf Schiffe in Rio de Janeiro geladen.

Wenig später mussten sie „Gänse, die nicht fliegen können" und „Seewölfe ohne Beine" essen, um nicht zu verhungern. Pigafetta meinte damit Pinguine und Robben. Doch es kam noch viel schlimmer: Schiffsratten wurden zur begehrten Delikatesse. Danach waren Sägespäne das Einzige, womit sich die Männer ihre Mägen füllten. Um überhaupt etwas zwischen die Zähne zu bekommen, weichten sie am Ende sogar die Lederriemen der Schiffstakelage in Salzwasser ein, um sie dann zu verzehren.

Antonio Pigafetta war ein italienischer Edelmann. Seinen Aufzeichnungen ist zu verdanken, dass die Menschheit überhaupt erfuhr, wie die erste Weltumseglung des Ferdinand Magellan von 1519 bis 1522 vonstatten ging. Er gehörte zu den nur noch 18 von ursprünglich 234 Mann, die lebend wieder am Ausgangspunkt Spanien ankamen. Alle anderen fanden den Tod. Auch wenn die Erde durch diese Fahrt größer geworden war: Den erhofften Reichtum und die Macht über die begehrten Gewürzinseln im fernen Pazifik hat Magellans Abenteuer dem spanischen König Karl I. von Kastilien und späteren deutschen Kaiser Karl V. nicht gebracht.

Diese Inseln wollte der Abenteurer auf dem Seeweg gen Westen erreichen, um sie für die spanische Krone in Besitz zu nehmen. Die Portugiesen waren schon von Indien aus dorthin gelangt. Und mit ihnen Magellan, der selbst portugiesischer Landsmann war. Doch in seiner Heimat war er in Ungnade gefallen, deshalb bot er seine Dienste den Spaniern an. Er war ohnehin davon überzeugt, dass Spanien der eigentlich rechtmäßige Besitzer dieser Inseln war.

Die Kirche hatte die damals bekannte Welt zwischen den beiden Entdecker-Nationen der iberischen Halbinsel mit einem Federstrich aufgeteilt: Portugal sollte alles Land gehören, was auf dem Seeweg nach Osten lag, den Spaniern der Teil der Welt, der gen Westen mit dem Schiff zu erreichen war. Dass es außer dem Atlantik auf der anderen Seite der Erde einen weiteren riesigen Ozean, den Pazifik, gab, war noch unbekannt. Ebenso, dass man einmal rund um die Erde fahren konnte. Magellan aber glaubte, dass dies möglich sein müsste. Seine Kenntnisse der Astronomie und Navigation hatten ihn auf die Idee gebracht, einen solchen Weg zu suchen. Das bot er dem spanischen Königshaus an.

1480 wurde Ferdinand als Sohn des Bürgermeisters von Sabrosa in der Provinz Trás-os-Montes geboren. Seine Eltern Rui de Magalhães und Alda de Mesquita waren verarmte Landadelige aus Nordportugal. Als Ferdinand zwölf Jahre alt war, kam er als Page in die Dienste des portugiesischen Königshauses, wurde dann aber Soldat. Es war die Zeit von Vasco da Gamas Entdeckungsreise. So mancher junge Portugiese träumte davon, auch in fremde Länder zu fahren.

Für Ferdinand sollte sich dieser Traum mit 25 erfüllen. Da durfte er Francisco de Almeida, den ersten Vize-König von Portugiesisch-Indien, als Matrose in dessen Land begleiten. 1509 kämpfte Ferdinand mit bei der Seeschlacht um Diu. Mit ihr gewann Lissabon die Herrschaft über den Indischen Ozean. Ein Jahr später fuhr Magellan mit Almeida zu den Molukken. Dank seiner Fähigkeiten beim Navigieren wurde er zum Kapitän ernannt. Er hatte bei seiner Herrschaft zudem damit Eindruck geschunden, wie er einmal eine meuternde Mannschaft mit harter Hand in die Knie zwang. Auch die Grausamkeit, mit der Magellan stets mit Aufrührern umging, sollte ihn später berühmt machen.

Francisco de Almeida wurde abgesetzt. Ferdinand Magellan aber blieb in Diensten der Krone. Sein neuer Herr war nun der indische Vize-König Alfonso de Albuquerque. Mit ihm eroberte er nach sechswöchigem Beschuss 1511 die Stadt Malakka. Die Portugiesen legten dieses wichtige Zentrum des Gewürzhandels auf der malaysischen Halbinsel in Schutt und Asche.

1513 kam Magellan zurück nach Lissabon, um kurz darauf in die nächste Schlacht zu ziehen. Diesmal galt es, in Marokko einen Aufstand der Mauren niederzuschlagen. An diese Schlacht sollte sich Magellan sein Leben lang erinnern: Er wurde bei den Kämpfen so schwer am Bein verwundet, dass er von da an hinkte. Für seine Tapferkeit erwartete sich der mittlerweile 33-Jährige eine besondere Belohnung. Doch die erhoffte Beförderung nach der gewonnenen Schlacht wurde ihm versagt. Ganz im Gegenteil: Man warf ihm vor, mit den Aufständischen Geschäfte gemacht zu haben. Deshalb verweigerte ihm König Emanuel I. einen besonderen Lohn. Darüber war Magellan so verärgert, dass er seinem Land den Rücken kehrte und 1517 nach Spanien ging. Dort bot er König Karl seine Dienste an.

Spanien war zu dieser Zeit schwer verschuldet. Die Aussicht, den Portugiesen die Oberhoheit über den fernöstlichen Gewürzhandel aus den Händen zu schlagen, war deshalb verlockend. Gut möglich, dass die Liebe Ferdinand Magellans zu Beatriz Barbosa, der Tochter eines hohen Beamten in Sevilla, das Vertrauen des kastilischen Königs in den Kapitän aus Portugal noch förderte. Die beiden heirateten und bekamen ein Kind, Rodrigo. Nicht jeder am spanischen Hof aber traute dem Fremden aus Portugal über den Weg. Dieses Misstrauen sollte Magellan später auf See noch zu spüren bekommen.

1518 gewann Magellan den König dafür, fünf Schiffe für seine Expedition auszurüsten. Die „Trinidad", das Flaggschiff, dem Magellan vorstand. Die „San Antonio" mit Juan de Cartagena als Kapitän. Die „Concepçion" unter Führung Gaspar de Quesadas. Die „Victoria" unter Befehl von Luis de Mendoza und schließlich die „Santiago" mit Magellans Freund João Serrão. Magellan schloss mit dem spanischen König einen lukrativen Vertrag: Ein Fünftel der Reichtümer, die die Reise einzubringen versprach, sollte ihm gehören. Innerhalb der nächsten zehn Jahre durfte kein anderer zu den Molukken geschickt werden. Und sein Sohn sollte Gouverneur der entdeckten Länder werden.

Mit 234 Mann Besatzung verließen die Schiffe am 10. August 1519 Sevilla, fuhren den Guadalquivir hinunter und stachen am 20. September von Sanlúcar de Barrameda aus in See. Mit an Bord: Der Tagebuchführer Pigafetta, der schrieb, Magellan sei „ein verschwiegener Mann" – wohl deshalb, damit seine Männer „nicht vor Staunen und Angst unwillig wären, ihn auf so einer langen Reise zu begleiten".

Nach einem Zwischenstopp auf den Kanarischen Inseln ging es an Westafrikas Küste entlang. Vor dem Golf von Guinea drehten die Schiffe nach Westen ab und erreichten Brasilien. Am 13. Dezember legten sie in der Bucht von Rio de Janeiro an. Weil es dort bei ihrer Ankunft das erste Mal seit zwei Monaten wieder regnete, hielten die Eingeborenen die Ankömmlinge für

Götter – und bereiteten ihnen das eingangs beschriebene üppige Mahl. Magellan hoffte, hier die gesuchte Meerenge zu finden. Sie sollte ihn in die Gewässer führen, in denen man dann von hinten her, also von Osten, zu den Molukken kam. Doch die vermeintliche Meerenge war nur die Mündung des Rio de la Plata. Also ging es Mitte Januar weiter gen Süden – immer auf der Suche nach der Meerespassage. Ohne Erfolg.

Im März legte die Flotte in San Julián an, weil der Wintereinbruch bevorstand. Die Gegend war alles andere als einladend, sondern dunkel und trist. Die Seeleute murrten und begannen zu meutern. Die Vorräte wurden knapp. Magellan ließ die Rationen kürzen. Diesem Befehl des Portugiesen widersetzten sich die spanischen Kapitäne der Victoria, der Concepçion und der San Antonio. Der antwortete mit grausamen Strafen: Luis de Mendoza, den Kapitän der Concepçion, ließ er erschlagen und vierteilen. Gaspar de Quesada wurde hingerichtet, Juan de Cartagena an Land gebracht und dort alleine zurückgelassen.

Sieben Monate lag die Flotte vor San Julián – unterbrochen von kurzen Erkundungsfahrten. Bei einer strandete die Santiago. Ihre Besatzung floh ins Hinterland. Magellan schickte einen Suchtrupp los, der die Leute schließlich fand. Dabei kam die Südspitze Südamerikas zu ihrem Namen „Patagonien“: Die Seeleute standen dort plötzlich riesigen Männern gegenüber. Die sollen so groß gewesen sein, dass die Europäer ihnen nur knapp bis zu den Hüften reichten. Magellan nannte diese Eingeborenen „Großfüße“, was auf portugiesisch wie „Patagonier“ klingt.

Endlich, im Oktober, stach die nunmehr aus nur noch vier Schiffen bestehende Expedition wieder in See und kam am 21. Oktober am Kap der Jungfrauen an. Dort endlich fand Magellan die gesuchte Meerespassage zwischen Patagonien und Feuerland. Auch Feuerland bekam von ihm den Namen. Der Kapitän glaubte nämlich, er habe dort von weitem Feuer gesehen.

Die Durchfahrt war zwar nur 600 Kilometer lang, doch schwer zu beschiffen: Ein eisiger Wind blies den Seeleuten entgegen. Die Passage war felsig und eng, es herrschte dichter Nebel. Die spanische Flotte brauchte 38 Tage, um sie zu durchfahren. Sie kam ohne die San Antonio drüben an. Das Schiff hatte heimlich beigedreht und sich Richtung Heimat davongemacht. Der Seeweg rund um die Südspitze Südamerikas wurde später nach dieser ersten Durchfahrt Magellanstraße benannt.

Magellan selbst nannte die Passage zwischen Patagonien und Feuerland „Estreito de todos os santos“, „Allerheiligenstraße“. Während der Durchfahrt hatten seine Leute alle Heiligen um Hilfe angefleht.

Als sie – endlich – am 28. November 1520 wieder offenes Meer erreichten, war der Jubel groß. Zumal Magellan den Leuten versprach, sie würden in spätestens einem Monat Land erreichen. Sie glaubten, das Ziel sei nun nah. Stattdessen dauerte die Fahrt mehr als dreimal so lang. Heute wissen wir, dass Magellan riesiges Pech gehabt haben muss: Er hat mit seiner Flotte die an Inseln reichste Gegend aller Weltmeere durchsegelt, ist aber auf keine einzige davon gestoßen.

Halb verhungert und verdurstet sichteten die Seeleute am 6. März 1521 die Islas de Ladrones – die „Inseln der Diebe“. Magellan nannte sie so, weil Eingeborene versuchten, ihnen die Beiboote zu stehlen. Eine dieser Inseln war das heutige Guam. Dort gingen die Spanier an Land. Endlich konnten sie frisches Wasser, Obst und andere Nahrung aufnehmen, bevor sie weiter zu den Philippinen fuhren. In Cebu legten sie erneut an. Magellan bekehrte den König zum Christentum. Der unterwarf sich den Spaniern. Sie sollten jetzt die Herren seines Landes sein. Das erboste die Bewohner der Nachbarinsel Mactan. Sie riefen zum Aufstand gegen Cebu und die Fremden auf. Um diesen Aufstand niederzuschlagen, setzte Magellan selbst nach Mactan über. Kaum angekommen, durchbohrte ihn ein in Gift getränkter Pfeil. Er starb am 27. April 1521. Seine Leute lockten die Mactaner mit Geschenken, um wenigstens den Leichnam ihres Generalkapitäns zurückzubekommen. Vergeblich!

Nur wenige Tage später erhob sich auch die Bevölkerung von Cebu gegen die Spanier. 30 Seeleute kamen dabei um. Die Überlebenden versenkten die Concepçion, damit sie nicht den Aufständischen in die Hände fiel, und machten sich mit der Victoria und der Trinidad davon. Nur eines der Schiffe, die Victoria, schaffte es, die ganze Erde zu umrunden. Sie kam am 6. September 1522 mit nur 18 Seeleuten wieder in Spanien an. Die Trinidad versuchte, auf demselben Weg wieder nach Hause zu segeln, auf dem sie gekommen war. Sie wurde von Piraten gekapert und erreichte die Heimat erst drei weitere Jahre danach mit nur noch fünf Mann.

Mit Magellan zur Venus

Tückische Untiefen, ständiger Sturm und dichter Nebel, dazu viele gefährlich enge Stellen, die teilweise nicht breiter als drei Meter sind: Die Magellanstraße ist nur schwer zu befahren. Trotzdem blieb sie 400 Jahre lang die einzige und wichtigste Schifffahrtsstraße zwischen Atlantik und Pazifik. Heute gehört die Magellanstraße zu Chile.

Erst mit der Eröffnung des Panama-Kanals in Mittelamerika am 15. August 1914 wurde die Seefahrt von Ost nach West zwischen diesen beiden Weltmeeren einfacher.

Im 20. Jahrhundert kam Fernão Magalhães noch einmal zu Ehren: Die Amerikaner benannten eine Weltraumsonde nach dem Portugiesen, die sie zur Venus schickten. Diese „Magellan" trat 1990 in die Umlaufbahn des Planeten ein. Mit ihrer Hilfe war es möglich, die gesamte Oberfläche der Venus zu kartieren. Auch für diese Magellan war es eine Reise ohne Wiederkehr: 1994 verglühte sie in der Atmosphäre …

Die grausame Gier nach Gold

Eigentlich sollte er Kolumbus 1502 zu seiner vierten Reise nach „Westindien“ begleiten. Doch seine Schürzenjägerei wurde ihm zum Verhängnis. Er hatte des Nachts versucht, über eine Leiter ins Zimmer einer seiner Angebeteten in einem Mädcheninternat – andere Quellen sagen: bei einer verheirateten Frau – zu steigen. Dabei wurde der liebestolle Draufgänger ertappt. Er musste fliehen, stürzte dabei ab und brach sich das Bein. Pech gehabt! Oder doch nicht? Wie man's nimmt …

Wäre der Spanier mit Kolumbus mitgesegelt, wäre er selbst vielleicht nie zu Weltruhm gelangt. Denn 17 Jahre später brach unser Abenteurer als sein eigener Herr von Cuba aus nach Mexiko auf und wurde so zu einem der berühmtesten Konquistadoren seines Heimatlandes. Die Konquistadoren waren Eroberer, die von Spaniens König mit dem Auftrag übers Meer geschickt wurden, Amerika zu kolonialisieren. Der Mann, um den es hier geht, war damit so erfolgreich, dass sein Land durch seine Eroberungen im 16. Jahrhundert zur reichsten Nation der damaligen Welt aufsteigen konnte. Die Goldgier der Spanier bezahlten die Azteken in Mexiko mit ihrem Leben. Durch die Eroberungen des Spaniers wurde ein hoch entwickeltes Volk mit einer jahrhundertealten Kultur um seine Existenz gebracht. Wer das Glück hatte, von den europäischen Eroberern nicht niedergemetzelt zu werden, wurde zum Sklaven gemacht.

Ausgerechnet eine Sklavin, die selbst dem unterjochten Volk entstammte, hatte den Erfolg dieses Helden ermöglicht. Erst wurde sie seine Geliebte. Dann war sie, weil sie die Sprache des Landes beherrschte, als Dolmetscherin die wichtigste Beraterin bei seinem Feldzug gegen das eigene Volk, bei dem es vor allem um Gold und Silber ging.

Wer war das?

Hernando Cortez – der Untergang der Azteken

Geboren 1485 in Medellin
Gestorben am 2.12.1547 in Sevilla

Wie bitte? Alles hatte er bis ins Letzte vorbereitet. Die elf Schiffe waren bestens ausgerüstet. 100 erfahrene Männer als Besatzung ausgewählt. 500 Soldaten, bewaffnet mit Schwertern und Armbrüsten, an Bord, wo auch 14 Kanonen auf ihren Einsatz warteten. Sogar ans schnellere Fortkommen an Land hatte Hernando Cortez gedacht und 16 Pferde verladen lassen. Und jetzt sollte er hier bleiben und den Oberbefehl über diese viel versprechende Expedition an einen anderen abtreten? Er dachte ja gar nicht daran! Niemals würde er sich diesem Sinneswandel seines Befehlshabers beugen. Zu allem entschlossen, ging Hernando Cortez an diesem 18. Februar 1519 an Bord und gab den Befehl zum Ablegen.

Welch stolzer Anblick, als die mächtige Armada den Hafen von Santiago de Cuba verließ! Doch welche Aufregung an Land! Sofort ließ der Statthalter der Insel, Diego Velazquez, ein anderes Schiff flottmachen und schickte Cortez seine Soldaten hinterher. Sein Befehl: Haltet sie auf! Nehmt Cortez fest, und bringt ihn zurück! Doch zu spät: Die Flotte war nicht mehr einzuholen.

So war Hernando schon immer gewesen: ehrgeizig, hitzköpfig, stur. Der Adelige aus Kastilien war der Sohn eines verarmten Grafen aus der spanischen Provinz Extremadura. Dort, in Medellin, war er 1485 geboren worden. Von Anfang an hatten seine Eltern ihre liebe Not mit dem tollkühnen Kind. Schon als Jugendlicher galt Hernando als leichtsinnig – aber auch intelligent. Deshalb sollte er in Granada Rechtswissenschaften studieren. Ein Spitzbube war er obendrein: Kaum zum Mann geworden, war kein Rock vor ihm sicher. Was kümmerten ihn Ruf und Ehre? Der Leitersturz bei dem gescheiterten Schäferstündchen war für den damals 17-jährigen Draufgänger ein ganz normaler Betriebsunfall. Auch wenn der ihm die Teilnahme an einer Expedition des berühmten Christoph Kolumbus vermasselt hatte. Was sollte es? Würden eben andere Abenteuer auf ihn warten! Wer würde ihn daran hindern?

Er setzte sich sein ganzes Leben lang durch. So ausgelassen und charmant der Spanier sein konnte, so eiskalt und brutal ging er gegen jeden vor, der sich ihm in den Weg stellen wollte. Für ihn zählte Zeit seines Lebens nur der eigene Erfolg.

Bei der Eroberung Mexikos, zu der er an jenem 18. Februar 1519 von Cuba aufgebrochen war, war das nicht anders. Diego Velazquez hatte ihn 1511 von Spanien aus als Berater und Assistent mit nach Cuba genommen, um die Insel dem spanischen Reich einzuverleiben. Hernando muss seinem Herren dabei gute Dienste geleistet haben: Jedenfalls wurde Cortez mit einem eigenen Haus und indianischen Sklaven in dem neu gegründeten Baracoa belohnt und sogar zum ersten Bürgermeister dieser Stadt ernannt. Doch Velazquez' Stern drohte zu sinken, brachte Cuba dem spanischen Königshaus doch nicht die erhofften Reichtümer ein.

Cortez' Herr ließ deshalb von seinem Neffen Juan die mexikanische Küste daraufhin erkunden, ob dort Gold zu holen war. Der brachte gute Nachrichten von einem sagenhaft reichen König im Inneren des Landes zurück. Da war was zu holen! Und Cortez war dafür der richtige Mann: In nur drei Monaten rüstete der mittlerweile 34-Jährige elf Schiffe zur Eroberung Me-

Die Spanier wollten Mexikos Gold.

xikos aus. Dabei legte er so viel Eifer und Ehrgeiz an den Tag, dass beides Velazquez bald nicht mehr ganz geheuer war. Kurz vor Auslaufen der Schiffe setzte er Hernando als Kommandeur für den geplanten Beutezug ab. Das ließ sich Cortez nicht bieten! Noch am gleichen Tag gab er den Befehl: „Die Leinen los!“, und legte in Richtung Mexiko ab.

Die Armada umsegelte zunächst die Halbinsel Yucatan. Im Mündungsgebiet des Flusses Grijalva legte Cortez dann erstmals an. Seine Leute stießen auf eine Indianersiedlung namens Tabasco – und wurden begeistert empfangen: Die Einheimischen schenkten Cortez 20 Sklavinnen, von denen eine ihm überaus nützlich werden sollte: Sie hieß Marina und gehörte dem Volk der Azteken an. Schon als Kind war sie als Sklavin nach Tabasco an den Stamm der Maya verkauft worden. Cortez machte sie zu seiner Geliebten und sie ihn zum Vater eines Sohnes, den er Martin nannte.

Marina aber wurde von den Mexikanern bald nur noch „Malinche“, Verräterin, genannt. Marina sprach nicht nur die Sprache der Maya, sondern auch noch die der Azteken, Nahuatl. Sie konnte Hernando Cortez die fremden Sprachen übersetzen und wurde deshalb für ihn zur wichtigsten Beraterin bei der Eroberung des Reichs ihrer Ahnen.

Von ihr erfuhr Hernando die wahren Gründe für den begeisterten Empfang in Tabasco und später in anderen Städten im Land: Zum einen waren die Azteken, die im fernen Tenochtitlan herrschten, bei den anderen Völkern Mexikos verhasst. Wichtiger aber noch war für ihn zu erfahren, dass der Azteken-König Moctezuma II. ihn fürchtete. Nach dem Glauben seines Volkes kam Cortez nämlich genau zu dem Zeitpunkt an Land, für den die Wiederkehr der „Gefiederten Schlange“ vorhergesagt war: Dieser Quetzalcoatl genannte Gottkönig hatte das Land vor Jahrhunderten über das Meer verlassen. Für das Jahr 1519 war

Moctezuma hielt Cortez für einen Gott.

seine Wiederkehr aus dem Osten vorhergesagt. Und für das Reich des Aztekenkönigs zugleich der Beginn seines Untergangs.

Von Tabasco aus segelte Cortez weiter nach Norden in den Golf von Campeche. Dort ging er in der Stadt Veracruz an Land. Die Kunde von der Ankunft der „weißen Männer", die angeblich Feuer speiende Waffen mit sich führten, war mittlerweile bis nach Tenochtitlan gelangt. Um den vermeintlichen Quetzalcoatl von seiner Hauptstadt fern zu halten, schickte Moctezuma den Ankömmlingen eine Botschaft: Er bedauere sehr, dass er sie nicht in Tenochtitlan selbst willkommen heißen könne. Doch der Weg über Land und Gebirge sei für sie sicher viel zu beschwerlich. Dafür erweise er ihnen mit Geschenken, Gold und Silber in riesigen Mengen die Ehre.

Moctezuma ahnte nicht, dass er damit Hernando Cortez' Gier auf die Reichtümer der Azteken erst recht wecken würde. Der bereitete sein weiteres Vorgehen nun geschickt vor. Wohl überlegt stellte sich der Spanier mit den Einheimischen gut. Ihm half, dass, wo immer er hinkam, der Hass auf Moctezuma regierte. Die Azteken brachten ihren Göttern regelmäßig Menschenopfer dar. Um genügend Nachschub zu haben, griffen sie immer wieder andere Völker an, die dann als Tribut Menschen für die Götter schicken mussten. Es heißt, die Azteken hätten sogar Kinder geschlachtet, um ihren Regengott mit deren Tränen zufrieden zu stellen. Zigtausende sollen jedes Jahr diesen grausigen Riten zum Opfer gefallen sein. Dass Hernando Cortez Moctezumas Reich erobern wollte, kam den anderen Stämmen da gerade recht.

Allerdings fürchteten sie den Fremden auch: Nie zuvor hatten die Indianer Pferde gesehen. Diese schnaubenden riesigen Tiere, die Cortez mit sich führte, bestärkten sie in dem Eindruck, dass die Weißen, die da vom Meer gekommen waren, über besondere Kräfte verfügen mussten. Da war es besser, sich nicht mit ihnen anzulegen.

Dem spanischen Eroberer ging es bei seinem Plan, Tenochtitlan zu erobern, nicht nur um Gold für den König: Er wollte auch selber mehr Macht. Deshalb gründete er bei Veracruz eine eigene Kolonie, „Neu-Spanien", zu deren Statthalter er sich ernannte. Damit hatte ihm auch Velazquez nichts mehr zu sagen. Zudem schickte Cortez ein ganzes Schiff, schwer beladen mit den Geschenken des Azteken-Herrschers, zurück nach Europa. Dem König ließ er eine Botschaft über die Landnahme zu dessen Gunsten überbringen.

Nicht alle von Cortez' Leuten waren mit diesem Vorgehen einverstanden. Schließlich waren sie ursprünglich auf Velazquez' Geheiß auf die Schiffe gegangen. Doch Cortez kam ihrer Verschwörung auf die Schliche und demonstrierte, was jedem blühen würde, der künftig gegen ihn war: Er ließ zwei der Aufrührer hängen, einem die Füße abschneiden und die anderen öffentlich auspeitschen. Danach zündete er die übrigen zehn Schiffe an. Damit war der Rückweg nach Cuba abgeschnitten. Niemand hatte jetzt mehr eine Chance, sich davonzumachen oder seine Eroberung Velazquez in die Hände zu spielen.

Am 16. August brach Cortez mit 500 Soldaten, 16 Reitern, sechs Kanonen sowie 400 einheimischen Verbündeten zu Fuß auf nach Tenochtitlan. Im mexikanischen Hochland unterwarf er die Stadt Tlaxcala, die ihm schließlich weitere 6 000 Mann als Verstärkung für seinen Feldzug gegen Moctezuma mitgab.

Vorbei am Vulkan Popocatepetl näherte sich Cortez' militärischer Zug der Stadt Tenochtitlan. Wie staunten seine Leute, als sie den über 5 000 Meter hohen qualmenden Berg Feuer und Asche speien sahen! Mehr noch beeindruckt aber waren die Spanier vom Anblick der Stadt der Azteken: Sie lag auf der größten von zahlreichen Inseln mitten im Texcoco-See. Prächtige

Türme ragten von dieser damals schon angeblich größten Stadt der Welt in den Himmel. Am 8. November 1519 stand Hernando Cortez vor ihren Grenzen. Über Dämme zogen seine Leute nach Tenochtitlan ein. Moctezuma ließ sie wohl oder übel freundlich empfangen, hoffte er doch noch immer, er könne der Weissagung entgehen, mit diesem Gott-Menschen komme sein Untergang.

Der Aztekenkönig stellte Cortez einen eigenen Palast zur Verfügung und erlaubte, dass sich die Fremden in seiner Stadt frei bewegten. Die Spanier kamen aus dem Staunen nicht mehr heraus: Die Tempel der Azteken funkelten nur so von Silber und Gold. Tenochtitlan war insgesamt eine prächtige Stadt, die mitten im Wasser lag und von Kanälen durchzogen war. Überall gab es Gärten, die üppig von Früchten, Gemüse und den schönsten Blüten bewachsen waren. Diese Chihampas genannten schwimmenden Gärten waren auf Korbgeflecht angelegt, durch das die Wurzeln der Pflanzen bis auf den Grund des Sees gewachsen waren. Trotzdem schienen sie sich auf dem Wasser fortzubewegen.

Freundlicher Empfang hin oder her – Hernando Cortez ließ in seinem Palast die Geschütze in Stellung bringen. Ein Feldherr Moctezumas sah sich das nicht so einfach mit an: Er nahm mehrere von Cortez' Soldaten fest und ließ ihnen die Köpfe abschlagen.

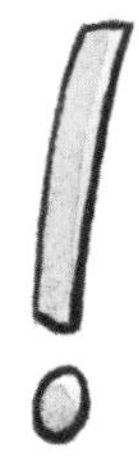

Daraufhin nahm der Spanier Moctezuma am 17. November in seinem eigenen Palast gefangen und zwang ihn, sich dem spanischen König und Kaiser Karl V. zu unterwerfen. In den nächsten Monaten ließ Cortez seine Leute in den prächtigen Tempeln in Tenochtitlan die Götterfiguren entfernen. Stattdessen stellten sie das Kreuz und christliche Heiligenfiguren auf. Nicht alle Azteken unterwarfen sich. Deshalb ließ Cortez zur Abschreckung einige Widerständler öffentlich verbrennen. Offiziell war

Moctezuma zwar noch der König der Azteken. In Wirklichkeit aber war er eine Marionette, an der Cortez die Fäden zog.

Aber die Schlacht um das Reich war noch nicht geschlagen. Zudem bahnte sich nach fünf Monaten, im April 1520, aus anderer Richtung neuer Ärger an: Aus Veracruz kam die Nachricht, dass dort 18 spanische Schiffe mit 1 000 Mann und zwei Kanonen gelandet waren. Velazquez hatte sie von Cuba geschickt. Die Soldaten sollten Cortez gefangen nehmen, damit der Statthalter von Cuba „Neu-Spanien" unter seine Oberherrschaft bekam.

Cortez handelte rasch. Den Oberbefehl über Tenochtitlan übertrug er dem Spanier Pedro de Alvarado und ließ ihm 150 Soldaten. Mit seiner übrigen Truppe marschierte er sofort nach Osten. Mitten in der Nacht überfiel er Velazquez' Leute. Die hatten, obwohl zahlenmäßig in der Übermacht, so überrumpelt keine Chance. Die geschlagenen Truppen aus Cuba schlossen sich Cortez an.

Die Spanier entehrten die Götter der Azteken.

In Tenochtitlan hatte unterdessen Alvarado den Widerstand der Azteken neu angefacht. Cortez' Stellvertreter hatte eine religiöse Feier zu Ehren der alten Götter überfallen. Das ließen sich die Azteken nicht gefallen. Sie beschossen die zurückgebliebenen Spanier in ihren Unterkünften und wählten Moctezumas Bruder Cuitlahac zu ihrem neuen König.

Als ein Bote Cortez diese Nachricht brachte, kehrte er sofort zurück in die Azteken-Stadt. Er wurde auch in seinen Palast gelassen und führte Moctezuma vor dessen Tore, damit der sein Volk zur Ruhe aufrief. Doch es erwartete sie eine aufgebrachte Menge. Der entmachtete Herrscher stürzte – vom Steinhagel tödlich getroffen – zu Boden. Cortez selbst blieb nur noch die Flucht in die Nacht. Dieser Rückzug aus der Stadt endete für die Spanier und die verbündeten Tlaxcalaner in einem Blutbad: Etliche starben, durchbohrt von den Pfeilen der Azteken. Andere stürzten in den See und ertranken. Viele wurden festgenommen – endlich frisches Blut für die alten Götter der Azteken.

Diese Stunden zwischen dem 1. und 2. Juli 1520 wurden von den Spaniern später La Noche Triste – die traurige Nacht – genannt.

Hernando Cortez war entkommen, wenn auch zu Tode erschöpft. Trotz der schweren Verluste gab der Spanier noch immer nicht auf. Mit den verbliebenen Leuten zog er sich nach Tlaxcala ins Hochland zurück. Er sammelte dort neue Krieger und machte sich auf zum vernichtenden Schlag gegen Tenochtitlan. Vom Mai 1521 an wurde die Stadt durch Cortez' Leute vier Monate lang belagert. Er ließ die Aquädukte, über die sie mit Trinkwasser versorgt wurde, zerstören, schnitt die Versorgungswege für Nahrungsmittel ab und ließ die Gebäude beschießen. Den eingeschlossenen Menschen setzten Hunger und Seuchen zu. Mitte August gaben sie auf.

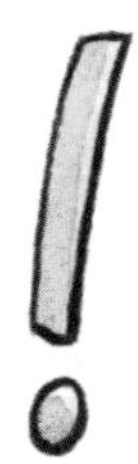

Cortez befahl, nun ganz Tenochtitlan niederzureißen. Auf den teils jahrhundertealten Mauern baute er das neue Mexiko auf: Die Stadt wurde zum Symbol der Zerstörung des einst so mächtigen Reichs der Azteken.

Von hier aus eroberte Hernando Cortez Guatemala, El Salvador und Honduras. Aus Spanien forderte er Missionare an, die die Indianer im „Neu-Spanien" Karls V. zum Christentum bekehrten. Velazquez und seine Anhänger hatten aber nicht vergessen, dass er ihren Feldzug geschlagen hatte: 1528 wurde Hernando Cortez nach Spanien gerufen. Er musste sich dem Vorwurf stellen, die Loslösung der neuen Kolonien von der Krone zu betreiben. Noch konnte er diesen Verdacht widerlegen. 1540 kehrte er endgültig in die alte Heimat zurück. Die Neider am Hof hatten verhindert, dass er den Titel eines Vize-Königs von Neu-Spanien bekam. Nur den Rang eines „Grafen von Oaxaca" gestand man ihm zu.

Hernando Cortez, der erfolgreichste Konquistador der spanischen Krone, starb 1547 in seinem Haus bei Sevilla. Enttäuscht, verbittert und krank.

Was vom alten Mexiko blieb

Es gibt nur noch wenige Indios in Mexiko. Die Nachfahren derer, die sich mit den weißen Spaniern vermischten, werden Mestizen genannt.

Auch wenn Hernando Cortez die Azteken nahezu ausgerottet hat: In Mexiko treffen wir noch heute überall auf ihre Spuren. Fast eine Million Menschen sprechen über 500 Jahre nach ihrem Untergang noch oder wieder Nahuatl, die Sprache ihrer Vorfahren. Weltberühmt sind die Pyramiden des Landes. Der Texcoco-See um das alte Tenochtitlan ist versandet. Die Kathedrale in Mexiko-Stadt aber steht genau dort, wo einst der alte Tempelbezirk der Azteken-Götter war. Der heutige Nationalpalast wurde auf Cortez' Residenz errichtet, die wiederum auf den Mauern der Herrschergebäude Moctezumas stand. Wo immer man in Mexiko-Stadt in die Tiefe gräbt, stößt man noch heute auf Reste von Gebäuden der alten aztekischen Hochkultur.

Die schwimmenden Gärten vor den Toren von Mexiko-Stadt sind eine beliebte Touristen-Attraktion: Dieser eigene Stadtteil wird Xochimilco genannt. In der Indianersprache heißt das Wort „Blumenfelder". Xochimilco wurde von der UNESCO zum Weltkulturerbe erklärt. Das heißt: Selbst im Fall eines Krieges sollen die Völker diese schwimmenden Gärten nicht zerstören, sondern für die Nachwelt erhalten.

Indianer gibt es nur noch im mexikanischen Hochland: Rund 400 000 der 81,2 Millionen Mexikaner gehören noch den alten Stämmen an und haben sich nicht im Lauf der Jahrhunderte mit den Weißen vermischt.

Der kalte Tod vor Kamtschatka

Er leitete die größte Expedition, die die Welt je erlebt hat. Mit 10 000 Menschen, darunter zahlreiche Wissenschaftler und auch zwei Deutsche, zog der Däne im 18. Jahrhundert in Sankt Petersburg los, um von dort aus herauszufinden, ob es hoch im Norden eine Verbindung zur anderen Seite der Welt gab. Im Auftrag des russischen Zaren sollte er klären: Wo hört Asien auf? Und wo fängt Amerika an? Später wurde er deshalb „der russische Kolumbus“ genannt.

Zweimal hat ihn Zar Peter der Große quer durch Sibirien geschickt. Der Däne entdeckte, dass eine Seestraße Asien und Alaska trennt. Später wurde sie ebenso wie das Meer, durch das er dorthin gelangte, nach ihm benannt. Als erster Europäer fuhr er in eisiger Kälte in diese nur 80 Kilometer breite Nordwest-Passage. Beim ersten Mal konnte er das Ufer, das Asien im Osten gegenüberliegt, wegen des dichten Nebels nicht sehen. Deshalb schickten ihn die Russen drei Jahre später noch einmal los. Diese zweite große Abenteuer-Fahrt wird Kamtschatka-Expedition genannt. Wenigstens seine Leute hatten dabei Erfolg: Sie gingen in Alaska an Land.

Er selbst hatte weniger Glück: Sein Schiff kenterte im eisigen Meer vor einer Insel. Dort, nur wenige hundert Kilometer vor der russischen Halbinsel Kamtschatka, versuchte er, mit seiner Besatzung zu überwintern. Um nicht zu erfrieren, gruben sie sich in Erdlöcher ein. Es half ihnen nichts: Die Kälte kostete den Dänen und seine Leute das Leben. Dafür wurde später dieses Eiland nach ihm benannt.

Wer war das?

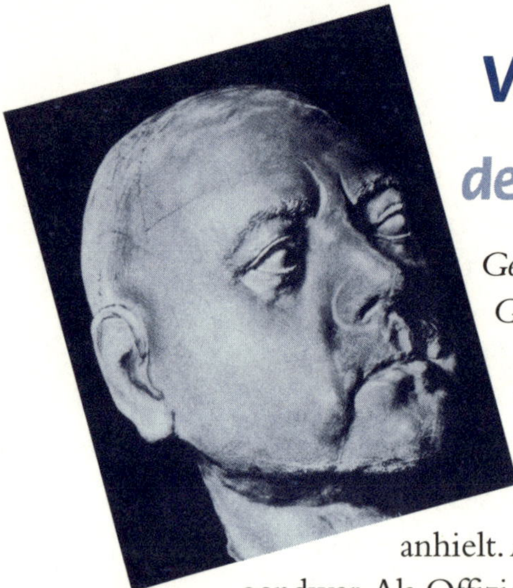

Vitus Bering –
der Kolumbus des Zaren

Geboren 1681 in Horsens
Gestorben am 19.12.1741 auf der Bering-Insel

Vitus Jonassen Bering war nicht mehr der Jüngste, als er 1718 im dänischen Wyborg um die Hand von Anna Christina Puellse anhielt. Aber der 37-jährige Seemann war nicht irgendwer. Als Offizier im Dienst des russischen Zaren Peter des Großen hatte er sich im Großen Nordischen Krieg einen Namen gemacht. Warum sollte Kaufmann Puellse ihm also nicht die Hand seiner 17-jährigen Tochter geben? Zwar musste der Bräutigam nach der Hochzeit nochmal für drei Jahre in den Krieg. Doch durch die Heirat war Puellses Tochter zumindest versorgt. So war das im 18. Jahrhundert: Nicht der Liebe oder trauter Zweisamkeit wegen wurden Ehen geschlossen, sondern um dem Nachwuchs ein Auskommen zu verschaffen. Und natürlich auch, damit es weitere Nachkommen gab. Ein Ehemann, der im Sold des Zaren stand, war da eine sichere Sache. Hätte der alte Puellse geahnt, dass der künftige Schwiegersohn ihm sein Kind bis weit nach Sibirien entführen würde, er hätte vielleicht doch einen anderen Versorger für seine Tochter gesucht …

Vitus Bering, 1681 in Horsens in Dänemark geboren, fuhr schon als junger Mann zur See. Er war noch keine 20 Jahre alt, da reiste er unter niederländischer Flagge nach Indien. Bei der Rückkehr nach Amsterdam rüstete der russische Zar dort gerade eine Flotte für den Großen Nordischen Krieg aus. Im Bündnis mit Dänemark und Polen wollte er die Vorherrschaft Schwedens in Nordeuropa beenden. Bei der Mannschaftssuche fiel seinen Offizieren der pausbäckige Jütländer mit den langen schwarzen Haaren auf. So nahmen sie Bering 1703 für Peter den Großen unter Vertrag. Vitus wurde erst zum Unterleutnant und dann zum Offizier auf einem Schiff des Zaren ernannt. Als der Krieg gewonnen war, blieb Bering noch drei Jahre im Dienst des russischen „Imperators", wie der sich jetzt nannte. 1724 ging es schließlich zurück zu Frau und Kindern nach Dänemark.

Doch lang sollte das Glück daheim nicht währen. Peter der Große wollte eine Expedition in den Osten seines Reiches schicken. Dort lag jenseits des Meeres Amerika. Bislang wusste niemand, ob und wie man von Russland aus dort hingelangen konnte. Bering hatte seine Vorgesetzten durch kluges Navigieren beeindruckt. Vielleicht konnte er einen Weg nach Alaska finden? Der Zar bot dem Dänen den Kapitänstitel und 1 000 Leute zur Unterstützung an. Bering sagte zu, wollte aber diesmal nicht ohne seine Familie losziehen. Bis zum Ochotskischen Meer, das Sibirien im Osten begrenzt, sollten Anna Christina und seine Kinder mit ihm kommen.

Ein riesiger Tross aus Soldaten und Handwerken, Ärzten, Botanikern, Zeichnern, Zimmerleuten und Landvermessern verließ schließlich 1725 unter Berings Kommando Sankt Petersburg in Richtung Osten. Welch gigantisches Unternehmen! Der Zug glich einer Stadt auf Reisen, die mitsamt Werkstätten unterwegs nach Sibirien war. Es ging über Berge und Seen, durch Steppen und Sümpfe. War dies nicht schon genug an Strapazen, so fasste der bittere Winter die Reisegesellschaft noch viel härter an. Von den 660 Pferden, die die schweren Lasten zogen, blieb die Hälfte auf der Strecke. Die restlichen erfroren in Eis und Schnee. Am Ende der weit über 7000 Kilometer langen Reise mussten Schlittenhunde die Lasten transportieren. Erst nach drei Jahren gelangte die Expedition schließlich nach Ochotsk am gleichnamigen Meer. Dort siedelte Bering Frau, Kinder und die Mehrzahl seiner Begleiter an. Er selbst musste weiter – in den unbekannten Pazifik und dann Richtung Norden. Das Schiff dafür wurde erst in Ochotsk gebaut. Selbst das Holz dafür hatte man mitgebracht.

Es wurde Juni 1728, bis Vitus Bering endlich mit 40 Mann Besatzung an Bord gehen konnte. Von Ochotsk steuerte er die gegenüberliegende Halbinsel Kamtschatka an, die wie eine lang gestreckte Zunge in den Indischen Ozean ragt. Hier war es nicht weniger unfreundlich als in Sibirien: Selbst im Sommer wurde es nie wärmer als 15 Grad. Diese Halbinsel überquerte Berings Truppe zu Fuß, bis die Expedition an den eigentlichen Ausgangspunkt ihres Alaska-Abenteuers, die Ostküste Kamtschatkas an der Pazifikküste, gelangte. Und wieder wurde ein Schiff gebaut, diesmal noch größer. Denn es musste den Stürmen und der rauen See standhalten. Im August endlich machte die „Sankt Gabriel" die Leinen los in Richtung Norden die russische Küste entlang. Sollte es eine Landbrücke nach Alaska geben, so Berings Überlegung, musste man zwangsweise auf sie stoßen. Doch nur eine Insel lag auf der Route, der er den Namen Sankt Lorenz gab. Dahinter bog sich die Küstenlinie nach Westen. Es gab also keine Landverbindung nach drüben.

Die Bering-Straße und die Bering-See, das Meer vor der Nordwest-Passage, wurden nach dem dänischen Abenteurer benannt.

Bering hatte die östlichste Spitze des Zarenreichs umsegelt und dabei die Nordwest-Passage zwischen Asien und Amerika entdeckt. Was er nicht ahnte: An der engsten Stelle war Amerikas Küste nicht weiter als 80 Kilometer entfernt. Doch der dichte Nebel versperrte die Sicht auf Alaska. Bering kehrte um.

Dem Zaren war das nicht genug. Bering sollte noch einmal losziehen. 1733 brach er mit einer noch viel größeren Mannschaft erneut in St. Petersburg auf. Die gewaltigste Expedition, die die Welt je gesehen hatte, begann: 10 000 Leute, darunter Forscher der Akademie der Wissenschaft, Naturkundler, Historiker und Biologen verließen im Februar die russische Stadt. Erneut dabei: Berings Stellvertreter von der ersten Reise, der Russe Alexei Chirikow, und der Deutsche Martin Spangenberg. Später sollte noch ein Deutscher zu ihnen stoßen: Georg Wilhelm Steller, ein Völkerkundler aus dem fränkischen Windsheim. Er wurde einer der wenigen Männer, die Alaska am Ende auch tatsächlich betraten.

Diesmal teilte sich die Expedition auf: Ein Trupp sollte die nordsibirische Küste vermessen. Ein anderer segelte von Kamtschatka aus nach Japan, um zu sehen, ob es von dort aus einen bequemeren Handelsweg nach China gab. Eine Gruppe würde die Passage zwischen den Kontinenten kartieren, eine nächste das Land in Alaska. Zuallererst aber galt es, Sibirien genauer zu erkunden, weshalb die Expedition diesmal ganze sieben Jahre unterwegs war, bis sie nach Kamtschatka gelangte.

In Ochotsk hatte Bering zwei neue Schiffe bauen lassen: „Sankt Peter“ und „Sankt Paul“. Er selbst kommandierte die Sankt Peter, Chirikow führte das Kommando auf der Sankt Paul. 1740 umrundeten sie Kamtschatka und machten an der Ostküste noch einmal Station. Die Siedlung nannten die Russen nach den Schiffen „Petropawlowsk“. Dann ging es in den Pazifik. Doch schon kurz nach der Abfahrt im August wurden „Peter“ und „Paul“ getrennt: Ein schwerer Sturm war schuld daran, dass sich Bering und Chirikow aus den Augen verloren.

Der Russe erreichte zwar die Küste des nordamerikanischen Festlands. Von den Beibooten, die er zur Anlandung aussetzen ließ, kam jedoch keines zurück. Weil die Vorräte der Sankt Paul zu Ende gingen, kehrte Chirikow um. Der Skorbut, die gefürchtete Mangelerkrankung der Seeleute, kostete fast seine ganze Mannschaft das Leben. Vier Monate irrte das Schiff durch den Nebel, bis es mit nur noch wenigen Leuten wieder nach Petropawlowsk gelangte.

Bering kreuzte währenddessen an der Inselkette der Aleuten

entlang. Doch seine Besatzung ereilte das gleiche Schicksal wie die der Sankt Paul: Mit nur noch wenigen Leuten an Bord kenterte das Schiff des Dänen im November vor einer baumlosen Insel. Die übrig Gebliebenen retteten sich an Land. Wegen des Winters war an ein Weiterreisen nicht zu denken. Die Leute gruben flache Höhlen in die Erde, in denen sie sich, abgedeckt mit Segelplanen, vor der Kälte verkrochen. Bering, selbst vom Skorbut schwer geschwächt, überlebte nur einen Monat, ehe er am 19. Dezember 1741 in seiner Erdgrube starb. Er war nur noch 200 Kilometer von Kamtschatka entfernt …

7,2 Millionen Dollar für Berings Land

40 Jahre nach dem Tod von Vitus Bering errichteten die Russen auf Kodiak Island südlich des heutigen Anchorage eine erste Handelsstation in Alaska. Weitere hundert Jahre später, 1867, verkaufte Russland das Land, dessen Entdeckung den Dänen so viele Strapazen und schließlich das Leben gekostet hat, für 7,2 Millionen Dollar an die Vereinigten Staaten von Amerika.

Heute gehen Wissenschaftler davon aus, dass es die Landbrücke zwischen Asien und Alaska, nach der Zar Peter der Große suchen ließ, vor 14 000 Jahren tatsächlich gegeben hat. Einige Forscher glauben sogar, dass die Inuit Alaskas auf dem Landweg aus Kamtschatka gekommen sind.

Berings Leichnam lag zweieinhalb Jahrhunderte unentdeckt auf „seiner“ Insel. Erst im Jahr 1991 fanden Archäologen sein Grab. Weil man wissen wollte, ob zeitgenössische Bilder von Vitus Bering tatsächlich ihn zeigten, wurde sein Schädel dem Grab entnommen und das Gesicht rekonstruiert. Danach wurde er endgültig auf der Bering-Insel bestattet.

Dem Glück der Wilden auf der Spur

Kann man mit Sauerkraut Leben retten? Man kann! Unser Abenteurer und Seefahrer hat es Mitte des 18. Jahrhunderts ausprobiert. Unzählige Matrosen sind seitdem dem sicheren Tod durch die gefürchtete Vitaminmangel-Krankheit Skorbut entgangen.

Aber auch mit seinen navigatorischen Leistungen übertraf der Engländer all seine Vorgänger. Er überquerte als erster Mensch den Südlichen Polarkreis. Er umrundete die Antarktis. Er umsegelte dreimal die gesamte Erde und fand innerhalb eines Jahrzehnts mehr bis dahin unbekannte Gebiete als all seine Vorgänger. Genaustens vermaß er die Küsten, die er passierte. Danach wurden die Seefahrer-Karten der Welt neu gezeichnet.

Er war aber auch in anderer Hinsicht ein außergewöhnlicher Mann: Anders als seine Vorgänger achtete er die Menschen der fremden Länder. „In Wirklichkeit sind sie viel glücklicher als wir Europäer", stellte er fest. „Sie leben in einer Ruhe, die nicht durch die Ungleichheit der Lebensbedingungen gestört ist. Die Erde und das Meer, die sie nach Gutdünken nutzen, versorgen sie mit allem, was sie zum Leben brauchen", rühmte unser Abenteurer die so genannten „Wilden". Er meinte die Ureinwohner Australiens, die Aborigines. Dabei hätte er allen Grund gehabt, auf sie wütend zu sein. Stoppten sie doch jeden Annäherungsversuch seiner Leute mit einem Speerhagel. Er war ein echter Menschenfreund. Umso tragischer, dass er bei seiner letzten Landung auf Hawaii hinterrücks von den Einheimischen umgebracht wurde. Und das ausgerechnet beim Versuch, seine Mannschaft von einem Angriff auf die Insulaner abzuhalten.

Wer war das?

James Cook –
einmal um den Südpol und dreimal um die Welt

Geboren am 27.10.1728 in Marton
Gestorben am 14.2.1779 auf Hawaii

Verdammter Fraß! Am liebsten hätten die Seeleute ihrem Kommandeur dieses widerliche Kraut vor die Füße gespuckt. Noch nicht einmal, wenn Suppe auf dem Speiseplan stand, gab es ein Entrinnen. Selbst dorthinein hatte der Schiffskoch das Zeug auf Cooks Anweisung geschmuggelt. Die Mannschaft murrte. Sie wollte ihre gewohnte Kost, auch wenn die noch so eintönig war: Stockfisch, Pökelfleisch, Schiffszwieback. Bloß nicht dieses saure Kraut und das andere Grünzeug, mit dem der Schiffsbauch voll geladen war!
James Cook merkte wohl, dass sich da was zusammenbraute. Und er wusste genau: Würde er die Leute jetzt weiterhin zum Sauerkraut-Essen zwingen, könnte er sie genauso gut gleich selbst zur Meuterei aufrufen. Aber der Engländer war nicht nur ein geschickter Seefahrer, sondern auch ein gewitzter Mann. Er wusste, wie er das das ungeliebte Kraut doch noch an seine Besatzung bringen konnte – mit einer Methode, „die bei Seeleuten noch nie ihre Wirkung verfehlt hat". Sein Vorgehen ist im Logbuch der „Endeavour" nachzulesen: „Ich ließ jeden Tag eine gewisse Menge in der Kajüte servieren und gestattete allen Offizieren, sich davon zu nehmen." Die niederen Ränge und einfachen Matrosen bekamen nichts ab.

Nun wartete Cook gelassen, was passieren würde – und siehe da: „Schon nach einer Woche sah ich mich genötigt, jedermann an Bord eine Zuteilung davon zu geben. Denn dergestalt ist die Wesensart der Seeleute im Allgemeinen, dass sie alles ablehnen, was man ihnen an Ungewohntem zukommen lässt, und man hört von ihnen nichts als Murren über den Urheber dieser Neuerung. Doch sobald sie sehen, dass ihre Vorgesetzten darauf einen Wert legen, wird es das Köstlichste auf Erden und sein Erfinder ein braver Mann.“ Ganz schön raffiniert, dieser Cook! Wie gut, dass pro Mann und Woche zwei Pfund Sauerkraut im Schiffsbauch geladen waren …

Warum aber, um Himmels willen, machte der Engländer um dieses lächerliche Sauerkraut so ein Trara? Weil er nicht nur ein ehrgeiziger Seemann, sondern auch ein verantwortungsvoller Vorgesetzter war. Er hatte sich vor seiner ersten Weltumseglung in den Kopf gesetzt, die gesamte Mannschaft wieder sicher und gesund ins englische Plymouth zurückzubringen. Was damals keine Selbstverständlichkeit war: Zur See fahren hieß bei langen Reisen für einen großen Teil der Besatzung eine Fahrt in den sicheren Tod. Schon tausende hatte der Skorbut dahingerafft. Erst wurden die Leute schlapp und schlapper, dann unendlich traurig – wir nennen das heute Depression. Als Nächstes fielen ihnen die Zähne aus, und am Ende starben sie einen grausamen Tod. James Cook hatte sich ausführlich mit Ärzten darüber beraten, wie man diese Krankheit, die an der mangelhaften Ernährung mit frischer Kost liegen musste, verhindern konnte. Von einem Arzt der königlichen Marine, James Lind, hatte er erfahren, dass Orangen- und Zitronensaft sowie vitaminreiches Gemüse ein wirksames Mittel dagegen sein sollten. Cook ließ deshalb Zitronen, Sauerkraut und Karottenmarmelade bunkern. Mit dem Erfolg, dass er bei all seinen Reisen keinen einzigen Mann an den Skorbut verlor.

Nicht nur wegen der Fürsorge für seine Leute war dieser James Cook eine außergewöhnliche Figur. Obwohl „nur“ der

Sohn eines schottischen Tagelöhners und eines von sieben Geschwistern, durfte er von seinem achten bis zum zwölften Lebensjahr die Volksschule von Yorkshire besuchen. Dort hatte sich die Familie niedergelassen. Zwar lernte James nur mehr schlecht als recht lesen und schreiben. Eines aber war nicht zu übersehen: Dass er ein kluger Junge war. Anschließend kam er als Laufbursche zu einem Krämer im Fischerdorf Staithes. Abends, wenn das Tagwerk geschafft war, übte James rechnen und brachte sich selbst das Navigieren bei.

Die Meerluft hatte die Neugier des Jungen auf die Seefahrt geweckt. So war es nur eine Frage der Zeit, bis James Cook sich 1746 als 18-Jähriger bei der Reeder-Familie Walker verdingte. Die Walkers besaßen mehrere Kohlefrachter, so genannte Whitby-Kats. Diese Schiffe waren stabil gebaut, hatten wenig Tiefgang und eine große Ladefläche. Für die Fahrten die raue Nordseeküste entlang bis in die Themse nach London waren sie bestens geeignet. Und James stellte sich mit diesen Fahrzeugen so geschickt an, dass die Walkers ihn schon nach einem Jahr als Steuermann einsetzen konnten.

1755, Cook war jetzt 27, boten sie ihm das Kommando auf einem eigenen Whitby-Kat an. Niemand verstand, warum der 1,83 Meter große, freundliche junge Mann das ausschlug und stattdessen als einfacher Matrose zur Royal Navy, der englischen Marine, ging. Musste die doch sonst häufig unter Einsatz von Gewalt junge Leute für sich „gewinnen“, so verhasst war der Dienst bei den königlichen Schiffssoldaten.

James Cook bewährte sich auch dort und wurde nach zwei Jahren Steuermann der „Pembroke“, die mit 64 Geschützen an Bord in Nordamerika stationiert wurde. Die Pembroke gehörte zur Flotte von General Wolfes, der während des Siebenjährigen Krieges um die Kolonialgebiete in Nordamerika im September 1759 Québec eroberte und den verhassten Franzosen abnahm. Cook hatte großes Verdienst an diesem Sieg: Er hatte eine Karte des St. Lorenz-Stroms von der Mündung bis in die Stadt gezeichnet, mithilfe derer ein exakter Angriff überhaupt erst möglich war. Zwei Jahre später bekam er dafür 50 Pfund und wurde für seine „unermüdliche Anstrengung, die Meisterschaft der Lotsenkunst zu erwerben", geehrt.

1762 kehrte er nach England zurück und heiratete dort Elisabeth Batts, die ihn zum Vater von sechs Kindern machen sollte. Drei starben allerdings, während ihr Vater auf seinen Weltreisen war, zwei weitere sollten das 18. Lebensjahr nicht erreichen.

Es war ihm ein Ehejahr zu Hause vergönnt, dann ging Cook als Kapitän an Bord der „Grenville". Mit ihr fuhr er die Küsten Neufundlands und Labradors entlang, um sie zu vermessen. Zurück kam er mit exakten Karten, die es bislang über diese Gegenden noch nicht gab, und einem genauen Bericht über eine Sonnenfinsternis, deren Zeuge er im August 1766 geworden war. Den schickte er an die Royal Society, die berühmte Akademie der Wissenschaften in London, wo man von der Genauigkeit der Aufzeichnungen beeindruckt war – obwohl der Bericht des Marineoffiziers niederer Herkunft vor Rechtschreibfehlern strotzte.

Ein erfahrener Navigator, der obendrein so wissbegierig war – der kam genau recht für eine Expedition, die die Royal Society plante. Für den 3. Juni 1769 wurde der Durchgang der Venus vor der Sonne erwartet. Die Königliche Geografische Gesellschaft erhoffte sich von der Beobachtung dieses Himmelsspektakels an drei verschiedenen Punkten der Erde – von Nordnorwegen, der Hudson Bay in Kanada und einer Pazifikinsel aus – wichtige Daten, mit der die Entfernung zur Sonne genauer berechnet werden könnte. Sie heuerte Cook für die Pazifik-Mission an. Das war der Beginn der eigentlichen Entdeckerkarriere des Tagelöhnersohnes aus Yorkshire.

Am 26. August 1768 verließ die „Endeavour", ein umgebauter Whitby-Kat von 32 Metern Länge und 8,85 Metern Breite, mit 94 Mann Besatzung, darunter elf Wissenschaftler, unter Cooks Befehl den britischen Seehafen Plymouth in Richtung Tahiti. Die Insel war erst wenige Monate zuvor entdeckt worden. Unter den britischen Seeleuten kursierten seitdem die wildesten Geschichten darüber, wie schön die Mädchen dort seien – und dass sie, die kein Metall kannten, schon für einen Nagel bereit wären, einem Mann jeden Wunsch zu erfüllen. Die britische „Dolphin", die als erstes Schiff auf Tahiti gelandet war, wäre fast untergegangen, weil die Besatzung heimlich so viele Stifte und Bolzen aus ihr entfernt hatte, dass der Rumpf des Schiffes nicht mehr niet- und nagelfest war.

Deshalb ordnete Cook gleich zu Beginn seiner Reise an: „Nichts, was aus Eisen gefertigt ist, auch keinerlei Tuch oder andere notwendige Gegenstände dürfen im Tausch weggegeben werden, es sei denn für Proviant!" Zwei Seeleute missachteten später dieses Verbot. So großzügig Cook sonst gegenüber seinen Leuten war – sie wurden zur Strafe in Ketten gelegt und durften eine Zeit lang das Schiff nicht verlassen.

Bei einem Venus-Durchgang schiebt sich die Venus zwischen Erde und Sonne. Eine solche Sonnenfinsternis gibt es immer paarweise und alle 120 Jahre. Teil eins der letzten war am 8.6. 2004, der zweite Teil wird am 6.6.2012 sein.

Am vorausberechneten Termin beobachteten die Wissenschaftler auf Tahiti den Venus-Durchgang. Cook hatte aber noch eine andere, geheime Instruktion: Er sollte anschließend bis zum 40. südlichen Breitengrad weitersegeln, um die geheimnisvolle, unbekannte Terra australis incognita zu suchen. Schon seit der Antike geisterte dieses Land in den Köpfen von Astronomen, Mathematikern und Geografen herum, die fest davon ausgingen, dass es auf dem südlichsten Teil der Erde noch einen großen Kontinent geben müsse. Doch noch keiner hatte ihn bislang gefunden.

Auch Cook sollte dies nicht gelingen. Dafür entdeckte er, dass Neuseeland aus zwei Inseln bestand – die Passage zwischen den beiden Landesteilen taufte er Endeavour-Straße, später wurde sie nach ihm Cook-Straße benannt –, und kartierte die bis dahin unbekannte Ostküste Australiens. Dabei gelang ihm eine seefahrerische Meisterleistung: Er durchfuhr das noch heute gefürchtete Barrier-Riff, auch wenn an den messerscharfen unterseeischen Klippen fast seine ganze Expedition gescheitert wäre. Denn im Juni 1770 blieb die Endeavour auf den spitzen Korallenzacken hängen und saß fest. Cook ließ fast 50 Tonnen Gewicht – Fässer, Geschütze und Kanonenkugeln – über Bord werfen in der Hoffnung, dass die Flut den flachen Whitby-Kat freispülen würde. Doch das misslang. Erst in der darauf folgenden Nacht, als gewaltige Wellen auf die Bark donnerten, gab es einen Ruck – und das Schiff kam wieder frei. Allerdings mit einem riesigen Stachel im Bauch.

Cook konnte sein Glück kaum fassen: Beim Ansturm der Flut war das ganze Korallenstück abgebrochen und hatte sich wie ein Korken in den Rumpf der Endeavour gebohrt. Nun saß es fest und dichtete das Schiff von unten ab. Nicht auszudenken, was passiert wäre, wenn die Wassermassen in dessen Bauch geschossen wären – für die Seeleute hätte das den sicheren Tod bedeutet. Mit Mühe erreichte die Endeavour Ende Oktober Batavia, das heutige Jakarta. Bis Ende Dezember dauerte es, den Schaden der Havarie wieder zu beheben. Das tropisch-schwüle Klima setzte den Seeleuten zu, und viele starben, bevor die Expedition vorbei am Kap der Guten Hoffnung wieder Kurs auf England nehmen konnte, wo sie am 13. Juli 1771 ankam.

Cook kommentierte seine erste große Reise so: „Ich habe keine großen Entdeckungen gemacht. Aber ich habe mehr von der Südsee erforscht als alle, die vor mir da waren, sodass jetzt für eine gründliche Kenntnis jenes Teils der Erde nur noch wenig zu tun bleibt."

Keine Terra australis incognita? Die Admiralität in England gab sich damit nicht zufrieden und schickte Cook auf eine weitere Expedition – diesmal mit zwei Schiffen, der „Resolution“ und der „Adventure“. Cook sollte den unbekannten Kontinent diesmal hinter der Antarktis suchen. 1772 lichtete er erneut die Anker, segelte nach Kapstadt und hielt immer weiter Kurs in Richtung Süden. Am 17. Januar 1773 überquerte James Cook als erster Mensch mit seinem Schiff den südlichen Polarkreis. Die Eismassen zwangen ihn aber zur Umkehr. Und wieder bewies der Engländer große Fürsorge für seine Besatzung: Wohlweislich hatte er jede Menge Kleidung aus Wolle und dickem Filz an Bord, um seine Leute vor der beißenden Kälte zu schützen, die ihm auch selbst zu schaffen machte. Magen- und Darmstörungen sollen ihm außerdem so zugesetzt haben, dass er diese Fahrt nur mit Mühen überlebte. Auch plagte ihn seitdem das schmerzhafte Rheuma, und seine Galle trug eine schwere Entzündung davon.

Die Kälte im Polarmeer kostete James fast das Leben.

In Nebel, Eis und Schnee verloren sich die beiden Schiffe aus den Augen. Erst in Neuseeland sollte Cook die Adventure wieder sehen. Cook segelte zurück nach Tahiti, um im Oktober einen neuen Vorstoß nach Süden zu wagen. Diesmal gerieten die Resolution und die Adventure endgültig auseinander, und die Adventure kehrte ein Jahr vor Cook nach England zurück. Dem aber gelang es, bis auf 70 Grad 10 Minuten Süd vorzustoßen.

Doch auch hier fand er außer Eis kein Land. Nun war er sich endgültig sicher, dass es die Terra australis nicht gab, und drehte nach Norden ab. Die Resolution hatte die Antarktis umrundet, lief im Frühjahr 1774 noch die Osterinseln an und kehrte im Juli 1775 nach einer Reise von drei Jahren nach England zurück. Und wieder hatte Cook dank seines Sauerkrauts keinen einzigen Mann an den Skorbut verloren. Dafür wurde ihm die goldene Copley-Medaille, die höchste Auszeichnung der Royal Society, verliehen und er endlich zum Kapitän ernannt.

Ein Jahr später stach Cook noch einmal in See, es sollte seine letzte Reise werden. Sein Auftrag war es diesmal, eine nördliche Seeroute von Großbritannien nach Ostindien zu finden. Vom Pazifik aus sollte er durch die Beringstraße und das Nordpolarmeer einen Weg zum Atlantik auftun. Dabei entdeckte er im Dezember 1777 die nordpazifischen Weihnachts- und im Januar darauf die Gesellschaftsinseln, heute Hawaii genannt.

Die Eingeborenen dort begrüßten ihn überschwänglich: Sie hielten ihn für die Wiedergeburt Lonos, ihres Gottes der Ernte und des Glücks. Mehrere Wochen lang wurde die Besatzung der Resolution von den Hawaiianern aufs Beste bewirtet und verwöhnt. Doch auf Dauer konnte die Insel nicht so viele Menschen ernähren. Im Februar 1779 legte Cook wieder Richtung Norden ab.

Cook nannte die hawaiianischen Inseln nach dem britischen Admiral John Mantagu Sandwich „Sandwich-Inseln".

Ein Sturm beschädigte aber den Fockmast der Resolution so schwer, dass er umdrehen musste. Erneut legte er bei den Hawaiianern an. Diesmal war von Gastfreundschaft nicht mehr viel zu spüren. Als Eingeborene auch noch ein Beiboot stahlen, kam es zum Konflikt. Cook wollte mit einigen Soldaten zum König, um das Boot zurückzufordern. Doch er wurde mit einem Steinhagel empfangen. Seine Soldaten legten mit Musketen auf die Insulaner an. Als Cook sich umdrehte, um eine Schießerei zu verhindern, stürzte sich eine wütende Menge von Eingeborenen auf ihn. Der Entdecker wurde regelrecht in Stücke gerissen. So fand James Cook, der Menschenfreund unter den Entdeckern, am 14. Februar 1779 auf Hawaii 50-jährig den Tod.

Hawaii sehen und surfen …

Rund um den Erdball erinnern Denkmäler und Tafeln an den außergewöhnlichen Entdecker James Cook. In der Bucht von

Kealakekua auf Hawaii entschuldigen sich die Hawaiianer auf einer Tafel für seinen grausamen Tod.

Auf dem Großen Barrier-Riff hinterließ Cook ein besonderes „Denkmal“. Fast 200 Jahre nach seinem Tod entdeckten Forscher dort sechs britische Kanonen. Der Kapitän hatte sie als unnötigen Ballast über Bord werfen lassen, als seine Endeavour auf den Korallen festsaß.

Cook selbst hat die Eigenarten und Sitten der Menschen aus den Ländern, die er besuchte, staunend beobachtet und darüber berichtet. Lustig fand der Seemann, dass die Hawaiianer mit dem Meer spielten. Besonders beeindruckt hatte ihn, wie sie mit ihren Kanus auf den Wellen reiten konnten. Er hatte einen jungen Mann dabei beobachtet und beschrieb in seinem Tagebuch, wie er das machte: „Er fuhr vom Ufer hinaus, bis er an der Stelle war, an der sich die Wellen zu heben beginnen … Er paddelte vor ihr mit so großer Geschwindigkeit, bis sie ihn überragte und so viel Kraft gesammelt hatte, dass sie sein Kanu trug, ohne darunter durchzulaufen. Dann saß er bewegungslos und wurde mit der Geschwindigkeit der Welle fortbewegt, bis sie ihn am Strand anlandete. Er stieg aus, leerte das Kanu und suchte eine neue Welle.“ James Cook hatte als erster Europäer einen Surfer gesehen!

Groß, charmant und genial

Wie hasste es der französische Kaiser, zu jemandem aufsehen zu müssen! Und der Deutsche, der da vor ihm stand, war nicht nur einen Kopf größer als er, der nur 1,68 Meter maß. Mehr noch ärgerte den Großen Napoleon, dass es hieß, dieser Mann sei genauso berühmt wie er. Unglaublich! Was hatte der denn schon vorzuweisen? Statt Schlachten zu schlagen, setzte dieser Kerl sich für Sklaven in fernen Ländern ein. Statt mit Bataillonen zog er mit dem Schmetterlingsnetz und der Botanisiertrommel durch die Welt. Nicht Gold, Silber oder Macht hatte er von seinen Reisen mitgebracht, sondern Kisten voller fremder Pflanzen. Und dafür lag ihm das Volk zu Füßen? Lächerlich war das!

Eines musste der eitle Korse dem gebürtigen Berliner allerdings zugestehen: Er sah sehr gut aus! Wo immer der Mann einen Salon betrat, steckten die Damen die Köpfe zusammen. Kichernd schlossen sie Wetten ab: Wem würde es als Erster gelingen, die blauen Augen dieses Charmeurs auf sich zu ziehen? Kaum etwas war so verführerisch wie der Duft von Abenteurer- und Draufgängertum! Wenigstens auf diesem Feld hatte Napoleon nichts zu befürchten: Dem schönen Geschlecht war unser Held so gar nicht zugetan …

Als Napoleon ihn begrüßte, legte er seine ganze Verachtung in die Worte: „Sie beschäftigen sich mit Botanik? Auch meine Frau betreibt sie!" Kaum jemand konnte unterschiedlicher sein als diese beiden Männer, zu denen die Welt des angehenden 19. Jahrhunderts aufblickte. Machtlüsterner Kriegsherr der eine, der andere ein Universalgenie, den nur eins interessierte: wie Mensch und Natur, Kosmos und Kreatur, kurzum die ganze Welt zusammenhing.

Wer war das?

Alexander von Humboldt

und das Abenteuer Wissenschaft

Geboren am 14.9.1769 in Schloss Tegel/Berlin
Gestorben am 6.5.1859 in Berlin

Das hätte schief gehen können! Erst im allerletzten Moment bemerkte Alexander von Humboldt, dass der Strumpf, den er sich über seinen wegen der Flohstiche blutig gekratzten Fuß ziehen wollte, getränkt mit Curare war. Das gefürchtete Pfeilgift der Indianer hätte ihn binnen weniger Minuten getötet, wäre nur der kleinste Tropfen in eine der Wunden gelangt. Er musste einfach besser aufpassen auf das Zeug, von dem er gestern den ersten Schluck zu sich genommen hatte! Wie bitte? Er hatte freiwillig das Gift getrunken, das die gefährlichste Waffe der Eingeborenen im südamerikanischen Dschungel war? War der Mann noch bei Sinnen? Durchaus. Humboldt wollte mit seiner Tat beweisen, dass das Gift nur wirkt, wenn es direkt in das Blut eines Lebewesens gelangt – was ihm gelungen war.

Der Mann hatte Nerven! Vor nichts schien ihm zu grausen. Er hatte freiwillig Maden gegessen. Er wusste, wie Ameisenpaste schmeckt. Und Affenfleisch. Oder das Fett von Alligatoren. All das hatte er schon verzehrt – nicht nur, weil man, wie er in seinen Notizen vermerkte, im Dschungel hungers sterben kann. Meist war es nicht der knurrende Magen, der ihn zu solchen Essgewohnheiten zwang: Alexander von Humboldt musste einfach alles ausprobieren! So hatten er und sein Gefährte, der Arzt und Botaniker Aimé Bonpland, auch schon mal einen „Kuhbaum“

angezapft, um herauszufinden, ob der Geschmack von dessen Saft tatsächlich mit Milch vergleichbar war. Er war es!

Ein andermal trat er auf einen der rätselhaften Zitteraale – der ihm daraufhin einen gewaltigen Schlag verpasste. Genau das war der Sinn des Selbstversuchs. Wollte von Humboldt doch herausfinden, wie diese fälschlicherweise als Aale bezeichneten Fische ihre Beute erlegten. Jetzt wusste er es: Sie erzeugten in ihren Körpern elektrischen Strom und setzten so jeden Angreifer außer Gefecht. Seine Erfahrung damit beschrieb von Humboldt folgendermaßen: „Ich erlitt eine so furchtbare Erschütterung, dass ich den ganzen Tag über heftigen Schmerz in den Knien und fast allen Gelenken empfand."

Einen Freund in Europa ließ er in einem seiner zahlreichen Briefe aus Venezuela wissen: „Vier Monate schliefen wir in Wäldern, umgeben von Krokodilen, Boas und Tigern, die hier selbst Canots (Kanus) anfallen. Nichts genießend als Reis, Ameisen, Manico, Pisang, Orinoco-Wasser und bisweilen Affen." Manchmal, so schrieb er, müssten sie sich in den Sand eingraben, „sodass bloß der Kopf hervorragt und der ganze Leib mit drei bis vier Zoll Erde bedeckt blieb." Dies sei der einzige Weg, den nächtlichen Attacken der Moskitos zu entgehen, die einen bei lebendigem Leibe aufzufressen drohten. Als Kind war Alexander von Humboldt stets kränklich und schwach gewesen. Jetzt betonte er: „Ich bin nie so ununterbrochen gesund gewesen als in den letzten zwei Jahren."

Es war nicht nur Abenteuerlust, die Alexander von Humboldt in den menschenfeindlichen Dschungel Lateinamerikas trieb. Mehr noch tobte in ihm ein unbändiger Forscherdrang. Sein Wissensdurst war unersättlich, nichts war ihm zu klein oder nebensächlich, als dass er es nicht im wahrsten Sinn des Wortes unter die Lupe nahm. Ob er das Leben der Blattschneiderameisen in den wegen der Gefräßigkeit dieser Tiere fast baumlosen

Ebenen des venezolanischen Orinoco-Tieflandes beobachtete, die Atmung der Fische studierte, sich über die blauen Scheren der Krebse wunderte oder das Blatt einer exotischen Blume behutsam gepresst in seine umfangreiche botanische Sammlung aufnahm – von Humboldt untersuchte alles, was ihm unter Augen, Finger und Füße kam. So entdeckte er tausende bis dahin unbekannte Pflanzen.

Er schrieb ausführliche Studien, suchte und fand von allem und über alles in Fauna und Flora Zweck, Sinn und vor allem den Zusammenhang, in dem jedes Stückchen Natur mit den anderen Wundern der Schöpfung stand. Später sollte daraus ein einmaliges, weil das größte und ausführlichste wissenschaftliche Werk werden, das es je gegeben hatte. Am Ende seines Lebens hatte von Humboldt sein ehrgeiziges Ziel erreicht: alles zu seiner Zeit verfügbare Wissen zusammenzufassen und aufzuschreiben. Bis zu seinem letzten Atemzug saß er an seinem „Kosmos", wie er sein fünfbändiges Wissens-Werk genannt hatte. Johann Wolfgang von Goethe, Deutschlands größter Dichter, sollte einmal über von Humboldt sagen: „Sie können in einer Woche nicht so viel aus Büchern lernen, wie er ihnen in einer Stunde erklärt."

Dabei hatte das Leben Alexanders alles andere als spannend begonnen. Nichts deutete darauf hin, dass aus dem schmächtigen Kerlchen ein solch großer Abenteurer werden sollte. Er selbst hat seine Kindheit und Jugend „trübe und öde", sein Elternhaus, das Schloss Tegel vor den Toren Berlins, immer nur „Schloss Langweil" genannt. Dort wurde er am 14. September 1769 geboren – im selben Jahr wie Napoleon, der ihn später so verachtete.

Sein Vater war ein preußischer Offizier. Die Mutter, wohlhabende Tochter einer Hugenottenfamilie, die wegen ihres Glaubens aus Frankreich hatte fliehen müssen, war von eiskalter Strenge. Gefühle zeigte sie nie. Alexander und sein zwei Jahre älterer

Bruder Wilhelm von Humboldt wurden von Privatlehrern unterrichtet und erzogen. Das sollte sie auf eine Laufbahn im Dienst des Staates vorbereiten. Dabei grauste es Alexander vor nichts so sehr wie davor, ein preußischer Beamter zu werden.

Beide Humboldt-Brüder wurden berühmt: der eine als Forscher, der andere als Humanist.

Letztlich gingen die Brüder dann tatsächlich andere Wege: Der eine erforschte die Natur, der andere wandte sich den Geisteswissenschaften zu. Wilhelm von Humboldt begründete das humanistische Gymnasium. Die Berliner Humboldt-Universität trägt diesen Namen, weil sie nach seinen Plänen entstand.

Als Alexander zehn Jahre alt war, starb sein Vater. Alexander wollte der nun verwitweten Mutter nicht noch mehr Kummer bereiten. Deshalb beugte er sich ihrem Wunsch und begann mit 18 Jahren, Volkswirtschaft, Ingenieurswesen und Geologie zu studieren. Er besuchte die Universitäten in Frankfurt an der Oder, Göttingen und Hamburg und schließlich die Bergbauakademie im sächsischen Freiberg. Immer aber nutzte er jede freie Minute, um in die Natur zu gehen: Er sammelte Blätter und Gräser und legte ganze Alben mit getrockneten Pflanzen an.

Wie glücklich war er, als er den Forscher Georg Forster kennen lernte! Der hatte James Cook von 1772 bis 1775 auf dessen zweiter Weltumseglung begleitet. Ihm durfte sich der junge Freiherr von Humboldt 1790 erst zu einer England-Reise und danach zu einer zweijährigen geologischen und botanischen Expedition durch Belgien, die Schweiz und Italien anschließen. Humboldt war fasziniert – trat aber, ganz braver Sohn, nach der Rückkehr 1792 eine Stelle als Beamter im preußischen Bergwerksministerium an. Er wurde als Oberbergmeister nach Bayreuth entsandt, um die Förderleistung der fränkischen Goldgruben zu erhöhen. Was muss er gelitten haben! Ständig, so schrieb er, habe er Furcht und Schmerz bei dem Gedanken empfunden, „der Hoffnung entsagen zu müssen, die schönen Sternbilder zu sehen, die in der Nähe des Südpols leuchten.“

Trotzdem war er ein fleißiger Beamter. Weil ihm die Sicherheit der Bergleute am Herzen lag, erfand er Atemschutzgeräte und eine Grubenlampe für die Arbeit unter Tage. In Bad Steben gründete er 1793 aus eigener Tasche die „Freie Königliche Bergschule", die jeder Junge ab zwölf Jahren kostenlos besuchen konnte. Als Preußens Regierung ihm das Geld zurückzahlen wollte, schlug er vor, der Staat solle damit bedürftige Bergleute unterstützen.

1796 starb Maria Elisabeth von Humboldt und hinterließ ein Vermögen. Mit einem Schlag war Alexander reich und obendrein die lästige Pflicht los, den Willen der Mutter zu erfüllen. Nun konnte sich der 27-Jährige endlich seinen Traum erfüllen und auf Reisen gehen!

Auf sein neues Leben bereitete er sich durch astronomische Studien vor. Er reiste nach Paris, lernte dort den Arzt und Botaniker Aimé Bonpland kennen und plante, mit dem neuen Freund den Nil zu erkunden. Von Humboldt lernte dafür extra Arabisch und Persisch – doch der Ägypten-Feldzug Napoleons machte eine Reise ins Land der Pharaonen zu riskant. Die beiden machten sich stattdessen zu Fuß über die Pyrenäen nach Spanien auf. Sechs Wochen waren sie unterwegs.

In Madrid kam Humboldt seine adelige Herkunft zugute: Er wurde bei Hofe vorgelassen. Das Königspaar beeindruckte er durch seine Spanischkenntnisse und Bildung so sehr, dass er und Bonpland die Erlaubnis zu einer Forschungsreise in die Kolonien in Lateinamerika bekamen. Am 4. Juni 1799 bestiegen die beiden in La Coruña ein Schiff in die neue Welt. Humboldt jubelte: „Mir schwindelt der Kopf vor Freude!"

Die Männer reisten mit großem Gepäck: Sie hatten rund 50 der modernsten Instrumente dabei. Quadranten und Längenuhr, Teleskope und Theodoliten zur Winkelmessung, Hygro- und Barometer – alles, was es Ende des 18. Jahrhunderts an neuester

Technik gab. Bei einem Zwischenstopp auf der Kanarischen Insel Teneriffa bestiegen die beiden den Vulkan Teide und vermaßen dessen Klimazonen.

Korrekt gekleidet, im Gehrock, wie es sich für einen preußischen Freiherrn geziemt, bestieg von Humboldt den Teide.

Am 16. Juli 1799 kamen sie in der neuen Welt an. Indianer in Kanus lotsten die „Pizzaro“ in den Hafen des venezolanischen Cumaná. Humboldt nutzte die Gelegenheit und ließ sich von ihnen erzählen, was das für ihn unbekannte Land an Geheimnissen barg. Staunend hörte er von reißenden Flüssen, fremden Tieren und einer exotischen Pflanzenwelt. Besonders interessierten ihn die Ströme Orinoco und Amazonas: Stritten sich doch damals die Geografen, ob es eine Verbindung zwischen den beiden Gewässern gab. Da wollte er hin!

Aber erst einmal tobten Humboldt und Bonpland ihre Forscherfreude in und um Cumaná aus. Alexander war wie berauscht vom Zauber der Tropen. „Wir sind hier in dem göttlichsten und vollsten Land! Wie die Narren laufen wir umher, in den ersten drei Tagen können wir nichts bestimmen, da man immer einen Gegenstand wegwirft, um einen anderen zu ergreifen. Bonpland versicherte mir, dass er noch von Sinnen kommen werde, wenn die Wunder nicht bald aufhören“, schrieb er seinem Bruder. Die Wunder – das waren für die Europäer Papageien und Palmen, Affen und Aale und die explodierende Pflanzenpracht. Am 12. November erlebte von Humboldt obendrein einen Leoniden-Sturm – später fand er heraus, dass es dieses Himmelsereignis regelmäßig gab. Die beiden erkundeten auch die geheimnisumwitterten Höhlen von Guácharo und deren seltsame „Fettvögel“, die die Eingeborenen fürchteten.

Dann ging es nach Caracas, von wo im Februar 1800 die Orinoco-Expedition starten sollte. Noch nie war ein Europäer so weit ins Landesinnere Venezuelas vorgestoßen. Nach üppig grüner Landschaft reisten sie durch die kargen, wegen der Hitze mörderischen Ebenen der Llanos. Selten sank die Temperatur dort unter 35 Grad. Am Apure, einem Nebenfluss des Orinoco, bestiegen sie ein großes Kanu, das Indianer für sie steuerten. Dort warteten Myriaden von Moskitos auf die menschliche Beute. Bei jeder Rast in einer Indio-Siedlung ließ sich von Humboldt geduldig von den Frauen Parasiteneier aus der Haut pulen, die die ekligen Bohrwürmer dort hinterlassen hatten. Als sie den Orinoco erreicht hatten, mussten sie bald in ein kleineres Boot umsteigen, das sie zu den Großen Katarakten, den Wasserfällen, brachte. Dort trugen sie ihr Gefährt über Land. Schließlich erreichten sie den Casiquiare-Fluss, der tatsächlich in Verbindung mit dem Rio Negro, einem Nebenfluss des Amazonas stand: Der gesuchte Beweis war erbracht.

Als die beiden nach einem Jahr nach Cumaná zurückkamen, hatten sie 2 300 Kilometer bewältigt, ein bis dahin unbekanntes Gebiet vermessen und kartiert und einen weißen Fleck auf der Landkarte beschrieben.

Doch noch eine Weltpremiere sollte Humboldt gelingen: Auf ihrer anschließenden Anden-Reise durch Kolumbien, Ecuador, Peru und Mexiko bestieg Humboldt den damals höchsten bekannten Berg der Welt. Im korrekten Gehrock zwar, aber unter unglaublichen Strapazen quälte er sich auf den 6 267 Meter hohen ecuadorianischen Chimborazo. An der Schneegrenze auf 2 200 Metern Höhe machten selbst die indianischen Träger schlapp. Die beiden Europäer aber hielten trotz Schwindel und Übelkeit, blutender Lippen und aufgebrochenen Zahnfleisches in Nebel, Eis und dünner Luft durch. Erst 400 Meter unterhalb des Gipfels brach der schmale Grat ab. Und damit ihre Besteigung. Trotzdem: So hoch hinaus war noch kein Mensch gelangt. 30 Jahre sollte dieser Weltrekord halten.

Der Chimborazo galt zu Humboldts Zeiten als höchster Berg der Erde.

In Peru erforschte von Humboldt die kalte Meeresströmung von Nord nach Süd, die seitdem Humboldt-Strom genannt wird. Schließlich ging es im April 1803 über Cuba in die USA. Deren Präsident Thomas Jefferson empfing die inzwischen weltberühmt gewordenen Forscher. Humboldt nahm das Treffen zum Anlass, mit ihm über das Unrecht der Sklaverei zu diskutieren. Im August 1804 trafen die Forscher wieder in Europa ein. In Bordeaux wartete auf sie, die von den Gazetten mehrmals für tot erklärt worden waren, ein begeisterter Empfang.

Humboldts wissenschaftliche Ausbeute war gewaltig. Er hatte auf der fünfjährigen Expedition Längen- und Breitengrade bestimmt, 60 000 Pflanzen benannt, entdeckt, dass das Magnetfeld der Erde von den Polen zum Äquator abnimmt, und den Grundstein für die Pflanzengeografie und Vulkanologie gelegt. Nur vor Humboldts Aufschrei gegen die Sklaverei hielten sich die europäischen Kolonialherren die Ohren zu.

Die Forschungsreise hatte Humboldts Vermögen aufgezehrt. Dafür war er aber der an Wissen reichste Mann der Welt. Sein Gefährte Bonpland verdingte sich als Gartenmeister bei Napoleons Gattin, der Kaiserin Josephine, auf Malmaison. Humboldt selbst schrieb seine Reiseerlebnisse und Forschungsergebnisse nieder und diente dem preußischen König Wilhelm III. von Paris aus als Sonderdiplomat. 1827 zog er zurück in seine Heimatstadt. Der König wollte die Berliner Akademie der Wissenschaften mit ihm schmücken. Und wieder durchbrach Humboldt Grenzen: Für jedermann, ob von Rang oder „nur“ Laufbursche und Landmädchen, hielt er öffentliche Vorlesungen ab. Das hatte es bis dahin noch nie gegeben.

Dem Forscher lag auch die Bildung des Volkes am Herzen.

Noch einmal ging Humboldt auf Reisen: Der russische Zar Nikolaus I. heuerte ihn 1829 für eine Expedition durch den Ural, die sibirische Steppe und das Altai-Gebirge bis an die chinesische Grenze an. In einem halben Jahr legte der Forscher 15 000 Kilometer zurück und entdeckte die erste Diamantenmine außerhalb der Tropen. Diese Reise machte ihm aber nur wenig Spaß, weil ihm verboten war, irgendwelche politischen Kommentare abzugeben und er deshalb ständig unter polizeilicher Beobachtung stand.

Die letzten 30 Jahre seines Lebens schrieb Humboldt seinen „Kosmos“ nieder. Er korrespondierte mit allem, was in den Wissenschaften Rang und Namen hatte. Angeblich soll er in seinem Leben 50 000 Briefe geschrieben haben. Am 6. Mai 1859 legte Alexander von Humboldt in seiner Wohnung in der Oranienburger Straße 67 in Berlin endgültig die Feder aus der Hand.

Der Vater der Ökologie

Alexander von Humboldt hat bereits vor 200 Jahren erkannt, womit sich noch heute viele Menschen schwer tun, während andere unermüdlich für diese Einsicht kämpfen: Die Erde ist ein großes, zusammenhängendes ökologisches System. Deshalb muss der Mensch mit allem, was auf ihr wächst und gedeiht, behutsam umgehen. Humboldt könnte der Vater aller Umweltschützer gewesen sein.

Die Schlüsse, die er aus seinen Entdeckungen zog, waren genial in jeder Hinsicht. Weil er die verschiedensten Wissenschaften zusammenführte – Biologie und Geografie, Astronomie und Botanik, Anatomie und Physik – und andere begründete, wie zum Beispiel die Vulkanologie und die Pflanzengeografie, wird er der größte deutsche Universalgelehrte genannt.

Es liegt ein Herz in Afrika …

Es war der letzte Dienst, den Susi und Chuma ihrem weißen Herrn erweisen konnten. Am Morgen des 1. Mai 1873 hatten die beiden treuen Gefährten ihn vor seinem Bett kniend gefunden. Der Kopf ruhte auf der Liegestatt, vergraben in die gefalteten Hände. In dieser Haltung hatte ihr „Master" immer gebetet. In Zwiesprache mit seinem Gott musste er auch gestorben sein.

Ein schöner Tod eigentlich für einen, der 32 Jahre vorher ausgezogen war, um die Schwarzen zum Christentum zu bekehren. Auch wenn alles ganz anders kam – in Gott fühlte sich der gebürtige Schotte sein Leben lang geborgen. Als Gottes Wille sah er es auch an, dass er vom Missionar zum Entdecker geworden war. Deshalb kam er von Afrika nicht los. Susi und Chuma, die beiden Diener, wussten das. Weshalb sie auch dafür sorgten, dass etwas von ihm auf dem schwarzen Kontinent bleiben konnte: Sie schnitten dem Toten das Herz aus dem Leib. Seinen Körper rieben sie mit Salz ein, trockneten ihn an der Sonne und wickelten den einbalsamierten Leichnam dann fest in Tücher und Baumrinden. So verpackt banden sie ihn auf einer Bahre fest. Seine Tagebücher und das, was von seinen Instrumenten übrig geblieben war, legten sie dazu. Dann marschierten sie los. Acht Monate sollten sie ihn durch Sümpfe und Wälder, über Berge und Seen tragen, bis der merkwürdige Trauerzug endlich am Indischen Ozean ankam. In Sansibar wurde der Leichnam einem englischen Schiff übergeben, und seine letzte Reise begann.

Am 18. April 1874 fand der Verstorbene neben anderen englischen Helden in der Krönungskirche der englischen Könige, der Londoner Westminster Abbey, seine letzte Ruhe. Sein Herz aber blieb in Afrika – Susi und Chuma hatten es in Chitambo unweit des Bangweulu-Sees unter einem Baum begraben.

Wer war das?

David Livingstone – besessen vom schwarzen Kontinent

Geboren am 19.3.1813 in Blantyre
Gestorben am 1.5.1873 in Chitambo

Wie gut, dass er jetzt an der Spinnmaschine sitzen durfte! Diese Arbeit erforderte von dem Zehnjährigen nicht ganz so viel Aufmerksamkeit wie die mühsame Drahtflechterei, mit der David Livingstone in den Jahren zuvor zum Lebensunterhalt der Familie hatte beitragen müssen. Die Arbeit ging ihm fast blind von der Hand. So konnte er manchmal sogar ein Buch auf die Maschine legen. Gab es doch so viel zu lernen in Mathematik, Griechisch und Latein! Nach jedem 14-stündigen Arbeitstag warteten schließlich noch die Lehrer der Abendschule auf ihn. Dorthin hatte ihn Mister Dale geschickt. Dem Besitzer der Baumwoll-Spinnerei war aufgefallen, dass er ein kluges Bürschchen war.

Kinderarbeit war im 19. Jahrhundert ganz normal.

Davids Familie war arm. Was sein Vater als umherreisender Teehändler nach Hause brachte, reichte gerade, um die Miete für das eine Zimmer im schottischen Blantyre zu bezahlen, in dem die siebenköpfige Familie lebte. Deshalb mussten auch die fünf Kinder Geld verdienen.

Doch David, der am 19. März 1813 geboren worden war, hatte einen Traum: Er wollte Arzt werden – und Missionar. Deshalb büffelte er sogar beim Spinnen über den Büchern. Mit 18 Jahren durfte er schließlich Medizin studieren. Einer seiner Lehrer hatte ihm ein Stipendium in London verschafft. 1840 machte der 27-Jährige seinen Doktor. Die Londoner Missionsgesellschaft schickte den frisch gebackenen Arzt nach Afrika. Am 15. März 1841 kam David Livingstone im südafrikanischen Kapstadt an.

Seine wahre Mission aber sollte eine andere werden: Nicht die Erfolge beim Seelen-Sammeln haben den Schotten berühmt gemacht, sondern seine Entdeckungen auf dem schwarzen Kontinent. Er durchquerte als erster Europäer Afrika von West nach Ost. Er befuhr den 2 700 Kilometer langen Sambesi. Er fand die gewaltigen Viktoria-Wasserfälle. Er bewies, dass Afrika mehr als nur eine riesige Wüste war.

Und doch erschloss er sich das Land über die Seelen der Menschen. Für die meisten Europäer waren die Eingeborenen nur wertlose „Wilde". Livingstone dagegen lagen die Schwarzen am Herzen. Auch wenn er sie „große Kinder" nannte: Nie hat er einen Eingeborenen – ob Stammeshäuptling oder Diener – verächtlich behandelt oder gar ausgenutzt. Seine Landsleute mieden den komischen Kauz Livingstone. Bei den Schwarzen galt er dagegen als freundlicher, überaus geduldiger Mann, was ihm bei seinen Expeditionen zu Nutze kam.

In Kuruman, dem Land der Botswana, nahm ihn der britische Missionar Robert Moffat in Empfang. Livingstone zog es weiter Richtung Norden. Um besser „Einblick in die Gewohnheiten, Denkweisen, Gesetze und Sprache des Botswanavolkes" zu gewinnen, hielt er sich von anderen Europäern fern. Später beschrieb er seine Erfahrungen so: „Wenn ein Mann mit gütiger und höflicher Zunge reist, kann er, ohne dass ihm ein Haar gekrümmt wird, auch die wildesten Stämme besuchen."

Für wilde Tiere galt dies freilich nicht: Schon die erste Begegnung mit einem Löwen kostete Livingstone fast das Leben. In Mabotsa zerfetzte ihm eine Raubkatze die linke Schulter, den Arm konnte er nie mehr richtig bewegen. Mit einem gezielten Schuss auf das Tier rettete ihn ein Schwarzer vor dem Tod. Zur Genesung kehrte Livingstone 1844 nach Kuruman zurück. Dort verliebte er sich in Mary, Robert Moffats Tochter, und nahm sie zur Frau.

1847 reiste Livingstone mit Mary und ihren drei Kindern an den Rand der Kalahari-Wüste nach Kolobeng. Dort ließ er sie zurück, als er zwei Jahre später aufbrach, um mit dem reichen britischen Jäger Captain Cotton Oswell die Wüste zu durchqueren. Sie suchten nach einem See, der im Norden liegen sollte. Es war eine mühsame Reise. Immer wieder wühlten sich die Räder ihrer Karren tief in den Sand. Der Wassermangel ließ viele der mitgeführten Rinder verdursten und brachte die Menschen fast um den Verstand. Eine Buschfrau rettete den Europäern das Leben: Sie führte die Fremden an eine Wasserstelle – und weiter an einen Fluss. Dem folgten sie die nächsten 400 Kilometer und fanden so den Ngami-See. Es gab ihn tatsächlich! Ihre Freude war grenzenlos.

Der Wüstenmarsch und der Fund des Ngami-Sees machten Livingstone berühmt. Die Königliche Geografische Gesellschaft in London, die „Royal Geographic Society", verlieh ihm eine Medaille. Und die Missionsgesellschaft war stolz, dass einer der Ihren zu solchen Ehren kam.

Livingstones Entdecker-Leidenschaft war geweckt! Er vermutete weiter im Norden ein ganzes Flusssystem. Dort sollten auch die Makololo leben. Wäre das nicht ein guter Platz für eine Mission? Livingstone marschierte zurück nach Kolobeng, um seine Familie zu holen. Der Marsch durch die Wüste mit Frau und Kindern wurde zur Tortur, zumal Mary schwanger war. Zwei der Kleinen bekamen Malaria. Das Baby, unterwegs geboren, starb gerade mal sechs Wochen alt. Die Schreie des Kindes ließen Livingstone lange nicht los. Sie kehrten um – suchten und fanden eine neue Route, die aber nicht viel besser war. „Nicht ein Vogel oder Insekt belebt diese Gegend – es ist der traurigste Anblick, den ich je gesehen habe", schrieb Livingstone.

Den Tod seines Babys konnte Livingstone zeitlebens nicht verkraften.

Vier Tage nach diesem Tagebuch-Eintrag stieß die Gruppe endlich auf Wasser – und den Linyanti, einen, wie sich noch zeigen sollte, Nebenfluss des großen Sambesi-Stroms. Hier wurden sie vom Häuptling der Makololo, Sebituane, freundlich empfangen. Er bat den Missionar, die Gegend zu christianisieren. Davon erhoffte er sich ein Ende der Stammeskämpfe und Hilfe gegen die Sklaventreiberei.

Mindestens ebenso interessierte Livingstone der Linyanti. In einem Kanu fuhr er mit Oswell flussabwärts – und stieß im August 1851 auf einen gigantischen Strom: den Sambesi. Livingstone jubelte: „Wie wunderbar! Wie herrlich! Wie schön! Das war alles, was wir uns gegenseitig sagen konnten."

Livingstone hatte große Pläne. Vielleicht war der Sambesi schiffbar und taugte als Handelsweg quer durch Afrika? Er wollte flussaufwärts die Westküste suchen. Für die Familie war das zu anstrengend. David brachte Mary und die nun vier Kinder nach Kapstadt und schiffte sie im April 1852 nach England ein. Er selbst plante die West-Ost-Durchquerung Afrikas.

Mit 27 Trägern der Makololo fuhr Livingstone von Sesheke aus den Sambesi bis zur Quelle hoch. Zu Fuß ging es weiter. Oft fanden sie tagelang nichts zu essen. Manchmal musste Livingstone – vom Malaria-Fieber geschüttelt – knietief durch Sümpfe waten, sturzbachartiger Regen setzte ihnen zu. Krank und erschöpft kam Livingstone im Mai 1854 in Luanda an der Atlantik-Küste an. 2 400 Kilometer in vier Monaten lagen hinter ihm. Und die bittere Erkenntnis, dass diese Route als Handelsweg nicht geeignet war.

Dann musste es eben anders gehen: Livingstone kehrte zurück nach Sesheke, um dem Sambesi flussabwärts zum Indischen Ozean zu folgen.

Im November 1855 startete er, diesmal mit über hundert Makololo-Begleitern. 1 600 Kilometer lagen vor ihm.

Wörtlich übersetzt heißt Mosi-oa-Tunya, der Name der Einheimischen für die Viktoria-Wasserfälle, „Rauch lärmt hier“.

Livingstone stand ein gigantisches Naturschauspiel bevor. Am 16. November 1855 sah er als erster Weißer den Mosi-oa-Tunya, den „Donnernden Rauch“. So nannten die Schwarzen den größten Wasserfall Afrikas. Livingstone verstand jetzt, warum: „Das Erste, was man aus einer Entfernung von etwa zwei Stunden erblickt, gleicht ganz und gar den riesigen Rauchsäulen, die bei dem in Afrika so gewöhnlichen Wegbrennen des dürren Graswuchses auftreten. Vom Winde gebogen und sich anscheinend mit den Wolken vermischend, leibhaftiger Rauch! Die Eingeborenen nennen das Naturwunder ‚Donnernder Rauch‘, – und diese Benennung kann nicht anders als passend gefunden werden.“ Der Brite benannte das auf einer Breite von 1 500 Metern sich fast 100 Meter in die Tiefe stürzende Wasser nach der englischen Königin „Viktoria-Wasserfall“.

Beim Weitermarsch nach Osten machte Livingstone einen Fehler, der zwei Jahre später zu seinem Verhängnis werden sollte: Er kürzte die Strecke ab und verließ das Sambesi-Ufer, weshalb er die sich über 64 Kilometer hinziehenden Quebasa-Stromschnellen übersah. Im Mai 1856 kam Livingstone in Quelimane am Indischen Ozean an. Das war er, der neue Handelsweg den Sambesi entlang! Fast 7 000 Kilometer hatte der Brite zurückgelegt. Noch deutete nichts darauf hin, dass er einem verhängnisvollen Irrtum aufgesessen war …

In England wurde Livingstone wie ein Held empfangen. Die Geografische Gesellschaft feierte ihn. Nicht so die Missionsgesellschaft, da seine Abenteuer „nur entfernt mit der Verbreitung des Evangeliums verbunden sind“. So nahm er seinen Abschied als Missionar. Dafür wurde er zum Königlichen Konsul von Quelimane ernannt. Ein Buch über seine Erlebnisse fand reißenden Absatz – und er Unterstützung für eine neue Expedition mit dem Dampfschiff den Sambesi aufwärts, um auf dem Batoka-Plateau eine Forschungsstation einzurichten.

1858 nahm Livingstone seine Frau mit zurück nach Afrika. Er ließ ein Dampfschiff bauen, das er „MaRobert“ taufte: So hatten die Schwarzen in Kuruman Mary genannt. Doch Livingstone zerstritt sich mit seiner Mannschaft, und die MaRobert war weniger fahrtüchtig als erhofft. Als sie schließlich in die Stromschnellen von Cabora Bassa geriet, war das Unternehmen gescheitert! Livingstone versuchte sein Ziel über den Sambesi-Nebenfluss Shire zu erreichen. Auch hier beendeten Stromschnellen seine Fahrt. Immerhin fand einer seiner Stoßtrupps den Malawi-See – und entdeckte dabei eine der größten Sklavenrouten der Araber in Richtung Sansibar. Livingstone war entsetzt! Zu allem Unglück starb Mary obendrein an der Malaria. Und es kam noch schlimmer: In seiner Missionsstation hatte es ein Massaker gegeben. Als auch noch der erste britische Missionsbischof ums Leben kam, befahl die britische Regierung Livingstone, sofort nach England zurückzukehren.

1864 kam er dort an – um ein Jahr später erneut aufzubrechen: Diesmal wollte er die Quellen des Nil und des Kongo suchen. Diese Reise sollte sieben Jahre dauern – und schlimmer enden als alles zuvor. Mit 60 Trägern marschierte Livingstone von der Mündung des Rovuma zum Malawi-See. Er fand „ein Dorf nach dem anderen, alle verlassen und übersät mit Leichen und Schädeln.“ Die Sklaventreiber hatten grausam gewütet. Die Expedition war kurz vor dem Verhungern in dem verwüsteten Land. Viele Träger setzten sich ab.

Seit der Antike suchten die Menschen die Quellen des Nil. Erst im 20. Jahrhundert wurden alle Quellflüsse gefunden und kartiert.

Mit nur elf Männern erreichte Livingstone den See, geschwächt und geplagt von Ruhr und Malaria. Trotzdem wollte er weiter. An manchen Tagen mussten ihn seine treuesten Begleiter – Susi, Chuma und ein Engländer namens Gardner – tragen. Livingstone vermutete die Nilquellen beim Tanganjika-See. In einem afrikanischen Dorf wurde er Zeuge eines Blutbads der Sklavenhändler unter den Schwarzen. Verzweifelt schlug Livingstone in Ujiji am Tanganjika-See sein Lager auf. In England galt er längst als verschollen.

Doch ein britischer Journalist machte sich auf die Suche nach dem vermissten Entdecker. Henry Morton Stanley gelang, woran niemand mehr glaubte: Im Oktober 1871 fand er in Ujiji den bis auf die Knochen abgemagerten Livingstone. Seine Begrüßungsfrage „Dr. Livingstone, nehme ich an?“ wurde zum geflügelten Wort.

Ein Jahr lang päppelte Stanley den Forscher mit Nahrung und Medikamenten auf. 1872 reiste er wieder ab. Mit seinen treuen Dienern Susi und Chuma marschierte Livingstone erneut los, diesmal zum Bangweulu-See, wo er in der Nacht zum 1. Mai 1873 in seiner Hütte in Chitambo starb. Der Leichnam wurde nach England verschifft, sein Herz aber blieb in Afrika.

Ein später Sieg im Todesjahr

Nichts hatte Livingstone in seinen 30 Jahren in Afrika so erschüttert wie der grausame Sklavenhandel, auf den er überall stieß. Unermüdlich setzte er sich deshalb in seinen Berichten nach London dafür ein, diesem Unrecht ein Ende zu machen. Hätte er es miterlebt, er wäre überglücklich gewesen, dass noch im Jahr seines Todes 1873 der Sklavenmarkt in Sansibar von den Briten verboten wurde.

Verzweifelt wäre er aber darüber, wie Henry Morton Stanley, der in Livingstones Fußstapfen treten wollte, seine Nachfolge verstand: Er behandelte die Schwarzen mit großer Brutalität. Einmal ließ er, weil die Einheimischen ihn verärgert hatten, seine Leute blindlings in eine Menschenmenge schießen. Später trat er in die Dienste des belgischen Königs Leopold II. und baute im Kongo eines der brutalsten Kolonialregime in Afrika mit auf.

Die Auferstehung der Helena

War sie nicht wunderschön? Stolz blickte der 51-jährige Deutsche auf seine junge Frau. Wie anmutig sie aussah mit dem kostbaren Schmuck des Königs um Kopf und Hals! Jetzt war sie „seine" Helena, die Wiederauferstehung der griechischen Sagengestalt. Dieses Foto sollte um die Welt gehen! War das Gold, das Sophia trug, für ihn doch ein weiterer Beweis, dass er gefunden hatte, wonach er seit drei Jahren mit Spaten und Schaufel, im Geiste aber sein Leben lang gesucht hatte: das sagenhafte Troja.

Ein weiterer Beweis dafür, dass Homers berühmte „Ilias" aus dem achten Jahrhundert vor Christus nicht nur eine Erzählung des griechischen Dichters, sondern historische Wahrheit war. Und er hatte sie ans Licht geholt! Dafür hatte er den ganzen Hügel von Hissarlik auf- und umgegraben und ein Vermögen ausgegeben. Aber endlich war er auf die Mauern der untergegangenen Stadt gestoßen – und auf den sagenhaften Schmuck des Königs Priamos.

Warum aber strahlt uns die 21-Jährige auf dem Foto nicht an? Anders, als der Schatzgräber die Welt glauben machen wollte, hat sie seine Begeisterung für das archäologische Abenteuer ganz und gar nicht geteilt. „Lieber möchte ich sterben, als an der Seite dieses Mannes zu leben!", hat sie einmal gesagt. Sophia wurde noch nicht einmal freiwillig seine Frau. Unser Schatzgräber hob die Legende der „Ilias" als historische Wahrheit ans Tageslicht. Ebenso eifrig hat er um sein eigenes Leben eine Legende gebaut. In seiner Lebensgeschichte, so wie er sie erzählte, hat er manches geschönt, gefälscht und erträumt, selbst Sophias Liebe. Und ob Troja wirklich „Troja" war – darüber streiten sich noch heute die Gelehrten. Trotzdem hat er ein spannendes Stück Geschichte ausgegraben.

Wer war das?

Heinrich Schliemann – der zweite Kampf um Troja

Geboren am 6.1.1822 in Neubukow
Gestorben am 26.12.1891 in Neapel

Mit großen Augen sitzt der Junge unterm Weihnachtsbaum. Aber nicht die brennenden Kerzen sind es, die seinen Blick fesseln. Wieder und wieder betrachtet der kleine Heinrich diese eine Zeichnung in dem bebilderten Buch: Da flüchtet ein Mann, einen Greis auf den Schultern, seinen Sohn an der Hand, aus einer brennenden Stadt. Nur die mächtigen Mauern halten der Flammenhölle stand.

So oft schon hat der Vater Heinrich vom Trojanischen Krieg um die schöne Helena erzählt! Weil der Junge nicht genug von der Sage um die Zerstörung dieser Stadt durch die Griechen bekommen kann, haben ihm die Eltern an diesem Weihnachtsfest im Jahr 1829 eine illustrierte „Weltgeschichte für Kinder" geschenkt. Darin die Zeichnung von dem Helden Äneas, wie er, seinen Vater Anchises auf den Schultern und seinen Sohn Askanios an der Hand, sich und die beiden vor dem Untergang rettet. Die Bilder, die der bald Achtjährige von Homers großem Epos, der „Ilias", schon im Kopf hatte – hier nehmen sie Gestalt für ihn an. Und in ihm nistet sich ein Gedanke ein: Wenn die Mauern von Troja wirklich so stark waren, dann muss doch etwas davon übrig geblieben sein! Man müsste nur hingehen und unter dem Staub, Sand und Schutt der Jahrhunderte graben …

So jedenfalls hat Heinrich Schliemann selbst erzählt, wie er zu seiner Bestimmung kam: Sein ganzer Lebensweg sei nur darauf ausgerichtet gewesen, dieses Troja zu finden. Die Umwege dorthin führten ihn um die ganze Welt. Ob das so stimmen kann?

Schon, dass sein Vater, Ernst Schliemann, ein geduldiger, gütiger Geschichtenerzähler war, darf bezweifelt werden. In Wirklichkeit war der Pastor ein verschuldeter Trinker und Haustyrann. Das bekam vor allem seine Frau Luise zu spüren. So sehr ruinierte Ernst Schliemann den Ruf der Familie, dass sie Heinrichs Geburtsort, Neubukow in Mecklenburg, verlassen musste. Heinrich, am 6. Januar 1822 als fünftes von neun Schliemann-Kindern geboren, war gerade mal ein Jahr alt, da zog die Familie nach Ankershagen um, wo der Vater eine andere Pfarrei übernahm. Als Heinrich neun Jahre alt war, starb seine Mutter kurz nach der Geburt ihres neunten Kindes.

Damit nicht genug: Luise Schliemann hatte zu Lebzeiten das Dienstmädchen Sophie Schwarz des Hauses verwiesen. Kaum war Luise tot, zog die Geliebte des Vaters wieder ein. Bald durften die Dorfkinder wegen des liderlichen Lebenswandels im Pfarrhaus nicht mehr mit den kleinen Schliemanns spielen.

Heinrich kam ein Jahr nach dem Tod der Mutter in die Obhut seines Onkels Friedrich Schliemann in Kalkhorst bei Grevesmühlen. Dort bekam er zusammen mit seinen Cousins Privatunterricht und wurde schließlich als Elfjähriger aufs Gymnasium nach Neustrelitz geschickt. Doch das Geld wurde knapp, er musste auf die Realschule wechseln und schloss sie mit 14 ab. Nun hieß es, selbst Geld zu verdienen, weshalb Heinrich als Lehrling zu einem Krämer nach Fürstenwald bei Berlin kam. Fünfeinhalb Jahre lang war er dort Mädchen für alles: Er musste den Laden ausfegen und Tüten drehen, Ware abpacken und Butter, Brot, Fisch und Kaffee verkaufen – von morgens fünf bis abends um elf. Denn der Laden war auch Schankwirtschaft. Da konnte es spät werden, bis der letzte Kartoffelschnaps-Trinker spätnachts von der Theke getorkelt war.

Dabei hätte Heinrich so gerne weiter die Schule besucht! „Welche bittere Tränen ich während der fünfeinhalb Jahre im Laden in Fürstenwald vergoss, jedes Mal wenn mir ein Primaner zu Gesicht kam und ich an meine Unwissenheit und mein Elend dachte!“

Aber auch im Krämerladen war Heinrich „sein“ Troja begegnet: Eines Tages, so erzählte er gern, habe ein betrunkener Müller so Herz ergreifend altgriechische Verse aus Homers „Ilias“ zitiert, dass dem jungen Kaufmannsgehilfen die Tränen in die Augen schossen. Dabei verstand er von dieser Sprache vorerst kein Wort. Egal: Ohne die wunderbaren Hexameter, „die mir noch immer in den Ohren klingen“, wäre er wohl nie auf die Idee gekommen, Altgriechisch zu lernen, bedankte er sich später bei dem Mann. Zum Glück im Unglück wurde für Heinrich eine Lungenkrankheit. Nun durfte er keine schweren Waren mehr heben. Mit der Krämerei war es vorbei. Das machte ihm den Weg frei für eine unglaubliche Karriere. „Vom Ladenputzer zum Millionär“ könnte man sie überschreiben.

Im Sommer 1841 reiste Schliemann nach Rostock, lernte dort Buchhaltung und nahm dann in Hamburg eine Stelle als Handelsgehilfe an. Doch was er verdiente, war zum Leben zu wenig und zum Sterben zu viel. Deshalb beschloss er, nach Amerika auszuwandern. Als Bootsjunge heuerte Heinrich auf einem Frachter nach Venezuela an. Weit kam er nicht: Die „Dorothea“ kenterte schon vor der holländischen Insel Texel, und Schliemann landete in Amsterdam. Immerhin fand er Arbeit – als Laufbursche im Handelshaus Quien trug er die Post aus. Allerdings entdeckte er in der turbulenten Handelsmetropole, dass er Talent dafür hatte, Sprachen zu lernen. In der Schule hatte er Latein, Englisch und Französisch gebüffelt. Nun eignete er sich im Selbststudium weitere Sprachen an. Das sollte sein Leben lang so bleiben. Er entwickelte dabei seine eigene Methode: Schliemann

Schliemann lernte Sprachen im Selbststudium, indem er Zeitungen las.

„las“ jede ausländische Zeitung, die er in die Finger bekam, indem er Artikel für Artikel auswendig lernte.

Letztlich soll er in der Lage gewesen sein, sich in 16 Sprachen in Wort und Schrift flüssig auszudrücken, darunter Holländisch, Spanisch, Portugiesisch, Italienisch, Russisch, Schwedisch, Neu- und Altgriechisch, Slowenisch sowie Polnisch. Später kam noch Arabisch dazu, angeblich konnte er sogar Chinesisch und Japanisch. In seinen oft viele Seiten langen Briefen, die er Zeit seines Lebens schrieb, wechselte er manchmal mitten im Absatz die Sprache, um in der des Landes fortzufahren, in dem er gerade war. Nach seinem Tod wurden viele seiner rund 80 000 Briefe genauer unter die Lupe genommen. Dabei stellte sich heraus, dass er so manches Ereignis, das er nur aus der Zeitung kannte, als vermeintlich selbst Erlebtes in seine Schilderungen eingebaut hat.

Wegen seiner Sprachkenntnisse stellte das Amsterdamer Handelshaus Schröder & Co. den jungen Mann als Fremdsprachenkorrespondenten und Buchhalter ein. Die Firma schickte den 24-Jährigen 1846 ins russische St. Petersburg, um dort eine Niederlassung zu gründen. Schliemann machte rasch glänzende Geschäfte mit Tee, Kaffee, Baumwolle und vor allem Indigo, dem begehrten blauen Pflanzenfarbstoff, der damals hauptsächlich aus der Karibik und Südamerika importiert wurde.

Nach einem Jahr gründete Schliemann seine eigene Firma, erwarb die russische Staatsbürgerschaft und wurde in die Kaufmannsgilde aufgenommen. 1848 hatte er ein Vermögen von 50 000 Talern, rund 30 000 Dollar, erwirtschaftet. Jetzt war der arme Pastorensohn, der wegen des Geldes nicht hatte lernen dürfen, wie und was er wollte, reich. Sein eigentliches Abenteurer-Leben begann.

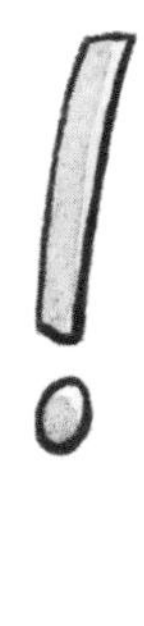

Im Dezember 1850 reiste Heinrich Schliemann nach Amerika. Dort war sein jüngerer Bruder Ludwig gestorben. Der hatte geschafft, was Heinrich durch den Schiffbruch der Dorothea misslungen war: Louis, wie er sich nannte, war 1848 nach Amerika ausgewandert und als Goldgräber in Kalifornien gelandet. In Briefen hatte er dem großen Bruder vorgeschwärmt, wie leicht hier Geschäfte zu machen waren. Heinrich gründete denn auch, kaum in Amerika angekommen, in Sacramento seine eigene Bank, wo die Goldgräber Staub des Edelmetalls gegen Geld tauschen konnten. Was er damit verdiente, investierte er in den Eisenbahnbau. Bei Fahrten quer durch den Kontinent und Mittelamerika hatte er sich höchstpersönlich davon überzeugt, dass dies ein lohnendes Geschäft werden würde.

Schliemann machte aus allem Geld – sogar aus dem Krimkrieg.

Binnen zwei Jahren hatte Schliemann sein Vermögen verdoppelt und kehrte 1852 nach Russland zurück, wo er bald schon eine neue Goldgrube auftat: „Mit hartem Herzen", so seine eigenen Worte, handelte er nun auch mit Salpeter, Schwarzpulver und Blei. Wegen des Krimkriegs, den Russland gegen die Türken, Großbritannien und Frankreich führte, war diese Ware knapp geworden. Denn die Kriegsgegner hatten eine Blockade über die russischen Ostseehäfen verhängt. Schliemann nutzte seine Kontakte und führte Güter für die Armee des Zaren auf anderen Wegen ein. In Amerika spekulierte er mit Baumwolle und Zuckerrohr und machte damit gute Geschäfte.

Inzwischen war er mehrfacher Millionär geworden – und Ehemann. Im Oktober 1852, gleich nach der Rückkehr aus Amerika, hatte er die Kaufmannstochter Jekaterina Petrowna Lyshina geheiratet. 1855 und 1859 bekamen sie zwei Kinder, Sergej und Natalia. Doch bald beklagte sich Schliemann, Jekaterina sei lieblos. Er wollte sich scheiden lassen. Jekaterina lehnte das ab. Nicht nur seine Frau, auch die Geschäftemacherei hatte Schliemann inzwischen satt. Er wollte endlich nachholen, was ihm in der Jugend verwehrt war – sich bilden. 1864 löste der 42-Jährige seine russischen Firmen auf und investierte sein Vermögen in Amerika, Cuba und Frankreich. Er bereiste Ägypten, Indien, China und Japan. An der Pariser Universität Sorbonne schrieb er sich als Student der Literaturwissenschaft, Altertumskunde und Philosophie ein. 1867 verfasste er sein erstes Buch über China und Japan, drei Jahre später das zweite: „Ithaka". In Rostock erwarb er einen Doktortitel der Philologie – und beschloss, Archäologe zu werden.

Mit Mitte 40 wurde der Kaufmann Student.

Sollte sein Kindheitstraum – Homers Erzählungen auf die Spur zu kommen – nun doch in Erfüllung gehen? Während der Studienjahre in Paris hatte Schliemann Italien und Griechenland bereist. In Neapel machte er sich mit den neuesten Ausgrabungsmethoden vertraut. Auf Sizilien besuchte er Orte, die er aus Homers Epen kannte. In Griechenland hatte er sich Ithaka und Mykene angesehen. In Paris ein neues Buch in die Hände bekommen, in dem ein Ort bei den Dardanellen beschrieben war, den der Autor für Troja hielt. Obendrein kam Schliemann ein fast unglaublicher Zufall zu Hilfe. Oder war es ihm von den Göttern zugedacht, dass er im August 1868 im türkischen Cannakale sein Schiff verpasste?

In Cannakale jedenfalls sprach ihn der Engländer Frank Calvert an, der auf der Suche nach einem Geldgeber war. Auch Calvert wollte Troja finden und hatte Probegrabungen im türkischen Hissarlik gemacht. Dort, auf einem Hügel über den Dardanellen, vermutete er die Stadt der homerischen „Ilias".

Schliemann spitzte die Ohren, wollte aber erst seine Ehe hinter sich bringen. Dazu reiste er erneut nach Amerika, erschlich sich die dortige Staatsbürgerschaft und konnte sich nun nach dem Recht der USA auch ohne die Zustimmung der ungeliebten Frau von ihr scheiden lassen. Nun war Schliemann frei für das Abenteuer, von dem er seit seiner Kindheit träumte. An Calvert schrieb er: „Ich bin nun völlig entschlossen, den ganzen künstlichen Hügel von Hissarlik abzutragen!"

1869 löste Heinrich Schliemann seinen Wohnsitz in Paris auf und zog nach Athen. Noch von Amerika aus hatte er sich erneut auf Brautsuche gemacht: Eine Griechin sollte es diesmal sein. Schriftlich bat er einen Bischof um Hilfe. Der schickte ihm Fotos, eins davon war das von Sophia Engastroménos. Sie gefiel ihm so gut, dass er ein Treffen arrangieren ließ. Sophias Vater war ein Tuchhändler, um dessen Geschäft es schlecht stand. Konstantínos Engastroménos erhoffte sich von der Heirat seiner Tochter mit dem Kaufmann Hilfe aus der Bedrängnis.

Im August 1869 sah sich Schliemann die potenzielle Braut näher an. Sie musste ihm aus der „Ilias" vorlesen. Auf die Frage, warum sie seine Frau werden wollte, rückte die 17-Jährige aber in ihrer Not mit der Antwort heraus: „Meine Eltern wollen es, weil Sie reich sind!" Empört ließ der 47-Jährige die junge Frau stehen – und bekam kurz darauf einen Brief von ihr, in dem sie ihn anflehte: „Bitte verlassen Sie Athen nicht ohne mich!" Am 23. September 1869 wurde Sophia seine Frau. Wohl gefühlt hat sie sich an seiner Seite wohl nie. Sie war viel krank, doch bekam sie zwei Kinder mit ihm. Schliemann ließ sie auf die Namen Andromache und Agamemnon taufen – nach Vorbildern aus der griechischen Sagenwelt.

1870 begann Schliemann, wie angekündigt, Hissarlik aufzugraben. Er zog einen Graben von Nord nach Süd über den ganzen Hügel und legte Restmauern und verbrannte Erde frei. Er fand Stadt über Stadt. Über Jahrhunderte hatten die Menschen hier immer auf dem alten Gemäuer ihre neuen Gebäude errichtet.

Schließlich machte Schliemann einen sensationellen Fund: Tongefäße und Vasen, Amphoren und Becher. Und schließlich, im Mai 1873, grub er den – wie er überzeugt war – sagenhaften Schatz des Priamos aus: Ohrgehänge und Ketten, Armbänder und Haarschmuck und das berühmte Diadem aus 200 Gramm Gold, 4066 Goldblättchen und 12271 Gliedern. Das legte er Sophia um und ließ sie so fotografieren. Das Bild ging um die Welt – und dazu die Geschichte, seine Frau habe die Kostbarkeiten in ihrer Schürze verborgen vom Grabungshügel weggetragen. Das war gelogen. Sophia war bei dem Fund gar nicht zugegen, weil sie zu dieser Zeit ihren Vater zu Grabe trug. Sei's drum! Passte das Schürzengerücht nicht viel besser zu diesem sagenhaften Augenblick?

Schliemann ließ den Schatz erst heimlich nach Athen und dann nach Deutschland bringen, obwohl das verboten war. Die Türken hatten ihm die ganze Graberei überhaupt nur gegen die Verpflichtung erlaubt, dass die Hälfte aller Funde Eigentum des türkischen Staates bleiben müsste. Schliemann aber schenkte den „Schatz des Priamos" „dem deutschen Volk zum ewigen Besitz". Nicht ohne vorher ausgehandelt zu haben, dass er dafür die Ehrenbürgerwürde der Reichshauptstadt Berlin bekam … Die Türkei verklagte ihn, doch mit der Zahlung von 50 000 Goldfranken an Istanbuls Archäologisches Museum schaffte Schliemann die Sache auf seine Art aus der Welt.

An Schliemanns Methoden scheiden sich noch heute die Geister.

In der Fachwelt wurde der „Amateur-Archäologe" schwer angegriffen: Er habe mehr zerstört als entdeckt. Später stellte sich heraus, dass er sich bei der zeitlichen Zuordnung seiner Funde gewaltig verschätzt hatte. Sie waren weit älter als der trojanische Krieg, der, wenn überhaupt, Mitte des zweiten Jahrtausends vor Christus stattgefunden haben muss. Von unglaublichem Wert waren sie gleichwohl. Schliemann grub weiter. Auch in Tyrins und Mykene, wo er Schichtgräber und eine kostbare Goldmaske fand. Die schrieb er dem großen Helden Agamemnon zu. In Troja selbst gab es bis 1890 sieben Grabungsetappen. Zweimal fanden dort internationale Konferenzen statt, auf denen für und wider Schliemann gestritten wurde. Der Pastorensohn aus Mecklenburg wurde zugleich angefeindet und verehrt: Englands Queen Viktoria verlieh ihm sogar einen Orden.

1890 reiste Heinrich Schliemann nach Halle an der Saale. Der nun 78-Jährige musste sich einer komplizierten Ohrenoperation unterziehen. Danach fuhr er nach Neapel, wollte aber rechtzeitig zum Weihnachtsfest wieder bei Frau und Kindern in Griechenland sein. Dort kam er erst im Januar 1891 an: Zwei Tage vor seinem 79. Geburtstag wurde sein einbalsamierter Leichnam in Athen begraben. Heinrich Schliemann war an den Folgen der Ohrenoperation gestorben. Am 25. Dezember abends war er mitten in Neapel zusammengebrochen, am nächsten Tag tot.

Ein Schatz auf Wanderschaft

Menschen lieben Märchen und Mythen. Nicht nur Kinder träumen davon, einen Schatz zu finden. Heinrich Schliemann hat für sich diesen Kindertraum wahr gemacht. Am Ende seines Lebens hat er möglicherweise selbst gezweifelt, ob es tatsächlich das sagenhafte Troja war, was er da unter Schutt und Asche gefunden hatte. Trotzdem kann ihm ein Verdienst niemand streitig machen: Er hat der Archäologie erst zu Popularität verholfen und damit gewaltigen Auftrieb verschafft.

In seinem und rund um sein „Troja" wird noch immer und immer wieder gegraben. Der Hügel von Hissarlik wurde mittlerweile zum historischen Nationalpark erklärt.

Der sagenhafte „Schatz des Priamos" verschwand lange nach Schliemanns Tod noch einmal in der Versenkung: Während des Zweiten Weltkrieges wurde er von Russland aus dem Berliner Museum für Vor- und Frühgeschichte ins Moskauer Puschkin-Museum gebracht. Als Kriegsbeute lag er dort bis 1993 versteckt in einem Keller. 1996 wurde er erstmals wieder öffentlich gezeigt.

Huckepack durchs ewige Eis

Genau, so könnte es gehen: Man müsste ein Schiff konstruieren, das den gewaltigen Kräften des Packeises widerstand. Das nicht vom Eis zerquetscht, sondern von ihm emporgehoben würde. Dann könnte man an Bord dieses Schiffes wie auf einer Fähre aus Eis mit der Meeresdrift von Osten nach Westen treiben. Bei genauer Berechnung und mit etwas Glück müsste man so an den nördlichsten Punkt der Erde gelangen. Eine verrückte Idee! Wie war der Zoologe aus Norwegen nur darauf gekommen?

Der Nordpol – das war am Ende des 19. Jahrhunderts das Traumziel aller Arktisforscher. Unseren Abenteurer hatte das Nordpol-Fieber spätestens bei seinem 40-Tagesmarsch auf Schlitten und Skiern quer durch Grönland gepackt. Aber nicht erst seitdem verfolgte der junge Mann die Berichte über die Arktis-Abenteurer ganz genau. Vor allem einer ließ ihn nicht mehr los: der über das Schicksal der „Jeanette". Das amerikanische Expeditionsschiff war im Juni 1881 vor den Neusibirischen Inseln verschollen. Drei Jahre später waren dann plötzlich Wrackteile der Jeanette auf der genau entgegengesetzten Seite der Arktis vor Grönlands Südwestküste aufgetaucht.

Das passte zu dem, was ihm die Inuit, die Eskimos aus Gothab, gezeigt hatten. Dort hatte das Meer Teile von Werkzeugen, wie sie die Inuit in Alaska benutzten, an Land gespült. Wasser und Eis mussten sie rund um den Pol getragen haben. Oder gar über ihn hinweg? Die Inuits gingen davon aus, dass das arktische Eis einen riesigen Ozean verbarg, dessen Strömungen den Nordpol durchquerten. Auf genau dieser Drift mussten die Planken der Jeanette von Ost nach West getrieben sein! Das brachte den Wissenschaftler auf die Idee, ein Schiff zu bauen, mit dem er huckepack auf dem Eis zum Nordpol reisen konnte.

Wer war das?

Fridtjof Nansen – vom Arktisforscher zum Friedensfreund

Geboren am 10.10.1861 in Mellom-Frøen
Gestorben am 13.5.1930 in Lysaker

Da! Jetzt ging es los! Erst ein Knacken und Stöhnen, das sich in einem peitschenden Schuss entlud. Dann ein ununterbrochenes Dröhnen. „Wie das Donnergebrüll eines entfernten Erdbebens“ – so beschrieb es Fridtjof Nansen – rollte die Erschütterung auf die kleine „Fram“ zu. Die zwölf Männer auf dem Dreimast-Schoner saßen gerade über dem Abendbrot. Sie hielten inne. Sie wagten kaum zu atmen. Einen Moment lang war es totenstill an Bord. Dann hob befreiendes Gelächter die Spannung auf. Jaaaaa! Es hatte geklappt! Das Eis hob sie hoch! Sie und das in eisiger Umarmung festsitzende Boot!

Dieser Teil von Nansens Plan war schon mal aufgegangen. Die Männer strahlten. Auch wenn sie wussten, dass die härteste Geduldsprobe ihres bisherigen Lebens jetzt erst begann: monatelanges Sitzen und Warten. „Manchmal zermalmte die Langeweile jedermanns Seele“, notierte Nansen in seinem Tagebuch über die Stimmung an Bord. „Das Leben schien so dunkel wie draußen die Winternacht.“ Egal. Jetzt kam es darauf an, ob sich auch Teil zwei seiner Theorie bewahrheiten würde: Trieb die Drift sie tatsächlich zum Pol? Eineinhalb Jahre sollte es dauern, bis Nansen darauf eine Antwort bekam.

Das erste Mal hatte das Meer Fridjof Nansen aufs Eis gelockt, als er 21 Jahre alt war. Damals war er nach dem Studium den Sommer über mit einem Robbenfänger in die Arktis gefahren.

Eigentlich wollte der junge Zoologe die Anatomie dieser Tiere untersuchen, die dort draußen von den Jägern geschlachtet wurden. Doch viel mehr zog das Polarmeer seine Neugier an. Dessen Temperaturen maß er in verschiedenen Tiefen der Grönlandsee und kam mit der Erkenntnis zurück, dass das Wasser nicht, wie bis dahin angenommen, in 30 Metern Tiefe, sondern an der Oberfläche zu frieren begann. Außerdem hatte er bei dieser Fahrt auf See Treibholz gefunden, das von sibirischen Lärchen stammte, also von jenseits der Polarkappe kam.

Fridtjof Nansen war ein Kind der Natur. Kein Wunder: Er war ja mittendrin, auf dem Hof seiner Eltern in Mellom-Frøen, aufgewachsen, wo er am 10. Oktober 1861 zur Welt gekommen war. Und er hatte Forscherblut in den Adern. Einer seiner Vorfahren, Hans Nansen, hatte vor 200 Jahren die Küste des Weißen Meeres am Südrand der Barentssee erkundet.

Ein Vorfahr Nansens forschte im 17. Jahrhundert im Auftrag des russischen Zaren.

Zur Meereskunde kam Fridtjof über die Zoologie. Einer seiner Professoren hatte ihm zu der Fahrt auf dem Robbenfänger „Viking" geraten. Nach der Rückkehr im Herbst 1882 trat Nansen eine Stelle als Verwalter im Naturkundlichen Museum in Bergen an. Doch das Grönlandeis und die gewaltigen glitzernden Berge, die er dort draußen gesehen hatte, ließen ihn nicht mehr los. Wie magisch zogen sie ihn an. Dort wollte er hin, wollte wissen, wie es im Inneren dieser riesigen Insel aussah. Am liebsten würde er sie durchqueren. Schon das war eine verrückte Idee! Kein Mensch hatte das bislang gewagt. Aber war er, erfahrener Skiläufer, mutiger Kletterer und begeisterter Wanderer, nicht wie geschaffen für eine solche Expedition?

Fast wäre sein Vorhaben am mangelnden Geld gescheitert. Außer ihm schien sich niemand für das Eis, das Grönland überzog, zu interessieren. Aber schließlich tat der athletische junge Mann einen reichen Dänen als Sponsor auf. Nansen brauchte eine ordentliche Ausrüstung für sein waghalsiges Vorhaben. Er ent-

Den Nansen-Kocher gibt es noch heute zu kaufen.

warf leichte Skier mit besonderen Bindungen. Er ließ nach exakten Vorgaben extrawarme Kleidung schneidern, die genügend Schutz vor der extremen Kälte bieten würde. Er klügelte sogar ein spezielles Kochtopf-Set mit eingebautem Spirituskocher aus. Und konstruierte nicht zuletzt den „Nansen-Schlitten". Dieser Schlitten wird noch heute dem Ursprungsmodell getreu nachgebaut und gehört wie der „Nansen-Kocher" weit mehr als ein Jahrhundert nach seiner Erfindung zur Ausrüstung jeder ordentlichen Polarexpedition. Der Schlitten war besonders leicht, von Hunden zu ziehen und fuhr auf Kufen aus Stahl.

In seinen Landsleuten Otto Sverdrup, Oluf Dietrichson und Kristian Trana sowie den beiden Finnen Samuel Balto und Ole Ravna fand der nun 27-Jährige schließlich ein ideales Team: Sie waren alle jung und abenteuerlustig, gingen aber mit dem nötigen Ernst an die Sache. Keiner von ihnen hätte sich oder die anderen durch Leichtsinn oder Übermut in Gefahr gebracht.

Anfang Mai 1888 reiste das Sextett über Kopenhagen und Edinburgh nach Island und ließ sich von einer Robbenfänger-Flotte an Grönlands Ostküste bringen. 16 Kilometer vor dem Festland setzte ihr Schiff, die „Jason", sie auf der Höhe von Angmagssalik auf einer Eisscholle aus. Mit einer halben Tonne Gepäck – so viel brachten die zwei Boote, Nahrungsmittel, Zelte und Messgeräte auf die Waage – gingen sie von Bord. Es dauerte zehn Tage, bis sie endlich, sich vorsichtig von Scholle zu Scholle bewegend, ans Festland gelangten.

Der eisige Wind hatte sie aber weiter nach Süden getrieben als vorgesehen. Erst am 10. August konnten sie schließlich mit ihrer Grönland-Durchquerung beginnen, die bis Anfang Oktober dauern sollte. Bei zeitweise 57 Grad unter null stapften die sechs Abenteurer bis auf 2700 Meter hoch, um dann auf ihren zusammengebundenen Schlitten, eine Zeltplane als Segel darüber gespannt, wieder bergab zu sausen.

Als sie endlich, einem Gletscher folgend, Anfang Oktober in der Inuit-Siedlung Gothab auf der anderen Seite Grönlands ankamen, hatte das letzte Schiff des Jahres längst abgelegt. Sie überwinterten dort. Nansen nutzte die Zeit, um das Leben der Inuit zu studieren. Im Mai 1889 trafen sie wieder in Kopenhagen ein, mit wertvollen Daten über Grönland. Nansen hatte als Erster bewiesen, dass die Insel komplett mit Eis überzogen war. Über die 700-Kilometer-Expedition schrieb er sein erstes Buch, „Auf Skiern durch Grönland“, das nicht nur bei Arktisforschern für Aufsehen sorgte.

Nun holte die Universität Oslo Nansen an ihr Naturkundliches Museum. Der Grönland-Abenteurer fand dort nicht nur Arbeit, sondern auch eine Frau: Eva Sars, die Tochter eines Zoologie-Professors. Nach einer Vortragsreise durch Europa baute Nansen in Lysaker unweit des Oslo-Fjordes ein Haus, das er „Gothab“ nannte. Dort kamen später seine Söhne Asmund und Odd zur Welt. In Lysaker hat Fridtjof Nansen aber auch seinen abenteuerlichen Plan der Huckepack-Fahrt mit der Fram auf dem Eis zum Nordpol geboren.

Das Eis durfte die Fram nicht zermalmen.

Diesen Plan beschrieb er so: Das zu bauende Schiff sollte „groß genug für zwölf Männer, Kohle und Vorräte für fünf Jahre“ sein, die Seiten „schräg genug, um die Eisschichtbildung auf dem Rumpf zu verhindern“. Dann würde das Eis dieses Schiff nicht einschließen, sondern „aus dem Wasser emporheben“. Natürlich lachten ihn erst mal alle für seine verrückte Idee aus! Doch Nansen ließ nicht locker und schaffte es letztlich sogar, den Storting, das norwegische Parlament, zur Unterstützung seines Plans und einem Zuschuss von 200 000 Kronen für sein Experiment zu bewegen.

Jetzt ging es vorwärts. Und genau so, Fram, „Vorwärts“, nannte Nansen das Schiff, das er zusammen mit dem norwegischen Reeder Colin Archer entwarf und baute. 39 Meter lang und elf

Meter breit wurde der Dreimast-Schoner mit den 80 Zentimeter dicken Bordwänden aus Eiche, die obendrein eine eisfeste Haut aus Grünherz, einem besonders harten und witterungsbeständigen Holz, bekamen. Archer hatte die Silhouette des Schiffes so konstruiert, dass sich das Eis weder am Bug noch am Heck festsetzen konnte, sondern an den glatten Seiten abrutschen musste. Zumindest hoffte er das … Obendrein bekam der Segler einen 200 PS starken Hilfsmotor.

Am 24. Juni 1893 stach die Fram mit zwölf Mann an Bord – darunter ein Arzt und der Grönland-Kumpan Otto Sverdrup als Kapitän – von Pepperviken aus in See. Fast hört man Nansens Jubel, wenn man liest, was er dazu in seinem Tagebuch notierte: „Wie ein Pfeil schoss das kleine Boot über die Lysakerbucht und brachte mich auf eine Fahrt, auf der mindestens das Leben selbst gewagt wurde." Da wusste er noch nicht, wie nah er dieser Ahnung kommen sollte. Allerdings nicht auf der Fram …

Sie segelten an der norwegischen Küste entlang nach Norden, dann Richtung Osten, vorbei an Nowaja Semlia, nahmen im russischen Chabarowa Schlittenhunde an Bord und füllten ihre Vorräte auf. Manchmal legten sie an und gingen auf Eisbär- und Rentierjagd. Vor den Neusibirischen Inseln drehte die Fram ab nach Norden, das Packeis-Meer begann. Am 25. September, bei 78 Grad 50 Minuten nördlicher Breite, dockte das Schiff an einem Eisfeld an. Jetzt musste sich zeigen, ob seine Konstruktion halten würde, was Nansen sich von ihr versprach, und ob seine Rechnung mit der Drift zum Pol aufgehen sollte.

Ersteres klappte! Auch das Zweite ließ sich viel versprechend an: Schon Anfang Oktober waren sie – auf dem Packeis thronend – auf 82 Grad 30 Minuten gedriftet. Selbst, als sich einmal eine zwei Meter dicke Scholle auf ihre eisige „Fähre" schob und die Fram mittschiffs nahm, hielt der Schoner stand. Nansen notierte begeistert: „Einen schlimmeren Druck hätte es gar nicht geben können! Kein Wunder, dass sie so röhrte!“ Teils trieben sie streng Kurs Nord, dann ging es in den nächsten Monaten wieder nur mühsam und ganz, ganz langsam im Zickzackkurs voran. Ende 1893 – über ein Jahr nach Beginn ihrer Huckepack-Reise – waren sie auf 83 Grad 24 Minuten angelangt.

Doch allmählich konnte nichts mehr darüber hinwegtäuschen, dass die Drift sie zu weit nach Westen abtrieb. 500 Kilometer lagen jetzt zwischen der „Fram“ und dem Pol. Nansen musste sich eingestehen: Mit dem Schiff würden sie nie zum nördlichsten Punkt der Erde gelangen. Dann eben zu Fuß! Der Norweger fasste einen neuen, noch viel verwegeneren Plan. Zu zweit, mit Hunden, Schlitten und zwei Kajaks für den Fall, dass das Eis aufbrach, müsste der Nordpol in fünfzig Tagen zu erreichen sein!

Am 14. März 1895 stieg Fridtjof Nansen aus. Mit dem jungen Offizier Frederik Hjalmar Johansen, drei Schlitten, 28 Hunden, zwei Kajaks und Proviant für 100 Tage begann der Norweger seinen Marsch übers Eis. Erst kamen sie ganz gut voran. Doch dann wurde das Eis mehr und mehr von dem gewaltigen Druck, den das Wasser und die Drift erzeugten, aufgeworfen. Immer häufiger türmten sich einzelne Schollen steil und schroff vor ihnen auf. Am 6. April, noch immer 420 Kilometer vom Pol entfernt, notierte Nansen: „Rinnen, Kliffe und unendlich hartes Eis, wie eine endlose Eismoräne! Und dieses dauernde Springen der Schlitten bei jeder Unebenheit ermüdet unsere Tiere.“ Zwei Tage später: „Über und über Eiskliffe, bis zum Horizont! Wenn es noch mehr solches Eis gibt, werden wir mit Sicherheit unsere ganze Zeit verbrauchen.“ 25 Tage waren sie jetzt unterwegs und bis auf 86 Grad 14 Minuten Nord gelangt, weiter als je ein Mensch zuvor! Aber es nutzte alles nichts: Nansen gab auf.

Plötzlich türmte sich das Eis zum unüberwindlichen Hindernis vor Nansens und Johansens Augen auf.

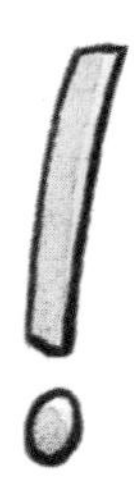

Der Marsch zurück Richtung Süden sollte noch viel dramatischer werden als alles bis dahin Erlebte. Das arktische Frühjahr brach an, und das Eis begann stellenweise zu schmelzen. Auf dem offenen Wasser kamen sie mit ihren Kajaks gut voran. Doch häufig stürzten die Temperaturen ganz plötzlich ab und überzogen das Meer mit einer Eiskruste, die ein Weiterfahren unmöglich machte, gleichzeitig aber zu dünn war, um sie und ihre Ausrüstung zu tragen. Mühsam suchten sie mit ihren Schlitten Umwege über tragfähiges Eis. Langsam wurden die Vorräte knapp. Am 9. Juni, 87 Tage nach dem Aufbruch von der „Fram", mussten sie die letzten drei Hunde töten. Nun setzte auch noch Regen ein, den der frostige Wind ihnen auf Gesicht und Körper schlug. Wenigstens konnte Johansen eine Robbe erlegen.

Am 7. August erreichten sie das offene Meer. Vor ihnen lag offenes Wasser bis zum Horizont. Sie banden die beiden Kajaks zusammen, sodass eine Art Katamaran entstand, setzten ein Segel, luden Schlitten und was von ihrem Gepäck übrig geblieben war, auf und stachen mit diesem Gefährt in See. Wie dankbar waren sie, dass sie die beiden Kajaks überhaupt noch hatten! Denn fast hätten sie sie verloren: Einmal riss ein wütendes Walross bei einer unerfreulichen Begegnung eines der beiden an der Seite auf und hätte es beinahe zerstört. Ein andermal, bei einer Rast auf dem Eis, hatte sich eines von der Scholle losgerissen und drohte wegzutreiben. Nur durch einen beherzten Sprung ins eiskalte Meer konnte Nansen es retten, wobei Johansen es gerade noch schaffte, ihn vor dem Ertrinken aus dem Wasser zu ziehen.

Endlich, Ende August 1896, sahen sie Land. Es war eine der 191 kleinen Inseln des inzwischen so genannten Franz-Josef-Landes östlich von Spitzbergen. Wohl oder übel mussten sie hier überwintern. Sie bauten sich eine Hütte aus Stein. Als Dach diente die Haut eines Walrosses. Ihr Proviant war längst aufgebraucht. Aber hier drohten sie wenigstens nicht zu verhungern, weil es genügend Seevögel und Robben gab. Die Polarnacht begann. Bis zum Mai des nächsten Jahres mussten sie ausharren, bevor sie die Insel wieder verlassen konnten.

Trotz der Dunkelheit, Einsamkeit und des endlosen Wartens konnte sich Fridtjof Nansen selbst in dieser Einöde an der Natur begeistern. Über die Aurora Borealis, das Nordlicht in der arktischen Nacht, schrieb er nieder: „Es ist ein Traumland in den zartesten Tönen, die man sich vorstellen kann, wie vergeistigte Farben. Eine Nuance mischt sich in die andere, sodass man nicht genau sagen kann, wo die eine endet und die andere beginnt."

Am 19. Mai 1896 konnten sie ihr Winterquartier endlich verlassen. Und dann, es war bereits August, kam es auf einer der vielen kleinen Inseln, die sie entlangschipperten, zu einer Begegnung, die Nansen und Johansen endlich zur Rückkehr in die Zivilisation verhelfen sollte. Bei einem Landgang hörten sie aus der Ferne ein Geräusch wie das Bellen eines Hundes. Nansen beschrieb es so: „Plötzlich meinte ich, einen Ruf, eine fremde Stimme gehört zu haben. Die erste seit drei Jahren. Mit hämmerndem Herzen und pochendem Schädel rannte ich einen Hügel hinauf und schrie mit aller Kraft: ‚Haaallooo!' Bald hörte ich einen anderen Ruf und sah einen Mann. Ich schwenkte meinen Hut – er tat dasselbe. Ich hörte, wie er zu dem Hund sprach, und es war Englisch." Der Mann kam auf ihn zu und fragte: „Sind Sie nicht Nansen?"

Vor Nansen stand Frederick Jackson. Er leitete eine englische Expedition, die die Inseln und die Ausdehnung des Franz-Josef-Landes vermessen wollte. Am 7. August legten Nansen und Johansen mit einem von Jacksons Expeditionsschiffen Richtung Heimat vom Franz-Josef-Land ab und am 13. August 1896, über drei Jahre nach dem Aufbruch der Fram, endlich wieder in Norwegen, im Hafen von Vardø, an. Eine Woche später lief die Fram weiter westlich, in Tromsö, ein. Sie war in den drei Jahren bis nach Spitzbergen gedriftet, bevor das Packeis sie dort im Mai wieder freigegeben hatte.

Fridtjof Nansen war jetzt 35 Jahre alt. Er war zwar nicht bis zum Nordpol gekommen, aber trotzdem weltberühmt. Ein Jahr später veröffentlichte er seinen Bericht über die abenteuerliche Arktis-Reise. Er nannte ihn „In Nacht und Eis". Um all seine Messungen, Beobachtungen und Daten, die er in den drei Jahren gesammelt hatte, auszuwerten, wurde ihm zu Ehren ein nach ihm benannter Fonds für wissenschaftliche Untersuchungen eingerichtet.

Nansen wurde 1901 zum Leiter einer internationalen Forschungskommission und 1908 von der Universität Oslo zum Professor für Meereskunde ernannt. Norwegen hatte seinen Helden. Am 13. Mai 1930 starb Fridtjof Nansen in seinem Haus „Gothab" in Lysaker.

Statt König Friedensnobelpreisträger

So begeistert waren seine Landsleute von ihrem Nordpol-Abenteurer, dass einige ihn sogar zum König machen wollten. Norwegen hatte sich 1905 aus der Union mit Schweden gelöst und wurde ein eigenständiger Staat, der ein Oberhaupt brauchte. Nansen lehnte dankend ab, wurde aber erster Botschafter seines Landes in London.

Nach dem Ersten Weltkrieg setzte er sich für die Rückkehr von Flüchtlingen in ihre Heimatländer ein und rief Hilfsaktionen für das vom Hunger geschüttelte Russland ins Leben. Der Völkerbund, ein Vorläufer der heutigen Vereinten Nationen, ernannte ihn 1921 zum Hochkommissar für Flüchtlingsfragen. Nach Fridtjof Nansen wurde der erste von vielen Staaten anerkannte Pass („Nansen-Pass") für Kriegsflüchtlinge benannt. 1922 erhielt der Abenteurer als Dank für den Einsatz für seine Mitmenschen den Friedensnobelpreis.

Mit dem Sternenbanner am Leib ins ewige Eis

Auf die Idee muss man erst mal kommen: schwitzend im Regenwald sitzen und dabei vom Nordpol träumen! Dass sich jemand in der Hitze Nicaraguas manchmal nach kühleren Temperaturen sehnt, ist verständlich. Aber sich deshalb gleich an den Nordpol wünschen? Wollte der amerikanische Marineleutnant wirklich die Karibik mit der Arktis tauschen?

Keine zehn Jahre später kam er seinem Ziel zum Greifen nah, musste aber wieder umkehren. Fünf Mal ging das so. Die Inuit (Eskimos) lachten schon, wenn sie ihn kommen sahen: „Du bist wie die Sonne. Die kehrt auch immer wieder." Beim sechsten Anlauf klappte es dann tatsächlich. Wie jubelte der Amerikaner, als er 1909 als erster Mensch am nördlichsten Punkt der Erde stand. „Endlich der Pol! Mein Traum und mein Ziel seit 20 Jahren! Endlich mein! Ich kann es nicht fassen! Es ist ein Gefühl, das man nur einmal im Leben hat!" Stolz rammte er die US-Flagge ins Eis. Dann schnitt der mittlerweile 53-Jährige einen Streifen von dem Sternenbanner ab und vergrub ihn zu seinen Füßen.

Seit 15 Jahren hatten ihn die Stars and Stripes, von seiner Frau eigenhändig aus Seidentaft genäht, auf seinen Expeditionen gewärmt. Bei diesem letzten Marsch durchs ewige Eis hatte er sie dicht um den Körper gewickelt direkt auf der Haut getragen. Die vier Inuit, die den historischen Moment mit ihm teilten, stimmten in den Jubel freilich erst ein, als sie der Eishölle wieder entkommen waren. Bei der Ankunft im Basislager rief einer aus: „Der Teufel muss schlafen. Oder er hat Ärger mit seiner Frau. Sonst wären wir niemals so einfach zurückgekommen!"

Wer war das?

Robert E. Peary –
der erste Mensch am Nordpol

Geboren am 6.5.1856 in Cresson Springs
Gestorben am 20.2.1920 in Washington

Diese Frauen! Die warf so schnell wirklich nichts um. Wie gut, dass er sie mitgenommen hatte! Ob minus 20 oder minus 40 Grad – wenn ihnen danach war, fingen sie einfach mitten auf dem Schiffsdeck zu tanzen an. Drollig war das anzusehen, wenn sie in ihren dicken Eisbärfellen die fest mit Polarfuchshäuten umwickelten Beine schwangen. Unmöglich, nicht von ihrem ausgelassenen Gelächter angesteckt zu werden! Selbst dem missmutigsten Seebären wurde da warm ums Herz. Robert Peary hatte schon Recht gehabt, als er seinem Kapitän Bob Bartlett erklärte, warum er die 17 Inuit-Frauen mit an Bord der „Roosevelt“ nahm: „Sie sind unerlässlich, um zufriedene Männer zu haben.“

Ihr Übermut und ihre Fröhlichkeit zauberten manchmal selbst dem alten Brummbären von Käpten ein Lächeln ins Gesicht, der sonst ständig nur fluchte über „den fürchterlichen Lärm, den entsetzlichen Gestank und das schreckliche Durcheinander“ auf seinem Schiff. Der korrekte Bartlett konnte sich nur schwer an die 226 Schlittenhunde gewöhnen, die an Deck rauften, bellten und jaulten. Natürlich war es mehr als lästig, dass sie – wo sonst sollten sie es denn tun? – auf die Planken pinkelten. Ständig musste man aufpassen, dass man nicht in einen ihrer stinkenden Haufen trat … Und dann tobten da manchmal auch noch zehn Kinder herum, über die man jederzeit stolpern konnte!

Nichts gegen Bartlett! War der Engländer doch neben dem schwarzen Diener und seit Jahrzehnten treuen Gefährten Matthew Henson Pearys bester Mann. Zum Dank sorgte der Abenteurer später dafür, dass der Brite am Ende von sich sagen konnte: Ich war nach dem Amerikaner der Mensch, der dem Nordpol am nächsten kam.

Doch noch war es nicht so weit: Jetzt galt es erst, an der stürmischen Küste des Nordpolarmeeres einen sicheren Ankerplatz für die Roosevelt zum Überwintern zu finden. Dann mussten Vorräte beschafft und Versorgungsstationen eingerichtet werden. Erst danach, im Frühjahr 1909, stand ihnen das eigentliche Abenteuer ihrer Expedition bevor: der Marsch zum Pol.

Schon als Kind hatte Robert Edwin Peary von der Arktis geträumt. Er konnte gar nicht genug kriegen von Berichten und Büchern über Grönland-Expeditionen und das Leben der Inuit. Aber bis zum Nordpol hatte es selbst von diesen Eis, Kälte und Schnee gewohnten Menschen noch keiner geschafft. Seine Mutter Mary schüttelte manchmal den Kopf über ihren lesewütigen Sohn. Sie zog Robert, der am 6. Mai 1856 in Cresson Springs im US-Staat Pennsylvania zur Welt gekommen war, alleine groß. Als ihr Mann starb, war der Junge gerade drei Jahre alt.

Sie war stolz auf Roberts Wissbegierde. Dazu hatte sie auch allen Grund: Die High School schloss ihr Sohn mit Auszeichnung und einem Stipendium fürs Studium am Bowdoin College in Brunswick/Maine ab. 1877 wurde er Hoch- und Tiefbau-Ingenieur. Nach einer Ausbildung als Küsten- und Landvermesser bekam Robert schließlich bei der US-Marine einen Job als Hafenbau-Ingenieur. Die Navy schickte ihn 1885 nach Nicaragua, weil die USA einen transamerikanischen Kanal bauen wollten. Peary sollte dafür das Land vermessen.

In seiner Freizeit wälzte Robert ganz andere Karten: Er träumte davon, in die Fußstapfen seiner Bücherhelden zu treten und die Küste Nordgrönlands zu erforschen. Er wollte einen geeigneten Ausgangspunkt finden, um übers Eis zum Nordpol zu marschieren. Seine Idee dabei war, mit dem Schiff so weit wie möglich nach Norden zu reisen, um dann mit einem kleinen Trupp zu Fuß den nördlichsten Punkt des Erdballs zu erreichen. Peary kalkulierte ein, dass man auf dem Schiff vielleicht Jahre würde warten müssen, bis Wetter und Witterung einen solchen Eilmarsch zuließen. Auch deshalb nahm er später ganze Inuit-Familien mit an Bord.

1886 stellte er seinen Plan der National Academy of Sciences – der amerikanischen Akademie der Wissenschaften – vor. Die sagte ihm wohlwollende Prüfung zu. Doch Peary dauerte das alles viel zu lange: Er ließ sich für ein halbes Jahr von der Navy beurlauben, lieh sich 500 Dollar und schloss sich einer kleinen Expedition nach Nordgrönland an. Dabei machte er einen ersten Testmarsch 160 Kilometer weit über das Inlandeis.

Nach der Rückkehr lernte er Josephine Diebitsch kennen. Die couragierte „Jo" begeisterte sich für seine Pläne – und wurde seine Frau.

Wie enttäuscht war Peary, als er 1888 von Fridtjof Nansens Ost-West-Durchquerung Grönlands erfuhr! Jetzt hieß es dranzubleiben, sollte ihm nicht einer zuvorkommen als erster Mensch am Pol. Erneut ließ er sich von der Marine beurlauben und brach, zusammen mit Josephine, 1891 zu seiner ersten großen Expedition nach Nordgrönland auf. Dabei waren auch der norwegische Skifahrer Evind Astrup, der Meteorologe und Geologe John Verhoeff, der Jäger Langdon Gibson und der Sanitätsoffizier Frederick Cook, sowie Matthew Henson, ein Schwarzer, den er zufällig bei seiner ersten Rückreise von Nicaragua in Washington kennen gelernt hatte. Henson war der Einzige, den Peary im Lauf der nächsten Jahre nicht mit seinen Launen, seinem krankhaften Ehrgeiz und seiner Geltungssucht vertreiben sollte. Cook wurde sein erbittertster Rivale. Verhoeff verschwand unter mysteriösen Umständen vor Grönlands Küste. Und Astrup schließlich kehrte Peary bei der dritten Reise den Rücken, weil er dessen ewige Streitereien nicht mehr ertrug.

Im Juni verließ das Team Brooklyn auf dem Dampfer „Kite“. Sie hatten auch einige zahlende Passagiere an Bord. Die hatten durch den Kauf der Tickets die Fahrt mitfinanziert. In der McCormickbay in Nordwestgrönland richtete Peary ein kleines Lager ein, das Red Cliff House. Hier wollten sie überwintern. Verhoeff, Gibson, Cook und Astrup fuhren mit Booten die Küste entlang und luden Inuit zum Besuch im Red Cliff House ein. Peary war neugierig, wie diese Menschen in der Kälte lebten. Er interessierte sich auch für ihre Schlittenhunde und ließ sich zeigen, wie man ein solches Gespann beherrscht.

Von den Inuit lernte Peary Schlittenhund-Fahren.

Im Mai 1892 startete er dann selbst mit Astrup zur ersten großen Schlittenfahrt gen Norden. Sie waren 2 000 Kilometer unterwegs und hatten dabei vermutlich bereits den 82. nördlichen Breitengrad überschritten. Peary brachte den endgültigen Beweis mit, dass Grönland eine Insel war. Als sie im August ins Red Cliff House zurückkehrten, hatte man sie dort schon fast aufgegeben. Verhoeff war verschwunden. Cook streute später das Gerücht von einem Selbstmord: Verhoeff habe sich umgebracht, weil er die Nachstellungen von Pearys Frau Jo nicht länger ertragen konnte. Möglicherweise war dies aber auch nur ein Teil der Schmutzkampagne, mit der Cook und Peary sich später bekriegten.

Pearys Pläne, wie er sicher zum Nordpol gelangen könnte, hatten mittlerweile weiter Gestalt angenommen: Man müsste eine kleine Truppe bilden, der auch Inuit angehörten. So konnte man sich deren Erfahrung mit und auf dem Eis zu Nutze machen. In seinem Tagebuch beschrieb er das ideale Arktisteam so: „Ein intelligenter Weißer bildet den Kopf. Die anderen beiden Weißen werden ausschließlich aufgrund ihres Mutes, ihrer Entschlossenheit, Körperkraft und Loyalität ausgewählt und stellen die Arme dar, die Schlittenführer und Eingeborenen den Körper und die Beine. Für die Zufriedenheit der Männer ist die Gegenwart ihrer Frauen unbedingt erforderlich. Sie sind darüber hinaus in vieler Hinsicht ebenso nützlich wie die Männer und kommen ihnen fast, wenn auch nicht ganz, an Kraft und Ausdauer gleich." Außerdem wussten sie aus Eisbär- und Polarfuchsfellen Hosen, Jacken und Mützen zu nähen.

Nach Amerika zurückgekehrt, genoss Peary das Aufsehen, das seine Berichte über die Inuit, aber auch über die meteorologischen und geologischen Daten, die er mitbrachte, in der Öffentlichkeit und bei Wissenschaftlern auslösten. Mit Vorträgen versuchte er, Geld für das weitere Vorgehen zusammenzubekommen. Am 23. Juni 1893 ging es ein drittes Mal los. Jedoch ohne Cook. Mit dem hatte sich Peary überworfen, weil der Arzt Ergebnisse der gemeinsamen Fahrt unter seinem eigenen Namen und ohne ihn auch nur zu erwähnen, veröffentlicht hatte.

Diesmal bauten sie in der Bowdoin Bay, östlich des Red Cliff House, eine neue Station. Hier wurde Peary Vater. Seine Frau Josephine brachte am 12. September in Grönland ihre Tochter Mary zur Welt. 1894 kehrte sie mit dem Kind nach Amerika zurück, während Robert Peary im hohen Norden blieb. Jo machte sich in New York daran, neue Geldquellen für die Arbeit ihres Mannes zu erschließen, und knüpfte Kontakte zum Amerikanischen Museum für Naturgeschichte. Heraus kam ein Deal, den Peary auf makabre Weise erfüllte: Er brachte von dieser Arktisfahrt nicht nur zwei tonnenschwere Meteoriten mit, sondern auch Schädel und Skelette von Inuit. Er hatte – wie erst Jahre später bekannt wurde – nicht davor zurückgeschreckt, gerade erst beerdigte Tote aus ihren letzten Ruhestätten wieder auszugraben!

Geld gegen Inuit – mit einem schäbigen Deal finanzierte Peary seine Fahrten.

Unter dem Datum des 22. August 1896 steht in seinem Tagebuch: „Die Besatzung hat den Sarg mit Qujaukitsoq, seiner Frau und dem kleinen Mädchen mit allen Grabbeigaben sichergestellt.“

Das American Museum of Natural History kaufte ihm die Skelette ab. Aber Peary hatte auch lebendes „Anschauungsmaterial“ dabei: sechs Inuit, darunter die Kinder Aviaq und Minik. Der Forscher hatte die Inuit mit Erzählungen über das „sunshine land“ – das Sonnenschein-Land seiner Heimat, in der es keine Polarnacht gab – nach Amerika gelockt. Bis auf Minik, dessen Geschichte ein amerikanischer Journalist erst Mitte des letzten Jahrhunderts aufgedeckt hat, überlebte kein Einziger von ihnen den Wechsel in die so genannte Zivilisation: Nach wenigen Monaten waren die Inuit an Lungenentzündung und Tuberkulose gestorben. Nur Minik überlebte. Ihm hatte Peary versprochen, ihn bei der nächsten Fahrt wieder in seine Heimat zurückzubringen. Doch er hielt nicht Wort. Die Anthropologen sahen in den Inuit nur eines: hochinteressante Forschungsobjekte. Für die New Yorker Bevölkerung waren sie eine Attraktion …

1898 fuhr Peary wieder nach Grönland – diesmal auf die weiter westlich gelegene Ellesmere-Insel. Dort erfuhr er, dass der Polarforscher Fridtjof Nansen plante, sich auf einem Schiff von der Westdrift des Polarmeeres an den Nordpol treiben zu lassen. Nun war Eile geboten: Peary machte sich zu einer hunderte von Kilometern langen Tour ins Eismeer auf, teils auf Schlitten, teils zu Fuß. Zurück kehrte er mit erfrorenen Zehen. Als er im Lager Stiefel und Pelzsocken von den Füßen streifte, lösten sich Teile seiner Zehen ab. Der Expeditionsarzt Dr. Dedrick musste ihm wohl oder übel die Reste abschneiden. Nur die beiden kleinen Zehen blieben verschont.

Doch Peary gab nicht auf: Auf den nächsten Erkundungsmärschen wurde er streckenweise auf dem Schlitten liegend transportiert. Er war wie besessen: Ein Abbruch der Expedition kam nicht infrage! Noch immer suchte er den besten Ausgangspunkt für den Marsch zum Pol. Diesmal blieb er vier Jahre in Grönland.

In New York machte man sich währenddessen große Sorgen um ihn. Deshalb schickte der „Peary Arctic Club", ein Freundes- und Gönnerkreis, ausgerechnet den großen Widersacher Frederick Cook los, um den Abenteurer nach Hause zu holen. Der fand ihn im August 1901 so vor: „körperlich und moralisch gebrochen, so ängstlich, sorgenvoll und entmutigt, wie ich ihn noch nie erlebt habe". Peary konnte kaum noch gehen, war blass und schwach. Die dramatischen Erfrierungen hatten eine schwere Blutarmut hinterlassen. 1902 kehrte er nach New York zurück.

Doch Peary kam wieder auf die Beine, seelisch und gesundheitlich, um drei Jahre später erneut in die Arktis zu ziehen. Diesmal erreichte er nach einem dramatischen Marsch übers Packeis – unterstützt von den Inuit – den 87. Breitengrad. Das war der nördlichste Punkt, an den je ein Mensch gelangt war. Nur noch 230 Kilometer lagen zwischen ihm und seinem Lebensziel, dem Pol. Doch plötzlich brach das Packeis auf und drohte, mitsamt der Expedition abzudriften. Eine lebensgefährliche Situation! Für Peary und seinen schwarzen Freund Henson, der ihn bis hierhin begleitet hat, hieß es, so schnell wie möglich nach Ellesmere Island umzukehren.

Im Juli 1908 legte die Roosevelt ein letztes Mal in Amerika ab, um den Abenteurer auf den Weg zum Nordpol zu bringen. Am 1. März 1909 startete Peary, diesmal von Cape Columbia an der nördlichen Spitze der Ellesmere-Insel aus, zum entscheidenden Marsch. Mit dabei: der gute alte Henson und die Inuit Ooqueah, Ootah, Eginwah und Seegloo.

Einzelne kleine Teams, die die jeweilige Tagesstrecke spurten, Nachtlager – meist Iglus aus Eis – vorbereiteten und Versorgungsposten anlegten, wurden in Etappen vorausgeschickt und kehrten nach Erledigung ihrer Aufgaben wieder um. Am längsten sollte Bob Bartlett Peary begleiten. Erst bei 87 Grad 48 Minuten war seine Mission erfüllt. Zwei Grad und zwölf Minuten südlich des Pols verabschiedete Peary seinen vierten Versorgungstrupp – bestehend aus dem Kapitän, zwei Inuit, einem Schlitten und 18 Hunden.

Am 6. April 1909 – um die Mittagszeit, bei angenehmer Temperatur, wie der Abenteurer die inzwischen „nur“ noch minus 26 Grad beschrieb – war es so weit: Peary stand am Pol. Am 89. Breitengrad plus 57 Minuten. Über die letzten drei Breiten-Minuten türmte sich das Eis zu einer gefrorenen Spitze auf.

Am 6. April 1909 stand Peary am Pol.

30 Stunden blieben die Männer dort, dann kehrten sie um. Es war Eile geboten, denn das Packeis drohte aufzubrechen. Sie mussten weg, bevor ihnen breite Wasserrinnen den Weg zurück versperren würden. Nach 16 Stunden war es überstanden, sie waren raus aus der Gefahr. Peary notierte: „Uns umgab offenbar ein schützender Zauber!“

Die Welt musste noch ein halbes Jahr auf diese Nachricht warten. Erst im September 1909 ging von Labrador aus Pearys Erfolgsbotschaft über den Ticker nach New York.

Zurück in der Heimat gab es Ärger – weil Frederick Cook behauptete, bereits im April 1908 am Pol gewesen zu sein. Ein erbitterter Streit begann, nicht nur zwischen den beiden. Auch unter den Wissenschaftlern gab es Zweifel, wer der wahre Nordpol-Held war. Schließlich fällte die National Geographic Society eine Entscheidung und erklärte Peary zum Sieger.

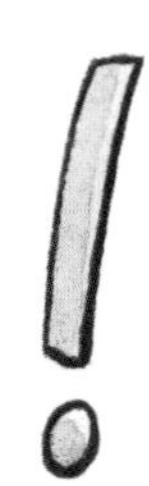

Der zog sich für die nächsten zehn Jahre seines Lebens in ein Haus in Maine zurück. Am 20. Februar 1920 starb Robert Edward Peary im Alter von fast 64 Jahren in Washington.

Pearys Triumph – die Tragik der Inuit

Ob Robert Peary den Nordpol wirklich erreicht hat, beschäftigt noch heute die Wissenschaft. 1980 hieß es, er habe den Pol doch verfehlt und sei zu weit nach Osten abgekommen. 1990 wurden seine Tiefenmessungen in der Arktis mit neueren verglichen. Danach kam er dem Pol zumindest sehr nah.

Eine ganz andere Frage beschäftigte den amerikanischen Journalisten Kenn Harper, der lange in Grönland gelebt hat. Er ging dem Schicksal der „New Yorker Inuit" nach, der Menschen, die Peary als Anschauungsmaterial nach Amerika mitgebracht hatte. Dabei stieß er auch auf einen Brief von Minik, dem einzigen Überlebenden, in dem der an einen Vertrauten geschrieben hatte: „Man hat mich aus meinem eigenen Land gestohlen. Eure Zivilisation hat meinem Volk nur Schaden gebracht." Erst nach Harpers Veröffentlichung gab das American Museum of Natural History endlich die Gebeine der Inuit frei – 100 Jahre nach ihrem Tod. 1993 wurden sie nach Grönland zurückgebracht und in ihrer Heimat bestattet.

Vom Helden zum Griesgram

Das war sie, die letzte Chance, doch noch einmal die Augen der Weltöffentlichkeit auf sich zu ziehen! Der sonderliche Mann, der in seiner Villa Uranienburg am Bunnefjord wie ein Einsiedler lebte, würde seinem Intimfeind zu Hilfe eilen! Zwei Jahre war es erst her, da hatte er den Aeronautiker Umberto Nobile einen „albernen italienischen Offizier" genannt, ihn als „unverschämt, kindisch und egoistisch", gar als einen „Menschen von halbtropischer Rasse" beschimpft. Würde ihm jetzt die Rettung des Italieners aus der weißen Eiswüste gelingen, er könnte wiedererlangen, was ihm dieser vermutlich abgestürzte Luftschiff-Kapitän streitig gemacht hatte: Ruhm und Ehre. Noch einmal erleben, dass die Welt wieder von ihm und nur von ihm sprach!

Mit fast 56 Jahren war unser Abenteurer noch lange kein Greis. Doch der einst Umjubelte hatte inzwischen den Ruf eines griesgrämigen alten Mannes. Selbst sein Freund Fridtjof Nansen konnte nicht verstehen, was plötzlich in den Polarfuchs gefahren war: Mit allen und jedem legte sich der früher immer so freundliche Norweger an. Viele Orden und Ehrenzeichen waren ihm im Lauf seines Lebens für seine Pioniertaten verliehen worden. Verbittert hatte er sie alle verkauft. Und das nur, weil er nicht mehr „der Erste", der Mutigste, der größte Entdecker war.

Noch nie war ihm der zweite Platz gut genug gewesen. Für seinen spektakulärsten Erfolg hatte er sich auf einen mörderischen Wettlauf eingelassen, den sein Konkurrent mit dem Leben bezahlte. Von einem Reporter gefragt, was er an der Polarwelt so faszinierend finde, hatte er einmal geantwortet: „Ach, wenn Sie je gesehen hätten, wie herrlich es da oben ist – dort möchte ich einmal sterben!" Ob er ahnte, dass er mit dem Aufbruch zur Rettung Nobiles diesen Weg antrat?

Wer war das?

Roald Amundsen –

der Sieger vom Südpol

Geboren am 16.7.1872 in Borge
Gestorben im Juni 1928 auf dem Flug nach Spitzbergen

Wo nahm dieser junge Mann nur die Nerven her! Elend und krank, zu Tode deprimiert lag die ganze Mannschaft in ihren Kojen. Selbst den belgischen Kapitän Adrien de Gerlache hatte der Skorbut niedergeworfen. Wie sollten sie so den langen antarktischen Winter überstehen?

Kurz entschlossen übernahm Roald Amundsen das Kommando auf der „Belgica". Die Expedition des Forschungsschiffes hätte wohl in einer Katastrophe geendet, hätten der 26-jährige Norweger und der Schiffsarzt Frederick Cook die Besatzung nicht mit unerschütterlicher Zuversicht, Ablenkungsmanövern und Durchhalteparolen wieder auf die Beine gebracht. Immer wieder scheuchten sie die Männer aufs Eis zur Robbenjagd. Das frische Fleisch war die einzige Hoffnung, dem sonst mit Sicherheit tödlichen Skorbut Einhalt zu gebieten.

Amundsen war entsetzt: Als er auf der Belgica angeheuert hatte, deutete nichts darauf hin, dass er es hier mit blutigen Anfängern zu tun haben würde. Und jetzt das! Erst hatte Gerlache sein Schiff bei schwerem Wetter mitten ins Packeis gesteuert. Jetzt saßen sie fest. Und dann ertrugen die Kerle die Polarnacht nicht! Wimmerten und heulten vor Angst wie kleine Kinder. Welch lebensgefährlicher Leichtsinn, mit solchen Leuten in den beginnenden antarktischen Winter zu fahren! Und dieser Winter mit seiner nicht enden wollenden Dunkelheit fing ja gerade erst an.

Kälte, Eis, Monate ohne Sonne und Licht – damit war Roald Engelbert Amundsen wohl vertraut. Schon als Kind hatte der am 16. Juli 1872 im norwegischen Borge geborene jüngste von vier Söhnen eines wohlhabenden Reeders alles verschlungen, was er an Büchern über Abenteuer im Eis in die Finger bekam. Vor allem die Berichte über den britischen Arktisforscher John Franklin faszinierten ihn: Der war 1845 mit zwei Schiffen zur Suche der Nordwestpassage zwischen Pazifik und Atlantik aufgebrochen. Die Expedition scheiterte, ihre 138 Mitglieder galten als verschollen. Erst 1857, zwölf Jahre später, wurden einige von Franklins Männern tot auf der King-Williams-Insel gefunden. Deren Aufzeichnungen bestätigten, dass der Forscher selbst schon am 11. Juni 1847 ums Leben gekommen war.

Roalds Vater starb auf See, als der Junge 14 Jahre alt war. Die Mutter wünschte, dass ihr jüngster Sohn Arzt werden sollte. Als der jedoch 1889 die triumphale Rückkehr von Fridtjof Nansen von dessen Grönland-Durchquerung miterlebte, stand für ihn fest, dass er Polarforscher werden würde. Zunächst aber fügte er sich und schrieb sich mit 18 für ein Medizinstudium ein. Drei Jahre später starb die Mutter. „Mit unsäglicher Erleichterung verließ ich die Universität, um mich mit ganzer Seele in den Traum meines Lebens zu stürzen", berichtete Roald in seiner Biografie. Schon in den Jahren zuvor hatte er begonnen, sich für Eis und Schnee zu stählen. Er war ein exzellenter Skifahrer und Tourengänger, manchmal übernachtete er draußen im Schnee.

1894 heuerte Amundsen auf dem Robbenfänger „Magdalena" an und fuhr zum ersten Mal in die Arktis. Nach zwei Jahren machte er sein Patent als Steuermann.

Als er im Juli 1896 erfuhr, dass der Belgier Adrien de Gerlache eine Fahrt in die Antarktis plante, schloss sich Amundsen als Maat der Mannschaft an. Gerlache war beeindruckt vom Können des nun 27-Jährigen, der ein Schiff führen und Ski fahren konnte und sich obendrein mit dem Polareis auskannte. Welch nützliche Kombination! Er ernannte Amundsen zu seinem Zweiten Offizier. 1897 stach die Belgica in See zu einem Unternehmen, das ohne den Norweger in einer Katastrophe geendet hätte. Gerlache setzte mit seiner falschen Entscheidung, vor den einsetzenden Winterstürmen ins vereiste Bellingshausenmeer statt in offene Gewässer zu flüchten, das Schiff im Packeis fest. Die Mannschaft musste in der Südpolarnacht überwintern, immer in Angst, die Belgica würde vom Eis zermalmt. Ohne Amundsens und Cooks Erfahrung hätten sie das nicht überlebt. 1898 brachte Amundsen die Belgica sicher nach Oslo zurück – um wichtige Erfahrungen reicher. Auch von Frederick Cook, dem Schiffsarzt, hatte er viel lernen können. Hatte der doch 1891 Robert Peary auf dessen erster Arktisexpedition begleitet.

Amundsen machte jetzt nach einem Studium am Marineobservatorium in Wilhemshaven und in Hamburg sein Kapitänspatent. Er wollte sein erstes eigenes Abenteuer in Angriff nehmen: auf Franklins Spuren nach der Nordwestpassage und nach dem magnetischen Nordpol suchen, den der Engländer James Clark Ross 1831 als Erster erreicht hatte. Vom Erbe seiner Eltern kaufte sich Amundsen den Heringsfänger „Gjöa". Mit einer kleinen, sechsköpfigen Crew, von der er unbedingten Gehorsam verlangte, kreuzte er in den nächsten zwei Jahren auf dem Nordmeer, um Schiff und Mannschaft zu testen. Für sein Vorhaben, die Nordwestpassage zu durchfahren, konnte er auch Fridtjof Nansen begeistern. Der hatte als Erster Grönland zu Fuß durchquert und 1896 versucht, mit seiner „Fram" im Eis zum Nordpol zu driften. Nansen half seinem Landsmann, Geld für sein Abenteuer zusammenzubetteln. Trotzdem musste sich Amundsen für die teure Ausrüstung hoch verschulden.

Fridtjof Nansen sammelte Geld für seinen Landsmann ein.

Am 16. Juni 1903 verließ die Gjöa Oslo. In Grönland luden sie 17 Schlittenhunde zu, schipperten durch die Buffin Bay und zwischen den arktischen Inseln nördlich von Kanada hindurch. An der King-Williams-Insel fand Amundsen eine Bucht, die als Hafen zum Überwintern taugte. Er taufte sie „Gjöa Haven". In der Nähe bauten 200 Netsilik-Inuit ihr Winterlager auf. Bald waren sie und Amundsen Freunde. Nur eine Sitte der Nomaden missfiel dem Norweger sehr: „Sie boten mir sehr billig große Mengen von Frauen an." Seinen Männern verbot er streng, darauf einzugehen. Von den Netsilik lernte er viel darüber, wie der Mensch im Eis überleben kann. Sie zeigten ihm, wie man Iglus baut. Er kaufte ihnen Rentier-Anoraks und Bärenfell-Handschuhe ab. Auch wie man aus getrocknetem Seehundfleisch Pemmikan zubereitete, eine überaus haltbare und nahrhafte Speise, guckte er sich bei den Inuit ab. Von ihnen lernte er, die Schlittengespanne der Huskys zu lenken. Im Frühjahr 1904 machte Amundsen mit seinem Ingenieur Peter Ristvedt seine erste eigene Schlittenhund-Tour auf die Boothia-Halbinsel zum magnetischen Nordpol. Sie brauchten allerdings zwei Wochen, um ihn exakt zu vermessen, denn die Marke, die Ross im Jahr 1831 hinterlassen hatte, war seit dessen Positionsbestimmung weiter nach Norden gedriftet.

Finger weg von den Frauen!

Amundsen beschloss, noch einen zweiten Winter auf der King-Williams-Insel zu bleiben. Erst im August 1905 brach die Gjöa Richtung Westen auf. Hinter der Banks-Insel tat sich die enge Durchfahrt zwischen den vielen kleinen Inseln zu einem breiten Golf auf – und plötzlich kam ihnen ein Schiff entgegen: Es war der Walfänger Charles Henson, der aus dem amerikanischen San Francisco kam! Er hatte die Beringstraße passiert – und Amundsen war von der anderen Seite aus ans Ende dieser Durchfahrt gelangt. Es ging also! Die Gjöa war aber nicht stabil genug, um sich weiter im Eis Richtung Beringstraße durchzuboxen.

In der Nähe von Herschel-Island richtete sich Amundsen deshalb auf ein drittes Winterlager ein. Mit Inuit fuhr er auf Schlitten 800 Kilometer weit nach Eagle City in Alaska und kabelte von dort seine Erfolgsmeldung in die Welt. Im Juni stand dem Weg durch die Bering-Straße nichts mehr entgegen, und Amundsen fuhr bis nach San Fransisco. Dort legte er im Oktober an. Die Norweger feierten ihn bei der Rückkehr wie einen Helden. Die Regierung schenkte ihm 40 000 Kronen, sein Buch über die Fahrt wurde zum Bestseller. Die ganze Welt lud ihn für Vorträge ein. Endlich war er ein berühmter Mann.

Doch der 34-Jährige hatte noch Größeres vor: Was Fridtjof Nansen nicht gelungen war, mit der Fram bis zum Nordpol zu driften, das wollte jetzt Amundsen probieren. Um Geld von Sponsoren zu bekommen, erklärte er das Ganze zur Wissenschafts-Expedition. Norwegens König unterstützte ihn tatsächlich mit 30 000 Kronen, und Nansen überließ ihm die Fram.

Da kam im September 1909 plötzlich die Nachricht, Frederick Cook, der Schiffsarzt, den Amundsen von seinem Belgica-Abenteuer kannte, habe den Nordpol als Erster erreicht. Kurz darauf hieß es, der Amerikaner Robert Peary sei auch dort gewesen. Damit war für Amundsen sein Projekt gestorben. Zweiter oder gar Dritter wollte er auf keinen Fall sein! Dann eben zum Südpol! Das allerdings behielt er für sich, aus Sorge, die Sponsoren würden ihre Gelder zurückziehen. Nur seinen Bruder Leon weihte er ein.

Jetzt war Eile geboten: Schließlich war auch der Wettlauf um die Antarktis längst entbrannt. Der Engländer Ernest Shackleton war bereits bis auf 155 Kilometer an den Südpol herangekommen. Und sein Landsmann Robert Falcon Scott wollte 1910 das südlichste Ende der Welt erobern. Amundsen hatte ihm allerdings eine ganze Menge Erfahrung voraus.

Mit Kanarienvogel und Grammofon ins ewige Eis.

Am 7. Juni 1910 legte die Fram mit 18 Mann Besatzung, 100 Huskys, einem Kanarienvogel, einem zerlegbaren Fertighaus, 3 000 Büchern und einem Grammofon an Bord in Norwegen ab. Offiziell sollte es nach Kap Hoorn, die amerikanische Westküste entlang nach Norden, dann durch die Beringstraße Richtung Nordpol gehen. Auf Madeira legte die Fram für ein paar Tage an. Erst hier ließ Amundsen seine Mannschaft sein wahres Ziel wissen. Er stellte jedem frei, von Bord zu gehen, aber keiner sprang ab. Seinem Bruder Leon, der ihn nach Madeira begleitet hatte, gab Amundsen ein Entschuldigungsschreiben für den Kurswechsel an Norwegens König Haakon mit. Und er kabelte an Robert Scott, der jetzt sein Rivale war und schon in Australien ankerte: „Fram auf Weg zur Antarktis." Der Wettlauf begann.

Der mörderischste Wettlauf der Geschichte begann.

Am 13. Januar 1911 ging die Fram in der Walfischbucht am Ross-Schelfeis vor Anker. Robert Scott hatte sein Lager bereits im McMurdo-Sund, 150 Kilometer näher am Pol und 650 Kilometer östlich von Amundsen, aufgeschlagen. Amundsen nannte seinen Ankerplatz „Framheim" und ließ jetzt, im antarktischen Hochsommer, seine Leute das Winterlager für das Polarteam errichten. Sie bauten Werkstätten ins und unters Eis, legten entlang der Route zum Pol Vorratslager an und trainierten die Hunde. Seine Leute feuerte Amundsen mit den Worten an: „Wenn wir gewinnen wollen, darf kein Hosenknopf fehlen!" Geschont wurde keiner. Als sich einer, Hjalmar Johansen, über den unerbittlichen Drill beschwerte, flog er aus dem Team, das letztlich zum Pol marschieren sollte, und wurde verdonnert, in Framheim zu bleiben. Er wurde behandelt wie ein Meuterer auf See. Jahre später hat er sich angeblich umgebracht.

Am 4. Februar traf in Framheim unerwarteter Besuch ein. Scott hatte sein Forschungsschiff „Terra Nova" in die Walfischbucht geschickt. Man ging höflich miteinander um – aber Engländer und Norweger belauerten sich misstrauisch.

Am 15. Oktober 1911 brach Amundsen mit fünf Männern, 54 Hunden und vier Schlitten auf zum Marsch auf den Pol. Das Eis hier war leichtgängiger als am entgegengesetzten Ende der Welt:

Dort war die Polkappe pures Eis, hier bedeckte es einen Kontinent. Sie nahmen nur das Nötigste mit, spannten die Hunde ein, schnallten ihre Skier an und ließen sich in rasender Geschwindigkeit von den Schlitten ziehen.

In vier Tagen brachten sie die Küstengletscher und den mühsamen Aufstieg auf das antarktische Hochplateau hinter sich. Nun lag, in endlosem, eisigem Blau, die Schneewüste vor ihnen, Tag und Nacht von der nicht mehr untergehenden Sonne angestrahlt. Amundsen ließ bis auf 18 Hunde alle anderen Tiere – er nannte sie „tapfere Kameraden“ – erschießen. Die restlichen zogen die Schlitten-Skifahrergespanne das letzte Stück der 2 250 Kilometer bis zum Pol.

Am 14.12.1911 war der erste Mensch am Südpol.

Am 14. Dezember 1911 hatte Amundsen sein Ziel erreicht: Er und sein Team rammten die norwegische Flagge in das südlichste Ende der Erde. Scott kam erst vier Wochen später dort an.

Amundsens Rechnung, sich auf die Natur, die eigene Körperkraft und die Zähigkeit der Hunde zu verlassen, war aufgegangen. Scott dagegen hatte eine viel zu schwere Ausrüstung, drei Traktoren und ein paar sibirische Ponys dabei. Die Tiere machten schlapp, die Motoren versagten, und am Ende mussten Scott und seine Leute in mörderischer Plackerei ihre schweren Schlitten selber ziehen.

Abends feierten Amundsens Männer. Sie hinterließen zwei Briefe, einen an König Haakon und einen an Scott. Dem legten sie auch noch einen Sextanten, drei Fußsäcke aus Rentierfell und Fausthandschuhe in das mitgebrachte Zelt. Vier Tage später traten sie den Rückmarsch an. Nach insgesamt 99 Tagen hatten sie das Ausgangslager wieder erreicht. Am 30. Januar 1912 legte die Fram zur Fahrt nach Hause ab.

In Tasmanien machte Amundsen im April 1912 Zwischenstation. „Ich sitze im Schatten der Palmen, umgeben von einer üppigen Vegetation, und schwelge im Genuss herrlicher Früchte“, schrieb er in sein Tagebuch. Er wusste nicht, dass sein Rivale Robert Scott zu dieser Zeit schon tot war. Er und seine gesamte Mannschaft hatten den Rückweg nicht überlebt und waren erfroren.

Neben allem Applaus – bald wurde Amundsen der Vorwurf gemacht, er hätte den Briten in diesen mörderischen Wettlauf getrieben. Amundsen aber setzte, zurück in Norwegen, längst zu einem neuen Abenteuer an: Er wollte – wie schon 1909 – nach Nansens Vorbild den Nordpol im Eis driftend überqueren. Zwei Jahre lang, von 1918 bis 1920, war er unterwegs. Doch der Versuch misslang. Die Menschen hatten zudem nach dem Ersten Weltkrieg andere Sorgen. Außerdem gab es eine neue technische Sensation. Jetzt machte die Luftfahrt Schlagzeilen. Also steckte sich auch Amundsen ein neues Ziel: Dann würde er den Nordpol eben überfliegen.

Mit dem amerikanischen Millionär Lincoln Ellsworth rüstete er 1925 zwei Wasserflugzeuge um. Doch eine der beiden Maschinen musste notwassern, die andere blieb im Eis stecken. Drei Wochen lang ackerten die beiden Männer, um sie wieder frei zu bekommen. Mit letzter Kraft gelang die Landung in Spitzbergen. In Ellsworth hatte Amundsen aber einen Partner gefunden, der mindestens so ehrgeizig wie er selber war. Der Amerikaner kaufte ein Luftschiff des italienischen Aeronautikers Umberto Nobile und Nobile selbst als Kapitän gleich dazu. Der Zeppelin wurde auf den Namen „Norge“ getauft. Von Spitzbergen aus wollten die drei Männer den Nordpol überfliegen.

Doch ihnen kamen andere zuvor: Die Amerikaner Richard Byrd und Floyd Bennet warfen einige Tage vor dem Start der „Norge“ ihre Flagge über dem Nordpol ab. Die Ellsworth-Crew startete trotzdem. Am 11. Mai 1926 flogen sie mit insgesamt 16 Männern an Bord, darunter ein Reporter der „New York Times“, über die Arktis. Bei der Rückkehr jubelten ihnen die

Menschen zu. Die eigentliche Leistung aber hatte der Italiener Nobile vollbracht, der das Luftschiff in 72 Stunden ununterbrochen teils durch dichten Nebel gesteuert hatte. Roald Amundsen stand im Schatten eines anderen. Verbittert zog er sich zurück.

Nobile brach zwei Jahre später am 23. Mai mit einem neuen Zeppelin, der „Italia", zu einer zweiten Nordpol-Überquerung auf. Doch der Funkkontakt brach ab. Binnen weniger Stunden wurde eine internationale Suchaktion gestartet. Ohne Erfolg.

Als Amundsen davon erfuhr, charterte er ein zweimotoriges Flugzeug. Wenn ihm die Rettung Nobiles gelang, könnte er selbst noch einmal Schlagzeilen machen! Am 18. Juni 1928 startete er von Tromsö aus in Richtung Spitzbergen – und wurde nie mehr gesehen. Sein Leichnam wird bei den Bäreninseln vermutet. Umberto Nobile wurde fünf Tage später mit sieben anderen Überlebenden geborgen.

Ein neuer Abenteurer-Typ

Als Amundsens Abenteurerleben begann – Anfang des 20. Jahrhunderts –, gab es kaum noch weiße Flecken auf der Weltkarte. Einzig die Pole waren noch frei. Waren Fridtjof Nansen und Robert Peary darauf aus, mit den Ergebnissen ihrer Expeditionen neues Wissen für die Welt zu finden, verkörperte Amundsen einen neuen „Forscher"-Typ: Ihm ging es vor allem um den eigenen Ruhm. Deshalb sein kurz entschlossener Schwenk vom Nord- an den Südpol, nachdem er erfahren hatte, dass Peary und möglicherweise auch Cook die Arktis bereits erobert hatten. Deshalb der Wettlauf mit Scott. Amundsen trieb allein der Ehrgeiz zu einem neuen Rekord an. Damit war er der erste „moderne" Abenteurer, dem es – wie so vielen heute – ausschließlich darum ging, irgendwo mit irgendetwas der Erste zu sein.

Der teuerste Keks der Welt

„3 910 Pfund: Zum Ersten. Zum Zweiten. Zuuuuum Dritten!" Der Auktionator lässt seinen Hammer fallen. Stolz nimmt wenig später der neue Besitzer den fast 100 Jahre alten, wasserdicht verpackten Keks der Marke Huntley & Palmer mit nach Hause. So teuer wie im Londoner Auktionshaus Christie's war noch nie ein kleines, trockenes Gebäckstück über den Tisch gegangen – der Preis entsprach immerhin fast 6 000 Euro.

Zur Versteigerung standen an diesem Tag im Jahr 1999 30 Erinnerungsstücke, die ein Suchtrupp am 12. November 1912 im ewigen Eis der Antarktis gefunden hatte. In einem Zelt, im Gepäck eines Toten, der dort schon seit acht Monaten lag. Das Gesicht des Mannes war von Frostbeulen entstellt, der Oberkörper halb aus dem Schlafsack gebeugt, die Arme ausgestreckt nach einem der anderen beiden Toten, die mit friedlicher Miene neben ihm lagen.

Nun gab es keinen Zweifel, aber auch keine Hoffnung mehr. Englands Nationalheld war tot. Die Männer fanden in dem Zelt auch 15 Kilogramm Gesteinsproben und elf Briefe, die der Gesuchte schon zehn Tage vor seinem Tod, um das nahende Ende wissend, geschrieben hatte. Einer davon ein zärtlicher Abschied von seiner Frau. Außerdem sein Tagebuch. Die letzte beschriebene Seite stellt das berühmteste Schriftstück dar, das je ein Abenteurer hinterlassen hat. Man sieht den Zeilen an, dass die erfrorenen Finger die Feder kaum mehr hatten halten können. „Es ist schade, aber ich glaube, ich kann nicht mehr weiter schreiben", lautet der letzte Satz. Darunter seine Unterschrift. Und dann noch sieben flehentliche Worte: „For God's sake look after our people", „Seht um Gottes willen nach unseren Leuten".

Wer war das?

Robert Falcon Scott – der tragische Held der Antarktis

Geboren am 6.6.1868 in Devonport
Gestorben am 29.3.1912 in der Antarktis

Was für eine Frau! Die RMS Aorangi befand sich zwischen den Südseeinseln Tahiti und Raratonga, als die Bildhauerin Kathleen Scott am Morgen des 19. Februars 1913 die Kapitänskajüte betrat. Der oberste Offizier des Dampfers hatte sie zu sich gebeten.

Sie war auf dem Weg von San Francisco nach Neuseeland. Dort wurde im April ihr Mann zurückerwartet. 34 Monate war es dann her, dass sie in London von ihm Abschied genommen hatte. Die Trennung sollte nicht noch länger dauern. Deshalb reiste Kathleen ihm entgegen.

Ein freundlicher Handschlag. Dann überreichte ihr der Käpten ein Blatt Papier. Der Funker hatte darauf eine Nachricht niedergeschrieben, die soeben auf die Aorangi übermittelt worden war. „Kapitän Scott im Schneesturm umgekommen, nachdem er den Südpol am 18. Januar erreicht hatte.“

Als Kathleen die Kabine verließ, war ihr nicht anzusehen, was sie gerade erfahren hatte. Wie jeden Tag ging sie auch heute ihrer üblichen Beschäftigung auf dem Transatlantik-Liner nach. Kartenspielen. Spanisch-Lektion. Mit anderen Passagieren über amerikanische Politik diskutieren. Was für eine Dame! Hätte er sie sehen können, Robert Falcon Scott wäre stolz auf seine Frau gewesen. Tadellos, wie Kathleen Haltung bewahrte! Genau so, wie es sich für eine echte Britin gehörte.

Zu diesem Zeitpunkt war Con, wie Kathleen, Familie und Freunde Robert Falcon Scott nannten, bereits fast ein Jahr tot. Am 29. März 1912, so jedenfalls lässt sein letzter Tagebuch-Eintrag vermuten, war er auf dem Rückmarsch vom Südpol in der Antarktis erfroren. Erst acht Monate später, am 12. November, hatte ihn eine Suchmannschaft dort draußen gefunden. Ihn und zwei seiner Kameraden. Von dem vierten war nur noch der Schlafsack da, von ihm selbst keine Spur.

Die Männer durchsuchten das Zelt, fanden Proviant für gerade noch zwei Tage, darunter den Schokoriegel und den Keks. Auch Briefe und Tagebuch nahmen sie an sich. Dann machten sie das Zelt los, bedeckten die Toten mit der Plane und schichteten über ihnen Schnee zu einem Grabmal auf. Zuoberst kreuzten sie ein Paar Skier. Einer las ein Kapitel aus der Bibel vor, ein Gebet noch. Schließlich sangen alle Scotts Lieblingschoral „Vorwärts, christliche Soldaten“.

Robert Falcon Scott hatte in der Antarktis alles verloren: seine Leute, den Wettlauf mit dem Norweger Roald Amundsen zum Südpol und sein Leben. England aber hatte – trotz des Misserfolgs seiner Mission – einen neuen, wenn auch tragischen Helden gewonnen. Tapfer, mutig, zäh – Scott hatte alle Eigenschaften gehabt, zu denen Kathleen jetzt ihren Sohn anhalten sollte, der, gerade drei Jahre alt, ohne Vater würde aufwachsen müssen. Darum hatte Con sie noch in seinem letzten Brief gebeten.

Tapferkeit, Mut, Zähigkeit – auch Robert Falcon Scott wurde dazu erst erzogen. Das dritte von fünf Kindern und der älteste von zwei Söhnen des Brauereibesitzers John Edward Scott und seiner Frau Hannah war ein schmächtiger, verträumter und schüchterner kleiner Kerl. Die Mutter, eine strenge, aber liebevolle Frau aus einer Familie hoch angesehener Marinesoldaten, hatte lange Zeit Sorge, ob aus ihrem am 6. Juni 1868 in Devonport bei Plymouth geborenen Sohn jemals ein ganzer Kerl werden würde. Sie war sehr froh, als sich Con mit 13 Jahren entschloss, den Berufsweg der Männer ihrer Familie einzuschlagen. Wusste sie doch: Die Navy würde aus ihm schon einen zähen Burschen machen.

In der Tat dürften die zwei Kadettenjahre auf einem Schulschiff der Royal Navy für Con kein Zuckerschlecken gewesen sein. Die jungen Männer mussten in der Ausbildung bei jedem Wind und Wetter raus an Deck, in die Beiboote oder in die über 30 Meter hohe Takelage. Geschlafen wurde in Hängematten, so etwas wie ein Badezimmer gab es nicht. Für Con eine harte Schule. Im elterlichen Anwesen Outlands war er weit komfortabler aufgewachsen: Das Haus war geräumig, der parkähnliche Garten, den ein kleiner Bach durcheilte, wurde von eigens dafür angestelltem Personal gepflegt. Der junge Robert musste keinen Handschlag tun und konnte meist ungestört seinen Tagträumen nachhängen.

Mit Träumen war es jetzt vorbei. Von früh bis spät war er dem berüchtigten Drill der Marine-Ausbilder ausgesetzt. Deren Befehlston war rau, im Zweifelsfall die Prügelstrafe ihre Sprache. Heimweh? Gar Tränen? Die wurden den Kadetten schnell ausgetrieben.

Robert machte sich erstaunlich gut. Der Kapitän des nächsten Schiffes, auf dem er zum Einsatz kam, nannte ihn bald einen „viel versprechenden jungen Offizier“, der dann auch schnell Karriere machte. Mit 18 kreuzte er mit der Flotte des Ausbildungsgeschwaders in der Karibik und steuerte bei einem Wettrennen zwischen vier Beibooten seines gekonnt als erstes ins Ziel. Den Flotten-Kommandant beeindruckte er damit so sehr, dass er Scott zum Dinner an seine Tafel einlud. Der Abend würde Folgen haben. Denn mit am Tisch saß der Cousin des Kommandanten, Clement Markham, der Präsident der Royal Geographic Society, der Königlich Geografischen Gesellschaft Englands. Die aber sollte wenige Jahre später einen Kommandanten für ihre britische Südpol-Expedition suchen. Und Markham den schneidigen jungen Mann seit diesem Dinner im Auge behalten …

Der, Scott, machte nach dem Karibik-Einsatz am Marine-Kolleg im englischen Greenwich noch sein Lotsenpatent, heuerte auf einem Torpedo-Schulschiff an und lernte, wie man diese Waffen im Gefecht einsetzte. Nachdem er 1889 zum Oberstleutnant ernannt worden war, steuerte er ein Schiff vom kanadischen Vancouver aus nach Europa und wurde dann im Mittelmeer stationiert.

Zwei Jahre später verbrachte Con einen letzten glücklichen Sommer Tennis und Golf spielend in Oatlands im elterlichen Garten. Unmittelbar danach machte der Vater Pleite. Er hatte wenige Jahre zuvor die Brauerei verkauft. Nun flog auf, dass John Scott den Erlös verspekuliert hatte. Oatlands war verloren. Der einstige Firmenbesitzer musste für wenig Geld in einer kleinen Brauerei als Angestellter arbeiten. Als Roberts Vater 1897 starb, war die Familie verarmt.

Dafür sollte Cons Aufstieg beginnen. Die Royal Geographic Society beschloss, eine Südpol-Expedition zu starten. Und Clement Markham setzte durch, dass der nun 23-jährige Scott das Kommando bekam. Zur Vorbereitung reiste Robert auch nach Oslo, um sich mit Fridtjof Nansen zu beraten. Der Norweger hatte fünf Jahre zuvor geplant, auf seinem Schiff „Fram" im Eis zum Nordpol zu driften, und, als das nicht klappte, versucht, zu Fuß zum Mittelpunkt der Arktis zu marschieren. Die beiden Männer freundeten sich an. Auf der Fram sollte dann allerdings Nansens Landsmann und Scotts schärfster Konkurrent beim Wettrennen zum Südpol in die Antarktis fahren …

Der Konkurrent bekam die „Fram".

Am 31. Juli 1901 stach Robert Falcon Scott, verabschiedet

von einer jubelnden Menschenmenge und dem englischen Königspaar persönlich, auf der eigens gebauten „Discovery“ das erste Mal in Richtung Antarktis. Mit an Bord war der Forscher Ernest Shackleton, der sieben Jahre später als Erster den magnetischen Südpol erreichte, dann aber bei dem Versuch, die Antarktis zu durchqueren, scheiterte. Die Reise mit der Discovery wurde für ihn zur lebensbedrohlichen Tortur: Schwer an Skorbut erkrankt, musste Scott Shackleton vorzeitig nach Hause schicken.

Scotts erste Expedition dauerte zwei Jahre. Bis zum Südpol selbst kam er zwar nicht, aber näher an ihn heran als je ein Mensch zuvor. Auch die anderen Ergebnisse konnten sich sehen lassen: Scott durchfuhr als Erster das Rossmeer, entdeckte dort im Osten eine Halbinsel, die er nach König Edward VII. benannte, und stieg mit einem Ballon auf 237 Meter in den Himmel über der Antarktis auf, um den vereisten Kontinent von dort oben in Augenschein zu nehmen. Ein abenteuerliches Unterfangen, das einer seiner Expeditionsteilnehmer so kommentierte: „Wenn einige dieser Experten da oben nicht verunglücken, dann nur, weil Gott Mitleid mit ihnen hat!“

Mit reicher Ausbeute an wissenschaftlichen Daten kehrte Con 1903 nach England zurück. Und mit dem Ehrgeiz, die Flagge seines Landes müsse als Erste am südlichsten Punkt der Erde stehen, aufgestellt von ihm, Robert Falcon Scott! Vorsorglich hatte er im McMurdo-Sund und der Walfischbucht bereits Versorgungsstationen errichtet. Nach einem Sieg am Südpol würde er, so sein anderer Hintergedanke, auch mehr Geld als bei der Marine verdienen. Da die Scott-Söhne seit dem Tod des Vaters die Mutter mit unterhalten mussten, wäre das für alle eine große Erleichterung gewesen.

Scotts Buch „Die Entdeckungsreise“ heizte das Südpol-Fieber an.

Seine Erlebnisse in der Antarktis veröffentlichte Robert in dem Buch „Die Entdeckungsreise“. Es wurde ein großer Erfolg und heizte das Südpol-Fieber in England so richtig an. Die Marine beförderte Scott zum Kapitän.

Unterstützung für seine erneuten Reisepläne bekam Con von unerwarteter Seite: 1907 hatte sich der nun 39-Jährige in die elf Jahre jüngere Bildhauerin Kathleen Bruce verliebt – und sie sich in ihn. Diese erstaunliche Frau erlebte mit, wie enttäuscht ihr Liebster war, als er erfuhr, dass sein einstiger Kamerad Ernest Shackleton sich auf den Weg zum Südpol machte. Obwohl Kathleen wusste, dass sie im Falle eines Falles Jahre auf Robert würde verzichten müssen, schrieb sie ihm nach Shackletons Scheitern in einem Brief: „Sage mir, dass du zum Pol gehen wirst! Wozu sollen all deine Energie und dein Unternehmungsgeist denn sonst gut sein, wenn eine Kleinigkeit wie diese nicht möglich wäre? Also los! Beeil dich, und lass keinen Stein auf dem anderen!“ Im September 1908 heirateten die beiden. Ein Jahr später bekamen sie Peter, ihren Sohn.

Mit der „Terra Nova“ machte sich Scott auf den Weg in den Tod.

Ein weiteres Jahr danach, am 1. Juni 1910, stach die „Terra Nova“, Scotts neues Antarktis-Schiff, tatsächlich in Richtung Süden, in Richtung Pol, in See. England setzte nach dem Misserfolg von Shackleton nun seine ganze Hoffnung auf Scott. Kathleen konnte nicht ahnen, dass aus der Trennung auf Jahre eine für die Ewigkeit werden würde. Sonst hätte sie ihrem Mann wohl nicht so tapfer zugesprochen.

Der Marsch Scotts zum Südpol wurde zum berühmtesten und dramatischsten Wettlauf der Entdeckergeschichte und zur bis dahin größten Tragödie der Antarktisforschung. Scott war mit seiner Mannschaft bereits am McMurdo-Sund, als er völlig überraschend von dem Norweger Roald Amundsen die Nachricht erhielt: „Fram auf Weg zur Antarktis.“ Amundsen hatte ursprünglich zum Nordpol fahren wollen. Als er erfuhr, dass er dort doch nicht der Erste sein würde – der Amerikaner Peary war vor ihm da –, änderte er seinen Kurs.

Für Scott wurde die Expedition zu einer Fahrt ohne Wiederkehr. Schuld daran war, dass Scott trotz der Erfahrungen bei seinem ersten Antarktis-Abenteuer falsch ausgerüstet und kaum trainiert war. Außerdem hatte sich das Wetter gegen ihn verschworen. Anders als Amundsen, der bei den Inuit das Überleben im Eis geübt und gelernt hatte und deshalb ausschließlich Huskys als Schlittenhunde mitnahm, hatte Scott auf modernste Technik und vor allem Ponys gesetzt. Er zog mit drei Motortraktoren, die auf Raupenketten fuhren, in Richtung Pol. Die Fahrzeuge waren zwar extra auf den Schneehängen der Alpen getestet worden. Doch der extremen Kälte der Antarktis hielten die Motoren dann doch nicht stand.

Scott setzte auf modernste Technik. Das wurde ihm zum Verhängnis, denn die ließ ihn im Stich.

Ende Oktober 1911 war Scott mit seinen Leuten aufgebrochen. Schon am 5. November, nur 50 Meilen vom Lager in der Walfischbucht entfernt, brannten die Kurbelwellenlager der Traktoren aus. Wie man ein Schlittenhund-Gespann richtig führte, wusste keiner aus seiner Mannschaft. Als der Brite mit seinen Leuten den Beadmore-Gletscher erreicht hatte, schickte er den Großteil seiner Truppe mit den Vierbeinern zurück ins Basislager und setzte den Marsch mit vier Männern zu Fuß fort. Als ob das nicht schon hart genug gewesen wäre, mussten sie nun auch ihre Schlitten selber ziehen. Die Ponys waren schon Anfang Dezember auf der Strecke geblieben: Etliche erfroren, andere mussten erschossen werden, weil sie im frisch gefallenen Schnee nach einem mörderischen Blizzard kaum mehr gehen konnten.

Amundsen war nicht nur 14 Tage vor den Briten vom 650 Kilometer östlich gelegenen McMurdo-Sund gestartet. Er kam auch wesentlich schneller voran. Scott ahnte das wohl, denn am 15. Januar 1912 vertraute er seinem Tagebuch an: „Das Schlimmste, was passieren kann, ist, dass wir die norwegische Flagge vor der unsrigen sehen!“ Zwei Tage später trat das tatsächlich ein. Neben einem verlassenen Lager fanden die Briten ein rotes Tuch mit dem blau-weißen Kreuz darauf. Jetzt waren auch Scott, Edward Wilson, Edgar Evans, Lawrence Oates und Birdie Bowers am Ziel. Erschöpft, enttäuscht und verbittert posierten sie vor dem Union Jack, der nun erst als Zweiter an den Südpol gekommen war.

Ihnen standen 1300 Kilometer erneuter Kampf gegen Eis und Schnee bevor. „Ich frage mich, ob wir das schaffen werden …", notierte Scott vor dem Rückmarsch in seinem Tagebuch. Nach drei Wochen, am 7. Februar 1912, waren sie wieder am Beadmore-Gletscher. Zehn Tage später, am Fuß dieser Eiszunge, stürzte Evans schwer und brach mit einer Gehirnerschütterung zusammen. Am nächsten Tag jagten ihn Wahnvorstellungen. Am 19. März war er tot.

Die beißende Kälte wurde immer noch schlimmer. Der eisige Wind setzte den schon jetzt halb erfrorenen Männern unerbittlich zu. Oates Füße erfroren. Als er merkte, dass er die anderen am schnelleren Fortkommen hinderte, bat er sie, ohne ihn weiterzugehen. Davon wollten Scott, Wilson und Bowers aber nichts wissen. Am 21. März tobte erneut ein grausamer Schneesturm um ihr Zelt. Heizen konnten sie nicht mehr. Der Brennspiritus war ausgegangen. Oates verließ in der Nacht heimlich das Zelt – und wurde nie wieder gesehen.

Tapfer marschierte Oates in die Kälte und den Tod.

Scotts Tagebuch berichtet darüber: „Wir wussten, dass der arme Oates in seinen Tod ging. Obwohl wir versucht hatten, ihn davon abzubringen, wussten wir doch, dass dies die Haltung eines aufrechten Mannes und englischen Gentlemans war. Wir hoffen nur, dass wir dem Ende in ähnlicher Weise begegnen können, und sicherlich ist dieses Ende nicht mehr fern."

Es folgt der letzte Eintrag vom 29. März 1912: „Jeden Tag haben wir nun versucht, zu unserem Lager, elf Meilen entfernt, aufzubrechen. Aber vor dem Zelt herrscht immer noch ein Wirbelsturm … Wir werden durchhalten bis zum Schluss, aber wir werden natürlich schwächer …" Und schließlich die berühmte Bitte: „Um Gottes willen seht nach unseren Leuten!"

Ein Highway zum Südpol

Robert Falcon Scott wurde posthum vom englischen König zum Ritter geschlagen, seine Frau in den Adelsstand erhoben. Kathleen Scott durfte sich von da an Lady nennen. Ihren Mann hat sie in Stein gehauen: Eine Statue steht in London am Waterloo Platz, ein weiteres Denkmal in Plymouth.

Wenige hundert Meter vom Südpol entfernt, auf 2 835 Meter Höhe, erhebt sich heute eine riesige Kuppel über dem Eis. Es ist eine amerikanische Forschungsstation. Sie wurde 1956 errichtet und trägt den Namen der beiden Pioniere „Amundsen-Scott". Anfang des 21. Jahrhunderts begannen die Amerikaner, eine 1 600 Kilometer lange Straße für Transportfahrzeuge über das Ross-Schelfeis zur Amundsen-Scott-Station zu bauen, um die Forscher dort besser versorgen zu können. Bis dahin konnte man sie nur aus der Luft versorgen – und das auch nur im antarktischen Sommer. Die Strecke auf dem Südpol-Highway soll in 20 Tagen zu schaffen sein.

Allein unter Menschenfressern

Dieser Gestank! Das war ja nicht auszuhalten! Nein, so konnte sie unmöglich schlafen. Die Lady setzte sich in ihrer Hütte auf und versuchte – in der Dunkelheit ihrer Nase folgend – die Quelle des bestialischen Geruches ausfindig zu machen. Da! Unter dem Ast, der halb in der Feuerstelle lag, musste es sein. Sie zog das Stück Holz heraus und sah nach, was nun zum Vorschein kam: ein paar Säcke. Darin schien irgendetwas zu verfaulen.

Beherzt nahm sie den größten, band ihn auf und schüttelte den Inhalt vorsichtig in ihren Hut. Es sollte ja nichts verloren gehen! „Vor mir lagen eine menschliche Hand, drei große Zehen, vier Augen, zwei Ohren und andere menschliche Körperteile. Die Hand war frisch, das übrige aber nur so lala und zusammengeschrumpft“, berichtete sie später. Jeder andere Mensch wäre vor Schreck erstarrt, hätte verzweifelt überlegt, wie er sich unbemerkt wegschleichen könnte, oder wäre laut schreiend davongelaufen. Nicht so diese außergewöhnliche Frau. Sorgfältig räumte sie den nächtlichen Fund wieder auf, um sich am nächsten Tag bei ihren Gastgebern zu erkundigen, was es damit auf sich hatte.

Die Leute vom Stamme der Fang, in deren Dorf Efoua sie die Nacht verbracht hatte, klärten sie freundlich auf: Man verspeise ab und zu einen Stammesgenossen, mitunter auch einen Fremden. Von Freunden bewahre man sich dann aber gern ein Stück zur Erinnerung auf. Aufmerksam hörte die weiße Besucherin zu. Halb war sie entsetzt, halb lächelte sie in sich hinein. Was für eine Geschichte! Sie stellte sich die Gesichter ihrer Zuhörer in England vor, wenn sie nach der Rückkehr aus Afrika davon erzählte.

Wer war das?

Mary Kingsley –

mit Rock, Hut und Schirm durch den Dschungel

Geboren am 13.10.1862 in London
Gestorben im Juli 1900 in Simonstad

Konnte diese Frau denn wirklich gar nichts schrecken? Geh da nicht hin!, hatte man Mary Kingsley gewarnt, als sie sich von Lambarene aus auf den Weg in den Dschungel von Gabun machen wollte. Dort, zwischen den Flüssen Ogowe und Rembowe, lebten doch die berüchtigten Fang! Sie seien nicht nur hinterhältig und diebisch, warnte man sie. Viel schlimmer noch: Das waren Menschenfresser, Kannibalen.

Und was tat die 32-Jährige? Genau dorthin brach sie auf. Über den ersten Kontakt zu diesen „Wilden" berichtete sie zwar, es seien „die längsten zwanzig Minuten meines Lebens gewesen, in denen mein Leben auf Messers Schneide stand". Noch nie habe sie „eine Gruppe gottloser aussehender Primitiver gesehen", dann aber in ihnen Menschen „voller Feuer, Temperament, Intelligenz und Unternehmungslust" gefunden, einen Stamm, „den ich lieber mag als jeden anderen Afrikaner".

Nach der Nacht, in der sie die menschlichen Überreste in ihrer Hütte gefunden hatte, sprach sie mit dem Häuptling von Efoua lange über den Kannibalismus. Der Fang, so urteilte sie anschließend, „tut es nicht aus Aberglauben wie die Negerstämme. Er tut es allein aus dem ihm eigenen gesunden Menschenverstand." Der Häuptling habe ihr vorgeschwärmt, dass „Menschenfleisch sehr gut" sei. Sein Angebot, es auch einmal zu ver-

Menschenfleisch kosten? Nein, danke!

suchen, lehnte sie dann aber doch dankend ab. Nicht nur, weil sie ja nicht wissen konnte, welcher ihrer Artgenossen für das Gastmahl hätte daran glauben müssen …

Die Engländerin Mary Kingsley war wirklich in jeder Hinsicht eine außergewöhnliche Frau. Dabei hatte ihr Leben völlig unspektakulär in gähnender Langeweile begonnen. Es war das Zeitalter von Königin Viktoria. Das hieß in Großbritannien: Anstand war alles. Frauen hatten sich züchtig im Hintergrund zu halten, am besten, man sah ihnen ihr Geschlecht gar nicht an. Die englische Gesellschaft gefiel sich in ihrer Prüderie und Spießigkeit.

Mary, am 13. Oktober 1862 in der Nähe von London geboren, wuchs auf, wie man das von einem braven britischen Mädchen erwartete: Bloß nicht auffallen, niemals widersprechen, sondern immer den Eltern gehorchen. Ihre Mutter war krank, deshalb musste Mary schon früh alleine den Haushalt versorgen. Eigentlich hätte sie gern studiert. Doch Bildung war ihrem jüngeren Bruder vorbehalten. „Ich weinte bitterlich, weil man mir nichts beibrachte", beklagte sie später ihre Jugendzeit. Nur Deutsch durfte sie lernen, damit sie dem Vater Artikel übersetzen konnte.

George Kingsley war Leibarzt einiger Adeliger, die er häufig auf Reisen begleiten musste. Diese Tätigkeit erlaubte ihm, sich nebenbei mit Natur- und Völkerkunde zu beschäftigen. Das fand auch Mary spannend. Stundenlang konnte sie sich, wenn die Zeit es erlaubte, in des Vaters Bücher vertiefen. Auch Veröffentlichungen über Chemie, Zoologie, Physik und Medizin fraß sie in sich hinein.

Dann wurde auch Mr. Kingsley krank, und 1892 starben beide Eltern kurz hintereinander. Ein Jahr lang musste Mary sich nun noch um den jüngeren Bruder kümmern – dann war sie endlich frei! „Ich fühlte mich wie ein kleiner Junge mit einem neuen Zweieinhalb-Schilling-Stück und ging mit mir zu Rate, was ich damit anfangen könnte!“, vertraute die mittlerweile 31-Jährige ihrem Tagebuch an. Mary musste nach all ihrer Lektüre nicht lange überlegen: Sie wollte nach Afrika!

Wie bitte? Als Frau und allein? Das war ein Unding, zumal zur damaligen Zeit! Ihre Freunde waren entsetzt. Vergeblich versuchte ihr Arzt, sie stattdessen für Schottland zu begeistern. Schottland! Was sollte sie da? Sich weiter langweilen? Mary reiste erst mal auf die Kanarischen Inseln, um sich einen Vorgeschmack auf den ungewohnten warmen Süden zu holen. Dort lernte sie Leute kennen, die in Westafrika als Weiße vom Handel mit den Einheimischen lebten. Als die von ihren Plänen hörten, rieten sie ihr, sich wenigstens Missionaren anzuschließen. Das aber wollte Mary nicht tun. Diese frömmelnden Kirchenleute hatte sie noch nie gemocht. Ihre Abneigung gegen diese selbst ernannten Gottes-Gesandten sollte sich in Afrika noch verstärken.

Im August 1893 ging Mary Kingsley in Liverpool an Bord eines Frachters, der sie nach Freetown in Sierra Leone brachte. Der Kapitän und die anderen Passagiere wollten ihren Ohren kaum trauen, als sie hörten, was die Lady plante: Sie wollte in den Kongo, um anthropologische und zoologische Studien zu betreiben, also die Menschen und Tiere dort zu erforschen. Diese kleine, zerbrechliche Person? Wie sie so dastand, in ihren geschnürten Stiefeletten unter dem bodenlangen, schwarzen Rock, den Körper fest in ein Mieder gezurrt, den mageren Hals von einem hohen Kragen bis zum Kinn züchtig verdeckt, die blonden Haare sorgfältig unter einer kleinen Pelzkappe auf dem Kopf versteckt, in der Hand eine schwarze Tasche und einen Sonnenschirm über dem Arm, sah sie eher wie eine strenge Gouvernante denn eine Forschungsreisende aus. Zwar sah man ihr an, dass sie Haare auf den Zähnen hatte, resolut und durchsetzungsfähig war. Aber als Frau allein in den Dschungel? Unvorstellbar! Wie sollte das gut gehen?

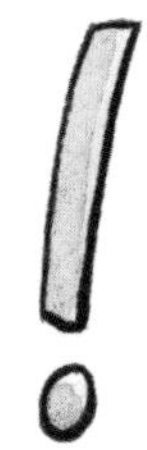

In genau diesem Aufzug schlug sich Mary Kingsley später tatsächlich durch die wildeste Wildnis, widerstand der brütendsten Hitze, wich im Kanu neugierigen Nilpferden aus und verjagte mit dem Schirm Schlangen und Krokodile. Die korrekte Kleidung einer englischen Lady legte sie selbst im dichtesten Dschungel niemals ab.

Die mitreisenden Männer merkten schnell, dass Miss Kingsley von ihren Plänen nicht abzubringen war. So rieten sie ihr, sich als Händlerin auszugeben. Was sie dann auch tat: Wo immer sie war, hatte sie Tabak dabei, den sie als ihre Ware ausgab und obendrein als Tauschgut einsetzte. Außerdem sollte sie niemals zugeben, dass sie allein ohne Mann unterwegs war. Auch um sich, wenn das Gespräch darauf kam, „noch schrecklichere Fragen“ zu ersparen, legte sich Mary die Ausrede zu, ihr Mann sei verschollen und sie unterwegs, um ihn zu suchen …

So gerüstet kam Mary Kingsley in Afrika an. Erst reiste sie von Sierra Leone aus mit einem Schiff die Küste hinunter bis nach Angola. Auf dem Weg lernte sie verschiedene Hafenstädte kennen. Wie fremd diese Welt war! Dieses bunte, quirlige Treiben, diese Menschen, die sie teils erstaunt, teils belustigt so unverfroren musterten. Plötzlich verließ Mary dann doch der Mut, und sie wollte zurück nach England. Sie kam aber nur bis ins kongolesische Cabinda (heute ist die Stadt eine angolanische Enklave). Das Schiff, das sie zurück nach Europa bringen sollte, hatte bei ihrer Ankunft dort bereits abgelegt. Nun denn: Dann musste sie eben und wollte nun auch bleiben!

Sie lernte einen Engländer kennen, der sich in Cabinda als Händler niedergelassen hatte, sich mit der Zeit aber mehr der Erforschung der Sprachen, Sitten und Bräuche der Schwarzen zugewandt hatte. Er konnte ihr viel Interessantes erzählen und besorgte ihr eine, wenn auch schäbige, Unterkunft. Nun begann sie, die Umgebung der Hafenstadt auf eigene Faust zu erkunden.

Hier kam ihr erstmals ihre viktorianische Sittenstrenge – als Dame niemals den üppigen, alles verdeckenden Rock abzulegen – zugute: Auf einem Dschungelpfad stürzte Mary in eine Grube, die als Falle für Tiere gedacht war – und überlebte. In ihrem Buch „Reisen in Westafrika“, in dem sie Jahre später von ihren Abenteuern berichtete, beschrieb sie den Vorfall mit dem ihr eigenen Humor: „Bei solchen Gelegenheiten merkt man, wie nützlich ein dicker Rock ist. Hätte ich auf den Rat vieler Leute gehört und Männerkleidung getragen, wäre ich bis auf die Knochen durchbohrt worden und nun tot. So hatte ich zwar viele Beulen davongetragen, aber ich saß halbwegs bequem auf neun Spießen aus Elfenbein, geschützt durch meinen Rock.“

Mit ihrer korrekten Garderobe zollte sie den Einheimischen aber auch den Respekt, dem sie sich als Mensch unter Menschen verpflichtet sah: „Du hast kein Recht, in Afrika in Sachen herumzulaufen, für die du dich in England schämen würdest!“, schrieb sie. An anderer Stelle ereiferte sie sich darüber, dass die Missionare mit den Einheimischen umgingen, als seien sie körperlich, geistig und kulturell zurückgeblieben. Empört schrieb sie: „Ein Schwarzer ist genauso wenig ein unterentwickelter Weißer wie etwa ein Kaninchen ein unterentwickelter Hase!“ Und voller Spott geißelte sie die Hängekleider, die die Missionare den von ihnen bekehrten Schwarzen aufschwatzten: „Diese Dinge sind für die Abgestumpftheit der missionserzogenen Mädchen verantwortlich! Deswegen müssten sie auch wieder abgeschafft werden. Ganz abgesehen von ihrem Aussehen, worauf schon der Galgen stehen sollte.“ Sie frage sich ernsthaft, welche Vorstellung „die frommen Ladys in England, Deutschland, Schottland und Frankreich“ von der Figur der Afrikaner hätten. „Sie scheinen zu glauben, sie ähnle einer Tonne.“

Mary Kingsley hasste den Hochmut der Missionare.

Südlich von Cabinda heuerte Mary Kingsley einige Einheimische an und fuhr mit ihnen in Kanus den Kongo hinauf. Bald wusste sie selbst, wie ein solches Boot auch durch tückische Gewässer zu steuern war. Sie lernte, Netze zu knüpfen und zu reparieren. Sie hatte sich vorgenommen, möglichst viele fremde Insekten, Fische und Schlangen zu sammeln, die sie dem Britischen Museum in London mitbringen wollte. Später wurden drei Fischarten nach ihr benannt: Ctenopoma kingsleyae, Mormyrrs kingsleyae und Alestus kingsleyae.

Selbst im Schlamm blieb sie Lady von Kopf bis Fuß.

Bei allem Abenteurermut und Forscherdrang: Selbst, als sie sich in die schwüle Hitze des Regenwalds begab, ob auf dem Boot oder zu Land, achtete Mary Kingsley darauf, die Etikette zu wahren. Und wenn sie bis zur Brust im schlammigen Wasser stand – nie befreite sie ihren Körper dann wenigstens von dem einengenden Korsett, das ihr schon so die Luft abschnürte. Auch ließ sie sich nicht von Insekten noch Blutegeln schrecken Nicht einmal vor gefährlichen Krokodilen zeigte sie Angst. Einmal musste sie zwei Stunden lang durch einen Sumpf waten. „Die ganze Zeit bis zum Kinn im Wasser." Dabei saugten sich an jeder erreichbaren Körperstelle die Blutegel fest. Marys einziger Kommentar war: „Wir entfernten sie mit eingetauschtem Salz."

Sie hatte ja auch weiß Gott auf Wichtigeres zu achten: In sumpfigem Gebiet sollte man „seine Aufmerksamkeit hauptsächlich auf die Krokodile und Mangrovenfliegen" richten. Denn „Krokodile können nach den Insassen kleiner Kanus schnappen und tun es auch oft", berichtete sie später. Unangenehm berührt war sie allerdings von „dem fürchterlichen Gestank des Schlamms".

In Matadi bestieg sie die Eisenbahn. Eine solche Fahrt war selbst in Mary Kingsleys Augen „eines der gefährlichsten Unterfangen in ganz Afrika". Ein Jahr zuvor war ein Zug auf genau dieser Strecke in ein Dynamit-Paket gerast, das nach den für den Bau nötigen Sprengungen einfach auf den Schienen liegen geblieben war … Dann schlug sie sich – immer in Begleitung von Einheimischen – durch den Dschungel weiter nach Norden, um von Libreville aus nach England zurückzukehren.

Mary Kingsley suchte nach Fischen für das Britische Museum.

Nach einem knappen Jahr in London brach die furchtlose Lady ein zweites Mal nach Westafrika auf. Das Britische Museum hatte sie gebeten, im Gebiet zwischen Kongo und Niger nach exotischen Fischen zu suchen. So erkundete sie vom nigerianischen Calabar aus den Cross River und verbrachte einige Zeit beim Stamm der Bubi auf der Insel Bioko. In Kamerun bezwang sie als erste Frau den Mungo Mah Lobeh, den Kamerunberg, der mit 4 095 Metern die höchste Erhebung Westafrikas ist. Dann bestieg sie ein Schiff, das sie nach Glass in Französisch-Kongo brachte.

Nun wollte sie dem Ogowe folgen. Mit dem Raddampfer fuhr sie bis Lambarene, bevor wieder eine abenteuerliche Kanu-Fahrt begann: Acht Galoa begleiteten sie flussaufwärts zu einem Dorf, das die Einheimischen Talagouga, „Tor des Elends“, nannten. Von dort aus steuerte Mary Kingsley die Alembe-Stromschnellen an. Als wäre das noch nicht gefährlich genug gewesen, fasste sie – zurück in Lambarene – den Plan, die wegen ihres Kannibalismus gefürchteten Fang zu studieren. Dort kam es zu jener Nacht mit dem stinkenden, gruseligen Fund in dem Sack …

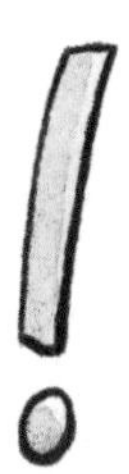

Trotz aller Faszination, die dieser fremde Stamm auf sie ausübte, entging Mary Kingsley nicht, dass sie selbst als Weiße für die Menschen dort mindestens genauso exotisch wie ein Schwarzer für einen Europäer war. Auf Schritt und Tritt wurde sie beobachtet. Manche Afrikaner erschraken vor ihr, der Fremden, zu Tode. Vor allem die Kinder: „Jedes Kind, das mich sah, stieß einen Schrei aus, flüchtete Hals über Kopf in die nächste

Hütte und fiel dort wahrscheinlich in Krämpfe, wie ich aufgrund des anhaltenden Geschreis befürchten muss."

Die Erwachsenen waren da schon mutiger. Selbst nachts ließ ihre Neugier nicht nach. Nachdem sich Mary Kingsley eines Abends zum Schlafen in die ihr zugewiesene Hütte gelegt hatte, stellte sie fest, dass „in jedem Loch in den Seitenwänden ein menschliches Auge saß. Und ich hörte, wie von allen Seiten neue Löcher gebohrt wurden. Ich fürchte sehr, dass der Häuptling, mein Gastgeber, sein Heim letztlich bedauerlich zugig gefunden haben muss."

1895 kehrte Mary Kingsley nach England zurück. Sie schrieb ihre Bücher „Reisen in Westafrika", „Westafrikanische Studien" und „Eine Geschichte Westafrikas". Nun war sie eine gefragte Frau. Sogar der britische Kolonialminister Joseph Chamberlain ließ sich von ihr aus Afrika berichten, obwohl Mary keinen Hehl daraus machte, wie sehr sie das Verhalten der europäischen Weißen auf dem Kontinent missbilligte. Dem Britischen Museum hatte sie eine ansehnliche Naturaliensammlung mitgebracht.

Am Ende pflegte sie die Gefangenen des Burenkriegs.

Doch für das geordnete Leben in ihrer Heimat war sie wohl endgültig verloren. Im März 1900 entfloh sie dieser gähnenden Langeweile und reiste ein drittes Mal auf den schwarzen Kontinent. Diesmal fuhr sie nach Südafrika. Dort hatten die Briten gerade den Burenkrieg gewonnen, mit dem sie ihre Kolonialmacht in Afrika vom Kap bis nach Kairo ausdehnen wollten. Die Engländer hatten Farmen niedergebrannt, ganze Viehherden vernichtet und Massengefängnisse, die ersten Konzentrationslager, gebaut, in denen sie auch Frauen und Kinder unter grauenvollsten Bedingungen festhielten. Mary meldete sich freiwillig, um in Simonstad die völlig verwahrlosten Kriegsgefangenen zu pflegen. Vier Monate später infizierte sie sich dort mit Typhus und starb im Juli 1900, 38 Jahre alt. Ihr Leichnam wurde dem Meer übergeben.

Handel im Zeichen der Menschlichkeit

Nichts hasste Mary Kingsley mehr als die herablassende Art, in der die Europäer mit den Schwarzen in Afrika umgingen. Für die Tätigkeit der Missionare hatte sie nur Hohn und Spott übrig, weil die sich verhielten, als seien die Afrikaner „leere Krüge, die sie mit ihrer wertlosen weißen Kultur“ füllen müssten. Dabei, so fand sie, wäre der umgekehrte Weg viel ratsamer: „Wären Glück und Freude der Sinn des Lebens, müssten die Afrikaner uns Missionare schicken und nicht wir ihnen!“

Den Kolonialismus lehnte Mary Kingsley nicht rundweg ab. Sie verstand darunter aber etwas anderes als die Machtpolitik der Europäer, die die Menschen in Herren und Diener sortierte. Für die weißen Händler in Afrika hegte sie sogar große Sympathie, hatte sie diese doch als hilfsbereit erlebt. Mary Kingsley stieß vor über 100 Jahren ein Thema an, das uns heute noch immer und im Zeitalter der Globalisierung ganz besonders betrifft: Im Umgang fremder Völker und Kulturen miteinander könnte der Handel das Mittel sein, die Menschen einander näher zu bringen. Das kann und wird aber nur funktionieren, wenn jede Kultur der anderen mit dem Respekt begegnet, den sie auch für sich selbst erwartet. Ein Gedanke, der seit Mary Kingsleys Zeit noch immer nichts von seiner Richtigkeit verloren hat.

Der Fluch des Pharaos

War es nur noch eine Frage der Zeit, bis auch ihn die tödliche Rache des Kindkönigs treffen würde? Seinen Gönner und Geldgeber, Lord Carnarvon, hatte es bereits dahingerafft. Besonders mysteriös war, dass in dessen Todesstunde in der Nacht des 6. April 1923 um kurz vor zwei Uhr ganz Kairo plötzlich in totaler Finsternis lag: Alle Lichter waren ausgegangen. Ein Jahr später fiel der Sekretär unseres Abenteurers, Arthur Mace, tot um. Und Georg Benedit, der Konservator des Pariser Museums Louvre, hatte 1924 kaum seinen Fuß in die berühmteste ägyptische Gruft gesetzt, da fiel der Mann ebenfalls um und war tot. Sechs der Mitarbeiter unseres britischen Entdeckers starben so plötzlich. Von Killerkeimen im Grab war die Rede, von giftigen Gasen gar. Wann würden sie ihn das Leben kosten?

„Der Tod kommt auf schnellen Schwingen zu dem, der die Gruft des Pharaos berührt!“, hieß es laut Zeitungsberichten angeblich auf einer Inschrift am Grabeingang. Er selbst hatte diese Hieroglyphen allerdings nirgendwo gesehen. Dabei hätte er sie als Erster entdecken müssen. Hatte er doch diesen Eingang mit eigenen Händen freigelegt! Den Engländer konnten solche Schlagzeilen nicht erschüttern. Er starb 1939 mit 65 Jahren in London einen friedlichen Tod.

Auftrieb erhielt die Mär vom „Fluch des Pharaos“ nochmal vor rund 40 Jahren. Kurz vor der Ausstellung des ägyptischen Schatzes kam der Mann, der sie leitete, bei einem Autounfall ums Leben. Ein Traum hatte ihn zuvor gewarnt. Heute weiß man: Die Geschichte von der Rache des Pharaos hatte sich schon 100 Jahre vor dem Fund des berühmten Grabes die Schriftstellerin Jane Loudon für ihr Buch „Die Mumie“ ausgedacht. Vielleicht kannte unser Entdecker diesen Roman.

Wer war das?

Howard Carter

und das Grab des Tutenchamun

Geboren am 9.5.1874 in Kensington
Gestorben am 2.3.1939 in London

Geld, Geld, immer nur Geld! Diesmal musste Howard Carter schwer an sich halten, dass er dem feinen Pinkel von Lord nicht seine ganze Wut ins Gesicht schrie. Wie einen Lakaien hatte der ihn im noblen Winter Palace Hotel von Luxor antanzen lassen, um ihm mitzuteilen: Jetzt ist Schluss! Keinen Penny mehr wollte der reiche Herr, der zu Hause auf Highclere Castle, einem der luxuriösesten Schlösser in Südengland, residierte, für die Suche nach dem Grab des Tutenchamun ausgeben. Der Mann hatte sich wohl vorgestellt, die „Eingeborenen“, die er für die Grabungsarbeiten im Tal der Könige bezahlte, würden ihm jeden Tag einen spektakulären Fund überreichen. Als ob das so einfach wäre!

Gut, Carter musste zugeben, dass er jetzt bereits seit sechs Jahren Tonnen von Sand umhob, um die Gruft des Kindkönigs zu finden. Es stimmte auch, dass er bislang noch nicht einmal eine Spur davon hatte entdecken können. Nach jedem Ausgrabungswinter musste er stattdessen erneut dem Earl die schlechte Nachricht überbringen: Sorry, es war wieder nichts! Aber jetzt aufhören? Er, Carter, spürte ganz tief in sich drinnen: Irgendwo dort musste das letzte noch unentdeckte Pharaonengrab sein. Wie konnte ihm der Auftraggeber da nur den Geldhahn zudrehen!

Der berühmte ägyptische Archäologe Zahi Hawass sagte Anfang des 21. Jahrhunderts über Howard Carter: „Man findet nur wenige Ägyptologen, die das Geheimnis im Sand buchstäblich riechen können. Carter hatte dieses Gespür."

Vielleicht ahnte auch der Earl of Carnarvon davon etwas. Jedenfalls ließ er sich noch ein letztes Mal breitschlagen, ein zusätzliches Jahr der Suche zu finanzieren. Carter durfte weitergraben. Und hat dann, tatsächlich, im November 1922 den spektakulärsten aller Funde aus der Zeit der ägyptischen Pharaonen vor mehr als 3 000 Jahren gemacht: Er entdeckte das sagenhafte Grab von Tutenchamun! Nach 30 Jahren im Goldgräber-Land am Nil.

Im November 1922 machte der Brite den sagenhaftesten Fund der ägyptischen Geschichte.

Howard Carter war als einfacher Zeichner 1891 das erste Mal nach Ägypten gekommen. Sein Vater, Samuel John Carter, war Tiermaler und hatte diese Fertigkeit auch seinem jüngsten von elf Kindern beigebracht. Das erste Taschengeld verdiente sich Howard, der am 9. Mai 1874 in Kensington geboren und in Swaffham in Norfolk aufgewachsen war, indem er für feine Leute Skizzen ihrer Haustiere anfertigte. Mehr aber interessierte sich der Junge für das Altertum, besonders für die Geschichte Ägyptens. Er brachte sich selbst bei, Hieroglyphen, die uralte ägyptische Bilderschrift, zu lesen. Später lernte er auf eigene Faust arabische Sprachen.

Seine Zeichenkünste und die Kontakte in die feine Gesellschaft verhalfen Howard zu seinem ersten Job: Mit noch nicht ganz 17 Jahren begleitete er britische Forscher zu Ausgrabungen ins Land der Pyramiden. Er sollte die Funde der Wissenschaftler zeichnerisch dokumentieren. Ende des 19., Anfang des 20. Jahrhunderts zog das ehemalige Reich der Pharaonen viele „echte" Archäologen, aber auch Abenteurer und Schatzjäger aus aller Welt an. Im Lauf der Jahre wurden über 60 Grabanlagen gefunden. Besonders begehrt waren die kostbaren Beigaben, die die Menschen vor Jahrtausenden ihren Herrschern für ihre letzte Reise in die Kammern gelegt hatten, die die Sarkophage umgaben. Vor allem das Tal der Könige sah aus, als hätten sich dort tausende von Maulwürfen ausgetobt, so wild wurde überall auf- und umgegraben. Auch etliche Grabräuber hatten hier schon üppige Beute gemacht.

Der junge Zeichner Carter lernte bei seiner ersten Expedition auch den Archäologen Sir Flinders Petrie kennen, der ihn in der Kunst des Ausgrabens unterwies, ihm erklärte, wie man am besten vorging, ohne wichtige Funde zu übersehen oder gar zu zerstören. Die insgesamt 200 000 Tonnen Schutt, die Carter später mit seinen Leuten bei der Suche nach Tutenchamuns Grab auf- und umschaufeln sollte, ließ er so, wie Petrie ihn das in den Anfängen gelehrt hatte, Schaufel für Schaufel durchsuchen.

Carter ließ 200 000 Tonnen Schutt Schaufel für Schaufel durchsuchen.

1893 bekam Carter einen besonderen Auftrag: Er durfte die Funde vom gigantischen Tempel der Hatschepsut aus dem zweiten Jahrtausend vor Christus mit dem Zeichenstift festhalten. Ganze Reliefs bildete er ab, kopierte Szenen und Inschriften. Dieser Arbeit ging Carter sechs Jahre lang, bis 1899, nach. Sie hat in dem schließlich 25-Jährigen vermutlich den Traum seines Lebens geweckt: Er wollte selbst das Grab eines Pharaos finden.

Begeistert notierte Carter: „Das Tal der Königsgräber – schon der Name ist voller Romantik, und ich glaube, unter all den Wundern Ägyptens gibt es keins, das die Fantasie mehr anregt. Einer natürlichen Pyramide gleich wacht die höchste Spitze der thebanischen Berge über das Reich der Toten. Hier in diesem einsamen Tal, jedem Laut des Lebens fern, lagen einst 30 Könige bestattet – unter ihnen die größten, die Ägypten jemals kannte.“

Die erfahrenen Archäologen glaubten längst nicht mehr, dass es überhaupt noch irgendetwas Bedeutendes zu finden gab. Die meisten Gräber waren geplündert. Sogar in den Felsspalten über Hatschepsuts Tempel hatten Grabräuber gewütet und 40 Mumien entdeckt, die die Priester dort vor Jahrtausenden versteckt hatten. Nur ein Grab hielt der Sand noch immer wie ein großes Rätsel irgendwo unter sich verborgen: das des Kindkönigs Tutenchamun, der vermutlich von 1342 bis 1325 v. Chr. lebte und Thronerbe der 18. Dynastie war. Das war es! Genau dieses Grab wollte Howard Carter finden.

Doch dazu brauchte er Geld, viel Geld! Bei seinen Arbeiten mit Petrie hatte sich Carter so geschickt angestellt, dass ihn die Ägypter als Inspektor der Denkmäler Oberägyptens und Nubiens anstellten. Er beaufsichtigte nun die antiken Stätten von Luxor. Doch eigene Ausgrabungen konnte er mit seinem Lohn nicht finanzieren. Brauchte man dazu doch jede Menge Leute, die bei der schweißtreibenden Wühlerei halfen. Als es zu einem Streit zwischen den ägyptischen Arbeitern dort und einer Gruppe arroganter Touristen kam, verlor Carter diesen Job wieder.

Nun schlug er sich als Gelegenheitsmaler und Fremdenführer durch. Und er kaufte für ausländische Sammler – auch wenn das verboten war – Antiquitäten auf und half, diese aus Ägypten wegzuschaffen. In dieser Zeit lernte Carter den Earl of Carnarvon kennen. Der war ein Sammler und an Archäologie interessiert. Diesmal war er aber nach Ägypten gereist, um sich von einem schweren Unfalls zu erholen. Die Erzählungen des jungen Landsmanns, der so fest daran glaubte, das Tutenchamun-Grab finden zu können, weckten in dem reichen Briten die Hoffnung auf den großen Coup. Er kaufte sich eine Grabungsgenehmigung und setzte Carter 1907 als seinen Grabungsleiter ein.

Ein reicher Graf hoffte auf den ganz großen Coup.

Sie suchten an verschiedenen Stellen, entdeckten auch tatsächlich das Grab von Amenophis I., Amenophis III. sowie eine unbenutzte letzte Ruhestätte, die für Hatschepsut angelegt worden war. Sechs Jahre lang buddelte Carter schon im Tal der Könige herum, als Carnarvon endgültig aufgeben wollte. Ein Jahr schlug sein Grabungsleiter noch raus – obwohl er selbst schier am Verzweifeln war: „Wie niederdrückend das sein kann, weiß nur ein Ausgräber."

Schließlich wandte sich Carter einer Stelle in der Nähe des Grabes von Ramses IV. im Tal der Könige zu, an der einige Arbeiterhütten standen. Die ließ er abtragen – und stieß am nächsten Tag, dem 5. November 1922, es war der vierte Ausgrabungstag dieser Wintersaison, auf Stufen zu einem bis dahin unentdeckten Grab. Vorsicht, nicht zu früh jubeln, es konnte ja auch die Gruft eines reichen Beamten sein …

Carters Leute gruben weiter – und legten elf weitere Stufen frei. Dahinter eine Tür, die tatsächlich ein königliches Totensiegel trug! Am 6. November telegrafierte Carter an seinen Geldgeber auf Schloss Highclere: „Habe wunderbare Entdeckung im Tal gemacht! Ein großartiges Grab mit unbeschädigten Siegeln. Bis zu Ihrer Ankunft alles wieder zugemacht. Gratuliere!" Für sich selbst notierte Carter: „Es ist also wirklich wahr! All die Jahre geduldiger Arbeit sollen nun doch belohnt werden!"

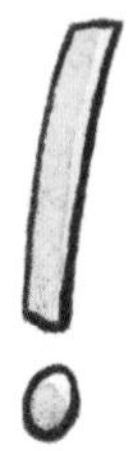

Zwei Wochen später traf Lord Carnarvon ein, zusammen mit seiner Tochter Lady Evelyn. Am 24. November legten sie die Tür wieder frei. Vorsichtig wurde das Geröll aus dem dahinter liegenden Gang geschafft. Den Schutt ließ Carter durchsuchen und fand Scherben mit den Namen ägyptischer Herrscher. Am Ende des Ganges eine weitere Tür: Sie trug das Zeichen Tutenchamuns!

Carter bohrte mit einer Eisenstange ein Loch in eine Ecke. Vorsichtig schob er eine brennende Kerze hindurch – und war geblendet von dem Gold, das er da sah: glänzende Statuen und Tiere. Schnell wurde die Öffnung vergrößert, und auch Lord Carnarvon warf einen ersten Blick auf den ersehnten Fund. Carter jubelte: „Es ist der Tag der Tage! So wunderbar, wie ich nur jemals einen erlebt habe. Mein erstes Gefühl ist die Freude, dass mein Glaube an das Tal doch nicht unberechtigt gewesen ist."

An der gegenüberliegenden Wand entdeckten sie eine weitere Tür. Vorsichtig wurden die Steine aus der Mauer gebrochen.

Über eine Treppe mit 16 weiteren Stufen kamen sie in die Vorkammer des eigentlichen Grabes. Hier stand alles, was dem Herrscher das Leben im Jenseits verschönern sollte: wunderbare Truhen, Stühle, Liegen, Schätze von unermesslichem Wert. Auch prunkvolle Pfosten für das Bett des Pharaos und ein goldener Thron. Unendlich vorsichtig wurden all diese Kostbarkeiten geborgen und ins streng bewachte Feldlabor gebracht. Und noch immer waren sie nicht bis zur Mumie des jugendlichen Herrschers vorgedrungen, der mit neun Jahren seinen Thron bestiegen hatte und wenige Jahre später gestorben war.

Erst im Februar 1923 wurde die Wand zur eigentlichen Grabkammer geöffnet: Darin ein Schrein aus purem Gold, der die ganze Kammer ausfüllte und in dem, so zeigte sich später, vier weitere Schreine verborgen waren. Erst 1926 würden sie im Innersten den letzten Schrein mit der Mumie aufdecken können, auf deren Gesicht die kostbarste und berühmteste Antiquität der Welt lag: die goldene Totenmaske des Kindkönigs Tutenchamun.

Tutenchamuns Totenmaske ist die berühmteste Antiquität der Welt.

Die Gefühle auf dem Weg dorthin beschrieb Carter so: „Es war ein Erlebnis, das keiner von uns jemals vergessen kann. Wir fühlten, dass wir in Gegenwart des toten Königs waren und ihm Ehrfurcht erweisen mussten. In unserer Fantasie konnten wir die Türen der nachfolgenden Schreine sich eine nach der anderen öffnen sehen, bis der Innerste den König selbst enthüllte."

Lord Carnarvon selbst bekam den toten Pharao nicht mehr zu sehen. Er starb wenige Wochen nach der Öffnung der Grabkammer. Ein Moskito hatte ihn gestochen. Am nächsten Tag schnitt er sich beim Rasieren diesen Stich auf und überstand die folgende Blutvergiftung nicht. Von den Medien wurde er das erste Opfer des „Fluchs des Pharaos" genannt.

Howard Carter musste nun allein mit der ägyptischen Regierung verhandeln. Das war ihm zuwider. Es kam zum Streit. Man warf ihm vor, er habe Schmuckstücke aus den Grabkammern für sich behalten, und verbot ihm, den Ausgrabungsort weiter zu betreten. Doch bei der Öffnung der letzten Schreine kamen die Nachfahren des Tutenchamun dann doch nicht ohne seine Hilfe aus: Schließlich wurden unter seiner Anleitung und mithilfe von Flaschenzügen die vier ineinander verschachtelten Schreine – einer allein bis zu 15 Zentner schwer – auseinander gehoben. 84 Tage dauerte es, bis sich endlich die Platte des letzten hob, in dem die Mumie ruhte – umwickelt mit in Harz getränkten Bändern, die obendrein 150 Skarabäen, Schmuckstücke, Armreifen und andere Kostbarkeiten in sich bargen.

Schließlich war Carters Arbeit getan. International hatte er sich Hochachtung erworben, die Universität von Yale zeichnete ihn, der nie studiert hatte, mit ihrer Ehrendoktorwürde aus. Doch Carter mochte diesen Rummel nicht. Er zog sich in sein Haus in Ägypten zurück und machte, wie in seinen Anfängen im Land am Nil, Zeichnungen vom Tal der Könige und seinen Funden. Er archivierte 3 000 Fundstücke und kehrte schließlich nach London zurück. Dort starb er am 2. März 1939.

Der Ruhm des Pharaos

Der sagenhafte Schatz des Tutenchamun und seine Magie ziehen noch heute die Menschen in ihren Bann. Die goldene Totenmaske gilt noch immer als das berühmteste Fundstück der Welt. Sie liegt – schwer gesichert und bewacht – im Ägyptischen Museum in Kairo. Das Geheimnis des Pharaos und seines Todes ist noch immer nicht gelöst. Warum starb er so jung? Wurde er vielleicht sogar ermordet? Er war keiner der wichtigsten Herrscher im alten Ägypten, ist aber wohl der bekannteste: Dafür hat nicht zuletzt Howard Carter mit seinem spektakulären Fund und dessen geheimnisvoller Geschichte gesorgt.

Auf den Spuren der Ritter

Was wird er wohl heute mitbringen? Die Wärter im Oxforder Ashmolean Museum schmunzeln schon, wenn sie den Jungen nur von weitem sehen. Vorsichtig kramt der Zwölfjährige ein paar Tonscherben aus seinen Hosentaschen. Ob sein Fund diesmal von Bedeutung ist? Einige seiner Scherben haben die Archäologen in dem Museum durchaus interessiert. Seit in Oxford die Straßen für den Bau einer Kanalisation aufgegraben werden, ist die ganze Stadt für den Jungen eine einzige Fundgrube, die Geschichten aus dem Mittelalter erzählt. Man muss sich den Aushub nur ein bisschen genauer anschauen und selber buddeln. Ein Auge für archäologische Funde hat er ja.

Aber nicht nur hinter historischen Scherben ist das schmächtige Kerlchen her. An manchen Tagen strolcht er stundenlang durch die Dörfer der Umgebung und sucht nach den Spuren von Rittern. Hat er dann wieder mal eine der schweren Grabplatten entdeckt, die dort seit Jahrhunderten ruhen, legt er ein Stück Papier darüber und paust geschickt die Konturen der Inschriften und Wappen ab, um sie zu Hause mit Tusche nachzuziehen. Die Eltern schütteln manchmal den Kopf über ihren Sohn. Als er vier Jahre alt war, hat er sich das Lesen beigebracht. Seitdem ist kein Buch, keine Zeitung mehr vor ihm sicher. Und jetzt sucht er auf Scherben und Grabplatten nach Spuren aus der Vergangenheit.

Nur eine Angewohnheit ihres Jungen sieht die Mutter mit gemischten Gefühlen: Wie erbarmungslos er sich manchmal selbst kasteit. Wie er sich selbst am Schlafen hindert. Oder mit kilometerlangen Gewaltmärschen bis kurz vor dem Zusammenbruch über die spärlichen Kräfte seines Körpers hinauszuwachsen versucht. Wofür stählt er sich so?

Wer war das?

Lawrence von Arabien –

der unglückliche Wüstensohn

Geboren am 15.8.1888 in Tremadoc
Gestorben am 19.5.1935 in Bovington Camp

Eigentlich gab es für Mister Lawrence und seine Frau keinen Grund, sich über den Zweitältesten ihrer fünf Söhne ernsthafte Sorgen zu machen. Thomas Edward war ein exzellenter Schüler, als einer der Besten seines Jahrgangs bekam er sogar einen der begehrten Studienplätze am Oxforder Jesus College. Schon als kleiner Junge war er überaus tapfer. Nie sah man ihn weinen, selbst dann nicht, wenn er mit zerschundenen Knien nach Hause kam. Er war ebenso ehrgeizig wie brav.

Die Eltern ahnten nicht, dass sie mit der Grund dafür waren, dass der Sohn so streng gegen sich selbst war. Niemand sollte merken, wie erbärmlich er sich fühlte. Mit seinem Ehrgeiz und seiner fast krankhaften Härte gegen sich selbst kämpfte er gegen eine tiefe Scham, die ihn quälte. Mit zehn Jahren war Thomas einem für ihn schrecklichen Familiengeheimnis auf die Spur gekommen: Sein Vater war nicht der, der er vorgab zu sein. Nicht einmal sein Name war echt. In Wirklichkeit war Mr. Lawrence Sir Thomas Chapman. Der war in Irland ein angesehener Mann gewesen – und bereits verheiratet sowie Vater von vier Töchtern! Seine irische Ehe allerdings war eine Katastrophe gewesen. Als Sir Chapmann dann auch noch die bildhübsche Gouvernante seiner Kinder geschwängert hatte, setzte er sich, um der Schande zu entgehen, mit seiner Geliebten ins walisische Tremadoc ab.

Dort ließen sich er und Sarah unter dem falschen Namen Lawrence nieder und fingen ein neues Leben an. Hier wurde Thomas Edward am 15. August 1888 als uneheliches Kind geboren.

Für den Jungen brach die Welt zusammen, als er unfreiwillig und unbemerkt Zeuge eines Gesprächs seiner Eltern über diese ihre Lebenslüge wurde. Sein Vater hatte sich nie scheiden lassen und gab seine Geliebte als seine Ehefrau aus. Er, Thomas, war ein Bastard! Mit niemandem konnte er darüber reden. Wäre die Wahrheit ans Licht gekommen, hätte das im sittenstrengen, prüden England auch für ihn fürchterliche Folgen gehabt: Womöglich wäre er sogar von der Schule geflogen.

Deshalb war der Junge so verschlossen und vergrub sich in einer Vergangenheit, die noch weit vor der schändlichen seiner Eltern lag. Zum Lernen schloss er sich ein. 1907 marschierte er ganz alleine hunderte von Kilometern durch Frankreich von Ritterburg zu Ritterburg. Besonders zog ihn die gewaltige Ruine des Chateau Gaillard an der Seine an. Hatte der englische König Richard I. „Löwenherz“ das Bauwerk in der Normandie nach dem Vorbild der Burgen errichtet, die er von seinen Kreuzzügen nach Jerusalem kannte? Dieser Frage wollte er nachgehen. Und zwar vor Ort! Seine Lehrer waren keineswegs begeistert, als der Student zwei Jahre später im Sommer 1909 vier Monate lang das College schwänzte, um in den Nahen Osten zu reisen. Ausgerüstet mit Wörterbuch und Kamera, marschierte er von Beirut aus bis in die Türkei. Er schlief in den Zelten von Beduinen, deren Sprache er sich bereits in Oxford beigebracht hatte. Ebenso hatte er sich beharrlich Schritte von exakt einem Meter Länge antrainiert. So konnte er jetzt seine Studienobjekte, die Kreuzfahrer-Burgen des Mittelalters, auch ohne Zollstock und entsprechendes Gerät vermessen. Begeistert schrieb er seinen Eltern über die syrische Festung Sahyun: „Es war das Aufregendste, was mir bis dahin an Burgarchitektur begegnet ist.“

2 400 Kilometer zu Fuß vom Libanon bis in die Türkei

Jedes Bauwerk vermaß er und zeichnete es detailgetreu nach. Zurück in Oxford, legte er seinen nun begeisterten Professoren den bislang umfangreichsten Katalog der Kreuzritterburgen des Vorderen Orients vor. Die Bibliothek des Jesus College hütet diese Zeichnungen noch heute wie einen Schatz. Mit den selbst erstellten Dokumenten schloss Lawrence sein Geschichtsstudium mit der Bestnote ab, was ihm ein vierjähriges Stipendium zu weiteren Forschungen im Nahen Osten einbrachte.

Als das Britische Museum 1911 eine Expedition ins syrische Dscherablus ausrüstete, um nach der alten Hethiterstadt Karkemisch graben zu lassen, schloss sich Thomas den Archäologen an. Was er nicht wusste: Das Forschungsvorhaben hatte einen politischen Hintergrund. In Dscherablus wurde gerade an der Eisenbahnlinie gebaut, die Berlin über Istanbul mit Bagdad verbinden sollte. Dieses gemeinsame Projekt der deutschen Regierung mit den Türken beunruhigte die Engländer. Rückten die Türken so doch gefährlich nahe an Londons Kolonien am Arabischen Golf heran. Die Grabungsstätten von Karkemisch lagen genau dort, wo eine Eisenbahnbrücke über den Euphrat führen sollte. Die Ausgräber sollten London vom Stand des Baus berichten.

Wegen des Baus der Bahnlinie von Berlin nach Bagdad setzte London Archäologen als Spione ein.

Archäologisch war ihre Arbeit ein großer Erfolg: Innerhalb eines Jahres legten die Forscher auf rund 90 Hektar Siedlungsreste, Mauern von Tempeln und einen Königspalast frei, die weit über 7 000 Jahre alt waren. Ein sensationeller Fund. Lawrence, von den Arabern „Vater der kurzen Hosen“ genannt, kaufte Grabräubern Fundstücke ab. Die Einheimischen beklagten zwar, wie geschickt er die Preise drückte. Wegen des Interesses, das er für ihr Leben zeigte, achteten sie ihn aber sehr. Noch heute schmückt seine Sammlung hethitischer Siegel das Ashmolean Museum in Oxford.

Den Eltern schrieb Thomas: „Es wird mir so schwer fallen, wieder zum Engländer zu werden! Hier benehme ich mich wie ein Araber." Zugleich beklagte er aber auch, „was der europäische Einfluss hier bereits angerichtet hat". Seinen britischen Landsleuten vor Ort gefiel weniger, dass er sich mit einem 14-jährigen Wasserträger angefreundet hatte, dem er Lesen und Schreiben beibrachte. Es wurde von „weitergehenden Interessen" des schmalhüftigen Oxforders an dem jungen Mann gemunkelt. Lawrence hatte sich verliebt ... Gleichzeitig begann seine Verwandlung vom reservierten Briten zum wilden Wüstensohn „Lawrence von Arabien".

1913 war die „Bagdadbahn" fertig. Von Aleppo aus führte eine Abzweigung in Richtung Medina – für die Briten eine weitere Provokation: Jetzt konnten die Türken und die Deutschen blitzschnell Soldaten in den Süden transportieren und das britisch besetzte Ägypten und den Suezkanal bedrohen. London besaß noch nicht einmal Karten des möglichen Aufmarschgebietes auf der Sinaihalbinsel! Also wurde das Archäologenteam auf den nördlichen Sinai beordert – angeblich, um byzantinische Stätten auszugraben. Tatsächlich kartierten sie Wasserstellen und Transportwege fürs Militär. Lawrence kam so von Gaza bis nach Akaba. Die Archäologen fanden wahre Schätze: byzantinische Tongefäße und Zisternen, Siedlungen und Bewässerungsanlagen.

1914 kehrte Lawrence kurz vor Ausbruch des Ersten Weltkrieges in seine Heimat zurück. England, Frankreich und Russland machten gegen die Allianz von Deutschen, Österreichern und Türken mobil. Auch Lawrence wurde Soldat. Erst beriet er als Orient-Experte den Generalstab in London, dann schickten ihn die Militärs in ihr „Arabisches Büro" nach Kairo. Der Archäologe wurde zum Spion. Er lieferte dem britischen Geheimdienst Informationen über die türkische Armee. Er selbst hatte auch eine politische Vision: London solle den arabischen Stämmen helfen, sich vom Osmanischen Reich zu befreien. Ein unabhängiges Arabien könnte doch auch den Briten von Nutzen sein.

Lawrence wollte die Araber vom Osmanischen Reich befreien.

Im Juni 1916 bekam er tatsächlich den Befehl, unter den Scheichs den geeigneten Mann zu suchen, der die zerstrittenen Araber-Stämme für einen Aufstand gegen die Türken einen würde, der, wie Lawrence es nannte, „die Wüste in Brand stecken kann“. Er fand ihn in dem Haschemitenfürsten Feisal, dem Sohn des Emirs von Mekka.

Die Briten versorgten die Beduinen mit Geld und Waffen und machten ihnen Hoffnung auf Unabhängigkeit. Ob Lawrence damals schon ahnte, dass er nur Werkzeug für ganz andere Pläne Londons war? Die Muslime dankten dem 28-jährigen Christen die Aussicht auf einen eigenen pan-arabischen Staat mit einer ganz besonderen Ehre: Sie schenkten ihm einen weißen Sherifen, den Umhang, den sonst nur leibliche Nachkommen ihres Propheten und Religionsgründers Muhammad tragen durften. „Lawrence von Arabien“ kleidete sich von da an nur noch mit dem bodenlangen weißen Gewand der Beduinen, der Dschellaba.

Feisal führte ein Heer an, das das besetzte Medina von den Türken befreien sollte. Auf Anraten Lawrences führten die Araber viele kleinere Attacken auf die strategisch wichtige Eisenbahn-Linie von Damaskus nach Medina durch und schnitten den Türken so den Nachschub ab. Lawrence brachte das den respektvollen Beinamen „Amir Dynamit“ ein.

Der „Vater der kurzen Hosen“ wurde zum „Held von Akaba“.

Doch der Brite hatte noch Tollkühneres vor. Im Sommer 1917 führte er auf eigene Faust eine Truppe arabischer Stammeskrieger durch die Wüste nach Akaba. Die Türken erwarteten, wenn überhaupt, einen Angriff auf diesen wichtigen Hafen von See aus. Stattdessen griffen die Beduinen-Krieger im Morgengrauen des 12. Juni überraschend vom Land aus an und eroberten Akaba. Mit wehenden Gewändern eilte Lawrence in einem 50-Stunden-Ritt durch die Wüste nach Kairo, um die Siegesmeldung höchstpersönlich zu überbringen. Jetzt war er der „Held von Akaba"! Zwei Monate später rückten die Araber bis nach Jordanien vor.

Doch ein zweites Mal in seinem Leben holte der Fluch der Lüge Lawrence ein: London und Paris hatten vereinbart, die eroberten Gebiete nicht den Arabern zu überlassen, sondern unter sich aufzuteilen. Notgedrungen blieb der Offizier loyal zu seiner Heimat – und schwieg.

Für England riskierte er sogar sein Leben: Im November 1917 schlich er in der Dunkelheit ins syrische Dera, um diesen wichtigen Verkehrsknotenpunkt der Türken auszuspionieren. Der 29-Jährige wurde ertappt und gefangen genommen. Die Soldaten rissen ihm die Kleider vom Leib, folterten ihn und fügten seinem Kindheitstrauma, ein Bastard zu sein, ein weiteres hinzu: Sie vergewaltigten ihn. Lawrence schämte sich fast zu Tode. Diese Schande ließ ihn nie wieder los. Seine Sucht, sich selbst Schmerzen auszusetzen, wurde danach fast zum Wahn. Ein Türke verhalf ihm noch in derselben Nacht zur Flucht.

Ein Jahr später, im Oktober 1918, marschierten britische und arabische Truppen in der syrischen Hauptstadt Damaskus ein. Lawrence und Prinz Feisal betraten als Erste die eroberte Stadt. Wie elend muss „Lawrence von Arabien" dabei zu Mute gewesen sein! Wusste er doch, dass sein Betrug an dem arabischen Freund bald auffliegen würde.

Er fühle sich „wie Odysseus, der auf Ithaka gelandet ist, um herauszufinden, dass es die falsche Insel ist", schrieb Lawrence nach dem Betrug auf.

Verbittert kehrte „Lawrence von Arabien" nach England zurück. Bei den Friedensverhandlungen von Versailles im Jahr 1919 stand er, gekleidet in arabische Gewänder, seinem Kampfgefährten Feisal zur Seite. Vergeblich. Die Europäer sagten endgültig Nein zu einem eigenen arabischen Staat und teilten den Vorderen Orient unter sich auf: Die Franzosen schlugen sich Syrien und den Libanon zu, die Briten machten sich zu Herren über Palästina, Jordanien und den Irak. Lawrence hatte nicht nur einen Freund verloren, sondern auch seine Vision.

London aber feierte seinen „Lawrence von Arabien". Die Zeitungen überschlugen sich mit Geschichten über den Wüstensohn. Doch der taugte nicht zum Star, lehnte Ehrungen und Orden ab. Er tauchte unter und schrieb seine Abenteuer in dem Buch „Die sieben Säulen der Weisheit" nieder. Es wurde zum Bestseller. 1926 versuchte er, sich als einfacher Soldat unter dem falschen Namen John Hume Ross bei der Royal Air Force, der britischen Luftwaffe, zu verstecken. Ein Jahr später wurde er, diesmal als T. E. Shaw, Soldat in einer Panzerdivision. Er wurde enttarnt – erneut holte ihn der Ruf, ein Spion zu sein, ein.

1935, mit 46 Jahren, hängte Lawrence alias T. E. Shaw die Uniform endgültig an den Nagel. Er wollte schreiben – und seiner neuen Leidenschaft, dem Motorradfahren, frönen. Er bezahlte sie mit dem Leben: Bei einem Unfall verletzte sich der „Held von Arabien" so schwer am Kopf, dass er am 19. Mai 1935 starb.

Der Traum von Arabien

Wir wissen nicht, ob ohne die Einmischung der Europäer Lawrences Vision eines geeinigten pan-arabischen Staates Wirklichkeit geworden wäre. Mit der Aufteilung der arabischen Welt und Grenzziehung auf dem Reißbrett ihrer Interessen haben die Franzosen, Briten und der Völkerbund nach dem Ersten Weltkrieg aber einen weiteren Grundstein für Kriege und blutige Konflikte gelegt, die bis heute andauern.

Syrien und der Libanon wurden durch die Oberhoheit Frankreichs von den anderen arabischen Gebieten abgetrennt und erst 1946 und 1941 unabhängig. Jordanien wurde 1946, der Irak, der dem Völkerbund unterstellt war, 1932 ein eigener Staat. Palästina wurde 1948 zum Land der Juden, Israel. Die Palästinenser kämpfen seitdem um ihren eigenen Staat.

Auf der Suche nach den Haschisch-Rauchern

War die Frau noch zu retten? Der britische Club in Bagdad hätte ihr doch eine angemessene Unterkunft besorgt. Stattdessen quartierte sie sich bei einem arabischen Schuhmacher ein, angeblich, um ihre Sprachkenntnisse zu verbessern! Diese englische Lady ließ wahrlich keine Gelegenheit aus, die Mitglieder des feinen britischen Clubs von Bagdad zu schocken.

Überhaupt schien sie die Gesellschaft der Einheimischen der gepflegten Konversation mit ihren Landsleuten vorzuziehen. Ließ sie sich überhaupt einmal im Club blicken, bestach sie allerdings durch ihre betont elegante Bekleidung. Im krassesten Gegensatz dazu stand, dass sie sich ungebildeten Kamelführern und Maultiertreibern anvertraute, um mit ihnen durch die wildesten Gegenden des Orients zu reiten. Würden wir heute so etwas durchaus auch als riskant betrachten, war es in den 30er Jahren des vergangenen Jahrhunderts schlichtweg ein Skandal.

Ganz zu schweigen von den abenteuerlichen Plänen, die sie hegte: Sie wollte unbedingt ins wilde Tal der Haschisch-Raucher und Mörder! Deren blutrünstiges Reich war zwar schon vor Jahrhunderten untergegangen. Aber man konnte ja nicht wissen, ob nicht doch noch etwas vom Blut der barbarischen Vorfahren in den Adern ihrer Nachkommen floss.

Diese Frau musste verrückt sein – zumal sie zart und zerbrechlich war und seit ihrer Kindheit ständig kränkelte. Umso erstaunlicher war ihre Zähigkeit: Trotz Ruhr und Malaria, Masern und schwachen Herzens ließ sie sich nicht von ihren strapaziösen Reisen abbringen. Stattdessen begab sie sich in die Hände von einheimischen Ärzten – und wurde über 100 Jahre alt.

Wer war das?

Freya Stark –
im Tal der Mörder

Geboren am 31.1.1893 in Paris
Gestorben am 9.5.1993 in Asolo

Die Haare! Die schönen Haare! Freya weinte bitterlich, als man ihren Schopf gewaltsam aus den stählernen Walzen zerrte, um noch Schlimmeres zu verhindern. Ein Stück der Kopfhaut riss dabei ab und ihr rechtes Ohr ein. Nur einen Moment lang war das Mädchen zu nahe an die Maschine gekommen, und schon hatte sich das Haarbüschel darin verfangen. Vier Monate musste die 13-Jährige im italienischen Turin im Krankenhaus bleiben, bis die Wunden von diesem Unfall in der Tuch- und Korbfabrik ihrer Mutter verheilt waren. Die Ärzte transplantierten ein Stück Haut von ihrem Oberschenkel auf den Kopf. Die Narben verdeckte sie Zeit ihres Lebens, indem sie die verbliebenen Haare geschickt darüber drapierte. Noch als Frau litt Freya Stark unter dem Gefühl, nicht schön zu sein, und versuchte mit ausgefallener Kleidung, von diesem vermeintlichen Makel abzulenken.

Überhaupt ging die gebürtige Pariserin mit englischem Pass auf ihre ganz eigene Art mit ihrer körperlichen Unzulänglichkeit um: Als Tochter des Bildhauers und Malers Robert Stark und dessen Frau Flora wurde Freya Madeleine Stark am 31. Januar 1893 geboren. Sie war ein zartes Kind mit einem schwachen Herzen, das ständig kränkelte und sich nichts sehnlicher wünschte, als stark und gesund zu sein. Hätte damals jemand prophezeit, sie würde einmal wegen ihrer abenteuerlichen Reisen in den wilden Orient berühmt werden, man hätte ihn für verrückt erklärt. Allerdings meinte Freya schon als junger Mensch, sich und den anderen beweisen zu müssen, dass sie zu mehr fähig war, als man ihr zutraute: Sie ritt und ging gern Bergsteigen.

Als junge Frau erklomm Freya Stark das 4 478 Meter hohe Matterhorn in der Schweiz.

Ruhig zu Hause sitzen konnte Freya nie. Von klein auf war sie ein unstetes Leben und häufige Ortswechsel gewohnt: „Wir verbrachten, bevor ich ein Jahr alt war, zehn Tage auf dem Land bei Paris, reisten nach England, besuchten Basingstoke und Torquay und zogen für den Sommer in die Nähe von Dartmoor. Mit neun Monaten war ich schon wieder unterwegs, besuchte Paris, erlebte die erste Weihnacht bei meiner Großmutter in Genua und ließ mich für anderthalb Jahre in der kleinen Stadt Asolo in der Nähe von Venedig nieder." Schon als Kind parlierte Freya in mehreren Sprachen. Kurz nach der Geburt der zweiten Tochter, Vera, kehrten die Eltern Italien den Rücken. Vom Malen und der Bildhauerei konnte der Vater die Familie kaum ernähren. Deshalb wollte er nun in England als Gutsherr sein Glück versuchen.

Schon als Kind beherrschte sie mehrere Sprachen.

Der Mutter war das zu langweilig – sie verließ ihren Mann und ging 1903 mit den Töchtern nach Italien zurück. Dort arbeitete sie in der Nähe von Turin in einer kleinen Fabrik – in der dann der schreckliche Unfall geschah.

Freya war ein wissbegieriges Kind. Was sie in Italien lernen konnte, genügte ihr nicht. Deshalb rang sie ihrem Vater die Erlaubnis ab, in England zur Schule gehen zu dürfen. 1911 schrieb sie sich im Londoner Bedford College als Studentin der Geschichte ein. Der Beginn des Ersten Weltkriegs machte dem Studium ein Ende. 1914 ließ sich Freya in Bologna nieder, um Krankenschwester zu werden. Sie verlobte sich mit einem Arzt. Doch die Liebe hielt nicht, was sie versprach, und Freya entfloh ihr 1916 nach London, wo sie wegen ihres fließenden Deutsch, Italienisch und Französisch eine Stelle beim britischen Geheimdienst bekam: Sie zensierte die Auslandspost. Nach dem Krieg schenkte ihr der Vater ein kleines Landgut an der ligurischen Riviera, wo sie Wein, Gemüse und Blumen anbaute.

Bei einem alten Mönch, der lange im Libanon gelebt hatte, begann sie, Arabisch zu lernen. Regelmäßig reiste sie weiterhin nach London, um an der School of Oriental Studies ihre Sprach- und Landeskenntnisse zu vertiefen. Bald stand für sie fest: Sie wollte selbst nach Arabien reisen, weil „die interessantesten Dinge der Welt am ehesten in der Nähe von Öl passieren werden". Als unverheiratete Frau in den Orient – wie sollte das gehen? Selbstbewusst bewarb sich Freya Stark um eine Anstellung als Gouvernante am irakischen Hof in Bagdad. Ohne Erfolg. Dann musste sie eben auf gut Glück in den Osten reisen!

Im November 1927 schiffte sie sich in den Libanon ein, obwohl es ihr gesundheitlich gar nicht gut ging. Auch Geld hatte sie keines – so quartierte sie sich in der Nähe von Beirut bei einer arabischen Familie ein. Die Ärzte zu Hause hatten sie gewarnt, sie werde sich zu Fuß nie weiter als einen Kilometer fortbewegen können. Von wegen! Freya besuchte Damaskus, Kairo und Jerusalem.

Sie reiste nach Syrien, obwohl das Land unter Kriegsrecht stand.

Entsetzen rief bei ihren Landsleuten hervor, dass sie sich nicht davon abbringen ließ, ins Gebiet der Drusen in Syrien zu reisen, das damals unter Kriegsrecht stand. Die Drusen sind eine Religionsgemeinschaft, die sich vom Islam abgespalten hat. Nach ihrer Rückkehr veröffentlichte Freya einen Aufsehen erregenden Artikel über diese Glaubensrebellen. Es war der Anfang ihrer späteren Karriere als Journalistin und Schriftstellerin.

Überhaupt hatte sie bei dieser ersten Reise für sich entschieden: Ein solches Leben wollte sie führen! Die nächsten Monate verbrachte Freya bei ihrem Vater, der inzwischen in Kanada lebte. Gleichzeitig bereitete sie sich auf ihr nächstes Reiseziel, den Irak und Persien (der heutige Iran), vor. Sie eignete sich auch archäologische Kenntnisse an und las die Glaubensschrift der Muslime, den Koran. Außerdem lernte sie Persisch. 1929 kam sie in Bagdad an, wo sie bei dem arabischen Schuhmacher wohnte und den abenteuerlichen Plan fasste, das Tal der Assassinen zu erkunden.

Diese Sekte hatte über 200 Jahre lang Nordpersien beherrscht und war auch bis nach Syrien vorgedrungen. Benannt wurde sie nach einem mysteriösen Brauch, über den es verschiedene Legenden gibt, die sich anhören wie Geschichten aus Tausendundeiner Nacht: Eine besagt, dass ihr Gründer, der Perser Hasan As Sabah, Ende des elften Jahrhunderts seine Leute mit Haschisch berauscht und auf seine sagenhafte Festung Alamut in Luristan gebracht haben soll. Wenn sie dort wieder aufwachten, glaubten sie, im Paradies gelandet zu sein, und waren ihm treu ergeben. Eine andere Geschichte erzählt, diese „Haschaschun", was Haschischraucher heißt, hätten sich mit der Droge berauscht, um dann umso grausamer gegen ihre Feinde vorzugehen. Die Franzosen nannten die Haschaschunen später „assassins", Assassinen, was noch heute ein französisches Wort für „Mörder" ist.

Die örtliche Polizei betrachtete es mit Misstrauen, als die nun 37-jährige englische Dame auf einem Maultier von Qazvin südlich des Kaspischen Meeres, von Männern eskortiert, „bewaffnet" mit Feldbett und Moskitonetz, in Richtung des Elburgebirges aufbrach. Freya Stark skizzierte während des mühsamen Marsches die Gegend, notierte sich die Namen der Dörfer, durch die sie kam, und erstellte Karten von dem Gebiet.

„Ich sammelte, sichtete und verglich, sagte Ismail (einem ihrer arabischen Begleiter), dass er ein Lügner sei, und brachte Aziz (ihren Maultiertreiber) dazu, jeden auszufragen, der uns begegnete und vielleicht Auskunft geben konnte. Und so erhielt ich nach und nach die Landmarken meiner Marschroute und erwarb mir dabei auch einen solchen Ruf als neugierige Geografin, dass immer wieder Fremde kamen und mir unaufgefordert Namen anbrachten."

Die Einheimischen beäugten die Fremde neugierig: Hatten sie doch noch nie eine Dame in Rock und Hut gesehen.

Schließlich schafften sie es tatsächlich auf den Alamut, wo

Stark massenweise Scherben aus der Zeit der Haschischraucher fand. Von dort konnte sie in das geheimnisvolle „Tal der Assassinen“ blicken. Freya war begeistert – von der Landschaft und ihren Entdeckungen. Nur für die Menschen von Luristan fand sie wenig schmeichelhafte Worte: „Der Lure ist hinterhältig, grausam, unritterlich in seinem Verbrechen“, kurzum: „das fidelste Spitzbubenpack, das man sich wünschen kann.“ Dass sie sich selbst beim Plündern alter Gräber über die Gesetze hinwegsetzte, wischte sie mit der Begründung weg: „Persien verdirbt die Moral.“

Weiter ging ihr abenteuerlicher Ritt den Fluss Alamut entlang. In einem Dorf erzählten ihr die Bewohner von der Festung Nevisar Shah hoch oben auf einem Felsen. Noch nie habe ein Europäer sie betreten, selbst von den Einheimischen hatten nur wenige je den steilen Weg dort hinauf gewagt. Wenn das keine Aufforderung war! Begleitet von einem Jäger kraxelte Freya Stark hinauf und fand Scherben, die 300 Jahre jünger als die der Alamut-Burg, aber von der gleichen Art waren. Von weitem sah sie den „Thron des Salomon“, den 4 805 Meter hohen Takht-e-Soleiman, den sie im darauf folgenden Jahr, 1931, in Angriff nehmen, aber – ausgetrickst von ihren Führern – nicht bezwingen sollte. Sie erkletterte auch die Ruine von Lamiasar, wo sie die Reste eines raffinierten Bewässerungssystems fand.

Zurück in Bagdad, wurde sie diesmal bewundert. Endlich erkannte man sie als ernst zu nehmende Forscherin an. In London interessierte sich sogar die Royal Geographic Society, die Königlich Geografische Gesellschaft, für Freya Stark, ihre Funde und vor allem ihre Karten aus dem wilden Luristan.

1931 startete Freya Stark von Bagdad aus ihre Expedition zum Takht-e-Soleiman, musste aber in einem kleinen Dorf in miserabler Verfassung die Hilfe der Einheimischen in Anspruch nehmen. Ihr schwaches Herz zwang sie aufs Krankenlager. Sie war kurz davor aufzugeben. Doch nach sechs Tagen fühlte sie sich besser und wollte nun endlich den „Thron" ersteigen. Der Weg war mühsam und Freya schwach: Mit verschlagenem Ei und Cognac versuchte sie, sich zu stärken. Doch schließlich musste sie in dem Dorf Shutur Khan nach ärztlicher Hilfe schicken. Der herbeigerufene Doktor stellte fest, dass die Engländerin Ruhr und Malaria hatte. Er spritzte ihr, wie sie schrieb, „in den erstaunlichsten Mengen Kampfer, Emetin und Chinin" und brachte die Britin tatsächlich wieder auf die Beine.

Es hatte sich wohl herumgesprochen, dass die Lady unerbittlich in ihren Zielen war: Beim neuen Versuch, den Takht-e-Soleiman zu erstürmen, führte sie ihr Begleiter an eine schier unüberwindliche Felsenwand und machte ihr weis, sie zu erklimmen sei der einzige Weg hinauf. Freya Stark kapitulierte. Später erfuhr sie von einem wesentlich bequemeren Maultierpfad, den man ihr verschwiegen hatte. Ein ungarischer Forscher habe ihrem Führer unter Androhung von Strafen untersagt, die Lady dorthin zu bringen …

Ihr Buch „Durch das Tal der Mörder" machte sie zur gefragten Expertin.

Ihre Erlebnisse veröffentlichte Freya Stark 1934 in dem Buch „Durch das Tal der Mörder". Es wurde ein riesiger Erfolg. Die 41-Jährige galt nun als Expertin in Fragen rund um den Vorderen Orient. Sie arbeitete für die Bagdad Times, die Nachrichtenagentur Reuters und den britischen Rundfunksender BBC. Und sie reiste weiter: durch Kurdistan, in den Jemen, nach Ägypten und erneut in den Irak. Während des Zweiten Weltkrieges setzte die britische Kolonialverwaltung sie für ihre Propaganda ein und produzierte Radiosendungen in arabischer Sprache. Geprägt von kolonialem Hochmut verglich sie die Beziehung zwischen Briten und Arabern mit der, wie sie zwischen Eltern und Kindern besteht.

Anfang der 40er Jahre reiste sie nach Indien und war dort Gast am Hof des britischen Vizekönigs. Im Juli 1945 kehrte Freya

Stark nach Asolo in Italien, den Ort ihrer frühen Kindheit, zurück. Dort heiratete die nun 54-Jährige den 46-jährigen Engländer Stewart Perowne. So erfolgreich sie als Abenteurerin war – mit der Liebe hatte Freya Stark kein Glück. Die Ehe hielt gerade mal fünf Jahre – und Freya fing erneut ein ruheloses Leben an.

Sie besuchte nun Amerika, lernte mit 60 Jahren noch Türkisch, bereiste Kleinasien und Nordafrika und schrieb insgesamt 30 Bücher. Mit 79 Jahren wurde sie 1972 von der englischen Königin zur „Lady“ geadelt. Die Universität von Glasgow verlieh ihr die Ehrendoktorwürde. Mit sage und schreibe 86 Jahren machte sich die alte Dame in den Himalaya auf. Wegen ihrer angeborenen Herzschwäche hätte, als sie noch ein Kind war, niemand auch nur einen Penny auf ihr Leben gewettet. Doch Freya Stark wurde 100 Jahre alt: Erst am 9. Mai 1993 endete in Asolo ihr aufregendes Leben.

Reisen aus Lust und Liebe

Freya Starks Reiseberichte waren nicht nur deshalb ein großer Erfolg, weil sie so viel Neues über fremde Länder und Menschen zu berichten wussten, sondern auch, weil sie außerordentlich frech und vergnüglich geschrieben waren. Man konnte und kann aus ihren Büchern herauslesen, dass sie aus purer Lust am Reisen unterwegs war – was zu ihrer Zeit eher anrüchig war. Deshalb schrieb sie: „Etwas zum Vergnügen tun, das riecht nach Leichtfertigkeit, um nicht zu sagen Unmoral. Deshalb rate ich jedem, der auf ein ungetrübtes Verhältnis zu den Herren Passkontrolleuren Wert legt, nicht ohne das entsprechende Etikett als Entomologe, Anthropologe oder was für ein -ologe auch immer, auszuziehen.“

Leichtsinn im Kopf und den Teufel im Leib

Schroff hängt der Fels über dem Abgrund. Hier muss er runter von den 3 822 Metern des Nesthorn. Vorsichtig setzt der 23-Jährige seinen Fuß in den Überhang. Da passiert es. Er rutscht ab und stürzt im freien Fall rückwärts nach unten. Zwölf Meter tief, da endlich gelingt es dem Partner, ihn abzufangen. Frei baumelt der Engländer am Seil – weit unter ihm das feindliche Gestein. Jetzt hilft nur eins: Sich irgendwie mit der Eisaxt zurück in den Fels zu krallen. Eisaxt? Die hat er vergessen! Den anderen stockt der Atem. Keiner wird später zu sagen wissen, wie der Mann zurück in die Wand gelangt ist. Als sei nichts gewesen, setzt er danach den Abstieg fort. Teufelskerl!

Drei Tage später der Rückweg vom 4 274-Meter-Gipfel des Schweizer Finsteraarhorn. Wieder hat der Brite die Führung – und diesmal vergessen, sich anzuseilen! Welch lebensgefährlicher Leichtsinn! Weit unter den Männern leuchtet das eisige Blau des Gletschers. Ihr Anführer steht auf einem winzig kleinen, gefrorenen Felsstück, ohne irgendwie gesichert zu sein. Ganz ruhig und leise, um ihn bloß nicht zu erschrecken, flüstert ihm sein älterer Bergkamerad zu: „Keinen Millimeter bewegen!"

Doch plötzlich ein Geräusch, er dreht sich, obwohl gerade mal eine Fußspitze Halt findet, in traumwandlerischer Sicherheit um und greift nach dem Seil, das ihm der andere von oben reicht. Und wieder geht es gut! Unfassbar, wie leichtfertig dieser sonst so geschickte Bergsteiger sein kann!

Der Österreicher Karl Blodig, der erste Mann, der alle Viertausender der Alpen bezwang, sagte über seinen draufgängerischen Kollegen: „Dieser junge Mann wird nicht lange leben!"

Wer war das?

George Mallory –

die Marmormumie am Mount Everest

Geboren am 18.6.1886 in Mobberley
Gestorben vermutlich am 8.6.1924
am Mount Everest

„Geooooorge! Um Himmels willen, George!“ Entsetzt sah die alte Dame ihren Enkel dort draußen im Meer auf dem Felsen stehen. Gefährlich nahe war die Flut schon herangerollt. Erst leckte das Wasser nur am Stein, dann schwappten die ersten Wellen am Felsen hoch, und schon spülten sie über die Füße des Achtjährigen. Seine Großmutter flog geradezu über den Strand, hin zu einem der Angestellten im nahen Hotel. „Mein Enkel, schnell! Holen Sie ihn da raus!“

Dieser Bengel! Immer musste er irgendetwas „ausprobieren“! Je gefährlicher, umso besser. An diesem Sommertag wollte er spüren, wie es wohl wäre, selbst ein Fels in der Brandung zu sein. Deshalb war er hinausgelaufen zu diesem großen Stein, den die Ebbe weitab vom Strand freigelegt hatte. Nun stand er da wie ein Eroberer – nicht bedenkend, dass die zurückkehrende Flut schon in kurzer Zeit den Fels selbst und damit auch ihn verschlucken würde. In letzter Minute schaffte es der Bademeister, den Jungen aus dem Wasser zu holen.

Solch abenteuerliche Geschichten gibt es endlos zu erzählen über George Leigh Mallory, den Pfarrerssohn aus Mobberley/Chichester. Geboren am 18. Juni 1886 als eins von vier Kindern, hielt er schon als kleiner Junge die Familie ständig in Atem. Seine Schwester Victoria, genannt Avie, erinnerte sich später: „Oh ja, mit George hatten wir immer viel Spaß!" Furcht war ein Fremdwort für ihn, jedes Risiko reizte. Ihm war kein Baum zu hoch, kein Fels zu steil, kein Grat zu schmal – selbst vom Dach der väterlichen Kirche ließ sich das tollkühne Kind zu halsbrecherischer Kletterei verleiten. So hatte es ihm, als er mit Eltern und Großeltern als Achtjähriger die Ferien am Meer verbrachte, dieser Fels da draußen unwiderstehlich angetan …

Schon als Kind reizte den übermütigen George die Gefahr.

Über den Schüler George gab es nichts zu klagen – außer, dass er einmal, als Zwölfjähriger, von zu Hause weglief. Nicht, weil ihn die Eltern oder sonst wer mit übermäßiger Strenge verärgert hätten, sondern einfach, weil sein Freund weglaufen wollte, aber dazu alleine zu feige war. Als einziges „Gepäck" hatte George sein Mathebuch mitgenommen.

1905 ging Mallory, 19-jährig, zum Geschichtsstudium nach Cambridge. Der junge Mann liebte es, sich extravagant zu kleiden und die feine Gesellschaft, in der er wegen seines blendenden Aussehens eigentlich ein gern gesehener Gast war, mit politischen Parolen zu schockieren. Gern provozierte er mit flammenden Reden für das Frauen-Wahlrecht, das den Engländerinnen damals noch vorenthalten war. Sie durften erstmals 1928 an die Urnen.

Statt wie der Vater Pfarrer zu werden, wandte er sich lieber den weltlichen Freuden zu.

Zu seinen engsten Freunden gehörten der Wirtschaftswissenschaftler John Maynard Keynes und der Enkel des berühmten Naturforschers Charles Darwin. Mallory war auch ein ehrgeiziger Sportler und seine größte Leidenschaft die Kletterei. Der Hausmeister des Winchester College hatte ihn schon als Schüler mehrmals mit in die Alpen genommen. Auf einer dieser Touren in der Schweiz erwarb sich der Heißsporn durch seine Nachlässigkeit den Ruf, zwar ein verteufelt guter Bergsteiger, aber auch ziemlich leichtsinnig zu sein.

Nach dem Studium, 1910, spielte Mallory kurz mit dem Gedanken, Schriftsteller zu werden, doch der Lehrer-Beruf versprach den bequemeren Broterwerb. Im Juli 1914 heiratete George Leigh Mallory die Tochter eines Architekten. Die Hochzeitsreise mit Ruth sollte eigentlich in die Alpen gehen. Doch es war Krieg, und bevor George als Soldat eingezogen wurde, verkroch sich das junge Paar in den Flitterwochen in einem Zelt in Südwest-England, wo die Polizei sie mit dem Verdacht, deutsche Spione zu sein, unsanft störte. Die beiden bekamen drei Kinder: Frances Clare, Beridge Ruth und, 1919, John. Zu dessen Geburt kam George 30 Minuten zu spät – er hatte den Abstieg von einem Alpen-Gipfel nicht rechtzeitig geschafft.

Im selben Jahr beschloss die Royal Geographic Society, die Königlich Geografische Gesellschaft, eine Expedition zum Mount Everest auszurüsten. Nachdem den Briten bei den Eroberungen des Nord- und Südpols der Amerikaner Robert Peary und der Norweger Roald Amundsen zuvorgekommen waren, wollten sie nun am dritten Extrem-Punkt der Erde – dem höchsten Berg der Welt – unbedingt die Ersten sein.

Das war etwas für George Leigh Mallory! Dass er tatsächlich in das britische Team berufen wurde, hatte er einem Freund aus einer früheren Seilschaft zu verdanken. Der hatte ihn dem Britischen Alpin-Club als Kletterer von außergewöhnlicher Zähigkeit empfohlen. Zwar hatte sich unter Bergsteigern auch Mallorys gelegentliche Schusseligkeit herumgesprochen. Er galt aber als einer, der, was auch passierte, kühlen Kopf und Nerven bewahrte und wohl deshalb immer wieder auf die Beine fiel.

1921 sollte eine erste Expedition zu dem 8 846 Meter hohen Himalaja-Giganten zwischen Nepal und Tibet erkunden, wie der Berg besiegt werden konnte. Mallory, inzwischen mit 35 Jahren selbst nicht mehr der Jüngste, kritisierte, dass einige der anderen Kandidaten für die Seilschaft zu alt sein könnten. Schon der wochenlange Anmarsch durch den Dschungel von Sikkim und die trockene Hochebene Tibets war mühsam. Ein Teilnehmer starb auf dem Weg an der Ruhr. Vier Monate lang vermaß und kartierte das verbliebene Team dann die Umgebung des Everest.

Wie die dünne Luft in eisiger Höhe auf den menschlichen Körper wirkt, war damals noch unbekannt, und Sauerstoffgeräte waren kaum erprobt.

Mallory entschied, den Everest vom tibetischen Rongbuk-Gletscher aus über den Nordsattel anzugehen. Voller Ungeduld beschrieb der Brite in Briefen an seine Familie seine Begeisterung darüber, „aus der Karte herauszumarschieren“. Und so wagte der Trupp trotz schlechten Wetters und großer Erschöpfung einen ersten Anstieg. Sie kamen bis auf 7 000 Meter, mussten dann aber umkehren. Von da an probierte Mallory verschiedene Atemtechniken aus, um für den nächsten Versuch ein Jahr später besser gewappnet zu sein.

Einer seiner Bergbrüder sagte später, Mallory sei fast krankhaft vom Mount Everest besessen gewesen. Auch wenn jedes Mal der Abschied von Frau und Kindern an ihm nagte. Auf dem Weg zur zweiten Expedition sagte er: „Es ist schon eine grimmige Sache, wieder zum Everest unterwegs zu sein, mit einer so kleinen Erfolgschance und so vielen Dingen im Leben, die eigentlich lohnender sind.“

Zwar hatten sie diesmal Atemgeräte dabei, doch Mallory lehnte die schweren Dinger ab: Ohne Sauerstoff schafften er und drei Kameraden es immerhin bis auf 8 200 Meter Höhe. Halb tot kamen sie ins Basislager zurück. Eine andere Gruppe kam mithilfe von Sauerstoff 150 Meter weiter hinauf, bevor zwei Teilnehmer zusammenbrachen.

Mallory wagte einen dritten Versuch – mit tragischem Ausgang: Die Gruppe, bestehend aus zwei Europäern und 14 Sherpas, Einheimischen aus Nepal, die für solche Touren als Lastenträger angeheuert wurden, hörte plötzlich einen Knall wie bei einer gewaltigen Explosion, dann ein ununterbrochenes Dröhnen. „Ich wusste, was diese Geräusche zu bedeuten hatten!“, berichtete Mallory. Sekunden später stürzten riesige Schneemengen genau auf sie zu, eine riesige Lawine walzte alles nieder.

„Niemals zuvor hatte ich solche Massen an Schnee auch nur aus der Nähe gesehen. Nun kam eine unfassbar große Welle aus Schnee über mich, ich riss meine Arme hoch und hielt sie über meinen Körper, um mich zu schützen", schilderte Mallory, wie er sich retten konnte. Doch sieben Sherpas überlebten die Lawine nicht. In England trug dies Mallory schwere Vorwürfe ein, dass er trotz des schlechten Wetters aufgestiegen war. Andere nahmen ihn mit dem Argument in Schutz, der Expeditionsausschuss habe die Bergsteiger mit seinen überzogenen Erwartungen in dieses Abenteuer getrieben.

Vor dem dritten Versuch rechnete der Brite selbst mit seinem Tod: „Wir erwarten vom Everest keine Gnade."

Trotzdem war Mallory beim dritten Versuch 1924 wieder dabei. Von einem amerikanischen Reporter gefragt, warum er unbedingt auf den Mount Everest wolle, gab er die berühmte Antwort: „Weil er eben da ist." Ob er sich damit weitere Fragen vom Leib halten wollte? Einem Freund vertraute er damals an, er erwarte nicht, lebend von diesem Berg zurückzukommen. Aber er wusste, angesichts seines Alters von inzwischen 38 Jahren würde dies seine letzte Chance sein, als Erster auf dem höchsten Gipfel der Erde zu stehen. Ins Tagebuch schrieb er: „Wir erwarten vom Everest keine Gnade. Diesmal heißt es Sieg oder endgültige Niederlage."

Im Mai 1924 war es so weit. Doch der Aufstieg stand von Anfang an unter keinem guten Stern. Der Expeditionsleiter der 13-köpfigen Mannschaft, Geoffrey Bruce, musste sich schon beim Anmarsch der Höhenkrankheit ergeben. Zwei Sherpas, die vorausgeschickt worden waren, um am Nordgrat ein Lager einzurichten, behielt der Berg für sich.

Howard Sommervell und Bruces Stellvertreter Edward Norton wollten ohne Atemgeräte zum Gipfel und gelangten tatsächlich bis auf 8 573 Meter. Dann mussten sie vor der dünnen Luft kapitulieren. Die Zeit wurde knapp. Fast täglich konnte der Monsun einsetzen, der den Everest mit unberechenbaren

Schneestürmen in eine undurchdringliche Eiswüste verwandeln würde.

Jetzt war Mallory dran, der diesmal sogar zum ungeliebten Atemgerät griff. Kopfschütteln löste aber die Wahl seines Partners aus: Er holte sich den erst 22-jährigen Studenten Andrew Irvine in seine Seilschaft. „Sandy“ Irvine war zwar körperlich fit, aber der Unerfahrenste von ihnen allen. Dafür kannte er sich mit den schweren Sauerstoffgeräten gut aus, von denen Mallory keine Ahnung hatte.

Ein Bergbruder sagte über ihn: „Mallory jagt einer verlorenen Hoffnung nach.“

Am 6. Juni 1924 machten sich die beiden kurz nach dem Morgengrauen vom 7066 Meter hoch gelegenen Nordsattel des Mount Everest aus auf zum Gipfelsturm – bei bestem Wetter und Sonnenschein. Ihre Ausrüstung war knapp bemessen: Neben den 20 Kilo schweren Atemgeräten hatten die Männer nur Eispickel, Holzpflöcke, Hanfseile und eine zusammenlegbare Kodak-Kamera dabei. Sie trugen Nagelschuhe, Knickerbockerhosen aus Tweed, darüber Wickelgamaschen, Schneebrillen und Lederhelme auf dem Kopf. Mallory hatte sich mehrere Schichten Wäsche aus Baumwolle und Wolle unter den Anzug gezogen. An seiner Brust trug er ein paar private Briefe und ein Foto seiner Frau Ruth. Das wollte er auf dem Gipfel deponieren.

Sie nahmen den Nordostgrat in Angriff. Am nächsten Tag schickten sie vom Lager V aus vier Träger mit der Nachricht „Kein Wind hier oben. Die Sache sieht hoffnungsvoll aus.“ zurück zu den in Camp IV wartenden Kameraden. Am 8. Juni hatten Mallory und Irvine Camp VI erreicht. Der Geologe Noel Odwell setzte sich an diesem Tag in Richtung Camp V in Bewegung, um beim Abstieg notfalls Hilfe leisten zu können.

Später berichtete er: Am 8. Juni, mittags um 12 Uhr 50, „wurden meine Augen von einem winzigen schwarzen Fleck angezogen, dessen Silhouette auf einem kurzen Schneegrat unterhalb einer Felsstufe sichtbar wurde. Ein zweiter schwarzer Punkt tauchte auf. Es waren Mallory und sein Begleiter, die sich mit bemerkenswertem Tempo vorwärts bewegten".

Odwell schätzte, dass die beiden noch drei Stunden vom Gipfel entfernt auf einer Höhe von 8 500 Metern waren. In weiteren fünf Stunden hätten sie zurück sein können. Hätten. Odwell war der letzte, der die Männer lebend sah. Einsetzender Eiswind mit weit unter 40 Grad minus und undurchdringliche Schneestürme vereitelten jegliche Suchaktion.

Erst 75 Jahre später wurde George Mallory gefunden: Er lag – wächsern und weiß wie eine Mumie aus Marmor – in 8 240 Meter Höhe im Eis, auf dem Bauch. Seine Arme und der Kopf waren festgefroren am Fels. „Sandy" Irvine wurde nie gefunden.

Das größte Geheimnis des Everest

Was mit Mallory und Irvine geschehen war, wird wohl das Geheimnis des Mount Everest bleiben. Ebenso die Antwort auf folgende Frage: Waren die beiden auf dem Gipfel und auf dem Rückweg abgestürzt, oder hatte der Berg sie vorher abgeworfen?

1975 berichtete der chinesische Bergsteiger Wang Hongbao, er habe einen „englischen Toten" gefunden – angepickt von Vögeln. Vermutlich war es Irvine. Bevor Wang den genauen Fundort angeben konnte, kam er selbst in einer Lawine ums Leben.

Weitere 24 Jahre später, 1999, machte sich eine 30-köpfige britisch-amerikanisch-deutsche Expedition auf die Suche nach dem englischen Toten: Sie fanden Mallory, mit zerschmetterten Beinen. An den eingestickten Initialen in seiner Kleidung konnten sie ihn identifizieren. Das Foto von Ruth hatte er noch bei sich. Die Kamera – der erhoffte Beweis, wie weit die Everest-Bezwinger tatsächlich gekommen waren – fanden sie nicht. Sie deckten den Toten mit Steinplatten zu.

Lucky Lindys rätselhaftes Leben

Wenn der gut aussehende, drahtige Mann aus dem Haus ging, setzte er häufig eine dunkle Sonnenbrille auf und zog sich die Hutkrempe tief ins Gesicht. Hoffentlich erkannte ihn keiner! Manchmal versuchte er sogar, sich hinter einem falschen Namen zu verstecken. Dann nannte er sich Rubin Lloyd.

Seine amerikanischen Landsleute hatten ganz andere Bezeichnungen für ihn: Sie sprachen von Lucky Lindy, dem „glücklichen Lindy", oder nannten ihn „einsamer Adler". Manche verglichen ihn begeistert sogar mit Jesus oder Kolumbus. Er hasste das, auch wenn er natürlich stolz auf seine Leistung war. Doch damit, dass er nun kaum mehr einen Fuß unerkannt in die Öffentlichkeit setzen konnte, dass seine Fans sogar seine Frau auf Schritt und Tritt beobachteten, konnte er sich nicht anfreunden.

Es waren 33 Stunden, 32 Minuten und 30 Sekunden im Jahr 1927, die ihn in die Weltöffentlichkeit katapultiert hatten. Seitdem war er ein Star. Der erste echte Medien-Star, den die Menschen umjubelten. Als seine Geschichte verfilmt werden sollte, lehnte er es ab, die Hauptrolle selbst zu spielen. Für seine Berühmtheit zahlte er einen grausamen Preis: Sein erstes Kind wurde entführt und ermordet. Die wahren Umstände dieses Verbrechens konnten nie wirklich geklärt werden.

Fast 30 Jahre nach seinem eigenen Tod machte unser Held noch einmal von sich reden. In München tauchte plötzlich eine zweite Familie auf, von deren Existenz bis dahin niemand auch nur etwas geahnt hatte. Diesmal war die Öffentlichkeit schockiert: Der amerikanische Luftfahrt-Pionier und Volksheld hatte ein Doppelleben geführt.

Wer war das?

Charles Lindbergh – allein über den Atlantik

Geboren am 4.2.1902 in Detroit
Gestorben am 26.8.1974 auf Hawaii

Da! Das war es, wonach er zu guter Letzt in dem Lichtermeer am Boden Ausschau gehalten hatte: Sieben Buchstaben leuchteten von da unten in den dunklen Himmel, jeder davon zwischen 20 und 25 Metern hoch. Zusammengesetzt aus 200 000 Glühbirnen ergaben sie den Namen einer französischen Automarke. Diese damals neuartige Werbung zierte den Eiffelturm. Am Wahrzeichen der französischen Hauptstadt Paris konnte sich Charles Lindbergh nun orientieren und von hier aus sein Ziel, den Flughafen Le Bourget, ansteuern.

Hinter ihm lag ein Flug, auf dem er zeitweise wie blind am Himmel gehangen hatte. Ausgerüstet war er nur mit einem Kompass und Karten. Ein Funkgerät hatte er nicht dabei. So wusste er manchmal nicht, ob er noch auf Kurs oder längst von seiner Route weit abgekommen war. Stundenlang sah er unter sich nur Meer. Über und um ihn war nichts als endloser Himmel. Manchmal waren ihm die Augen zugefallen. Manchmal war er wie in Trance. Manchmal sah er vor lauter Übermüdung Gespenster und befürchtete, den Verstand verloren zu haben.

Am Tag vor dem Blick auf den Eiffelturm, am 20. Mai 1927, war der 25-Jährige morgens um 7 Uhr 52 Ortszeit mit der einmotorigen, nach seinen Vorgaben gebauten Maschine vom Roosevelt Field unweit von New York gestartet. Jetzt, am 21. Mai, um 22 Uhr 24 Pariser Zeit, setzte er nach 33 Stunden und 32 Minuten zur Landung in der französischen Hauptstadt an.

In der „Spirit of St. Louis" flog der Amerikaner im Mai 1927 als Erster allein nonstop von New York nach Paris.

Damit hatte Charles Lindbergh als erster Mensch allein am Steuer eines Flugzeugs den Atlantischen Ozean von New York nach Paris nonstop überquert. Nicht nur das Preisgeld von 25 000 Dollar, das der amerikanische Hotelbesitzer Raymond Orteig dafür ausgesetzt hatte, war ihm jetzt sicher, sondern auch der Ruhm, ein Pionier der Luftfahrtgeschichte zu sein. Schon einige Konkurrenten waren an diesem überaus gefährlichen Abenteuer gescheitert. Zwei seiner Landsleute hatten bereits den Probeflug mit dem Leben bezahlt. Zwei Franzosen waren auf dem Weg in umgekehrter Richtung – von Paris nach New York – spurlos vom Himmel verschwunden. Er hatte es geschafft! Mit seiner einmotorigen „Spirit of St. Louis". Und ganz allein.

150 000 Menschen warteten in Le Bourget auf den Amerikaner. Als Charles Lindberghs Maschine die Landebahn berührte, waren die Massen nicht mehr zu halten. Die Menschen schrien und tobten begeistert. Tausende durchbrachen die Absperrungen und rannten auf das Flugzeug zu. Kaum hatte Lindbergh die Tür am Cockpit geöffnet, wurde er aus der Pilotenkanzel gezerrt und auf die Schultern einiger Polizisten gehoben, die den neuen Helden aus Amerika über den Köpfen der Leute hinweg durch die Menge trugen.

Und das war erst der Anfang. Mit einem Triumphzug wurde der 25-Jährige bei seiner Rückkehr in New York empfangen: Hier säumten vier Millionen Menschen die Straßen. Drei Monate lang musste Lindbergh durch 49 amerikanische Staaten und 92 Städte touren und 147 Reden halten. Er wurde mit Orden geschmückt und mit Paraden geehrt. Er konnte kaum mehr einen Schritt tun, ohne von Fotografen verfolgt zu werden. Seit dem Alleinflug über den Atlantik schien er den Medien und der Öffentlichkeit zu gehören.

Bei allem Stolz: Das war und blieb dem eher schüchternen jungen Mann ein Gräuel. Lucky Lindy, der einsame Adler, war lieber für sich allein. Am besten hoch droben am Himmel, wo er sich manchmal fühlte, als sei er „der Sterblichkeit entflohen, um auf die Erde niederzuschauen wie ein Gott".

Charles Augustus Lindbergh war als Sohn eines schwedischen Einwanderers am 4. Februar 1902 in Detroit zur Welt gekommen. Sein Vater, der dem Kind die eigenen Vornamen weitergab, war Anwalt und wurde später Abgeordneter im amerikanischen Kongress. Die Mutter Evangeline war Chemielehrerin. Charles wuchs in Little Falls im Staat Minnesota auf. Schon als Kind interessierte ihn alles, was von Motoren angetrieben wurde. Das Maschinenbaustudium schmiss er als junger Mann aber hin: Der 20-Jährige hatte sich statt in den Hörsälen in Wisconsin lieber auf und in der Nähe von Flughäfen herumgetrieben, was seinen Lehrern verständlicherweise gar nicht gefiel.

Schließlich ließ sich Charles nach einem zweijährigen Intermezzo als lustloser Student zum Piloten und Mechaniker ausbilden. Sein Geld verdiente er sich anschließend durch waghalsige Flugvorführungen mit einem Kumpel, bei denen er als Fallschirmspringer Aufsehen erregte. Ihre atemberaubendste Nummer war es, wenn er bei der Landung des Flugzeuges auf den Tragflächen stand. 1924 kaufte er sich seine erste eigene Maschine: Mit seiner Curtiss „Jenny" tingelte er durch die Lüfte übers Land. „Wenn ich zehn Jahre fliegen kann, bevor ich bei einem Absturz getötet werde, wäre dies ein Tausch für ein ganzes Leben", gab der sonst so stille Draufgänger an.

Zehn Jahre fliegen zu dürfen war ihm so viel wert wie ein ganzes Leben.

Danach ging er zur Air Force und wurde Heeresflieger. Die Ausbildung dafür schloss Lindbergh als Bester seines Jahrgangs ab. Als Postpilot heuerte er im Anschluss bei der Robertson Aircraft Corporation an. Für sie flog er die Post von St. Louis/Michigan nach Chicago und wieder zurück.

Fünf Jahre zuvor hatte der Hotelier Orteig einen Preis von 25 000 Dollar für den Piloten ausgeschrieben, dem es als Erstem gelingen würde, nonstop, ohne Zwischenlandung, den Atlantik mit dem Flugzeug zu überqueren. Seitdem träumte Lindbergh davon, sich diese Prämie zu holen. Doch woher sollte er das Geld für ein Flugzeug nehmen, mit dem ein solches Abenteuer zu wagen war? Das Glück kam dem Postpiloten zu Hilfe. In St. Louis lernte er neun flugbegeisterte Geschäftsleute kennen, die verrückt genug waren, ihm den Bau einer geeigneten Maschine zu finanzieren. Lindbergh rechnete und zeichnete, und die Ryan Airlines konstruierten das Fluggerät schließlich nach seinen Plänen.

Am 28. April 1927 startete Charles zum Jungfernflug seiner Spirit of St. Louis. Der Vogel machte das verdammt gut! Jetzt stand dem Abenteuer nichts mehr im Weg. Am 20. Mai hob die Spirit mit Lindbergh am Steuerknüppel vom New Yorker Roosevelt Field zu ihrem Rekordflug ab. Von einem Reporter vor dem Start gefragt, wie er denn mit seinem mageren Proviant – vier Sandwiches und zwei Flaschen Wasser – auskommen wolle, soll Lindbergh geantwortet haben: „Wenn ich nach Paris komme, dann habe ich nicht mehr benötigt. Und wenn ich nicht nach Paris komme, benötige ich auch nicht mehr.“ Er kam an, total übermüdet, doch verhungert war er nicht.

Das Weihnachtsfest nach seinem Triumph feierte Lindbergh beim US-Botschafter in Mexiko, Dwight Morrow. Charles verliebte sich in dessen Tochter Anne Spencer Morrow. 1929 wurde sie seine Frau. Charles brachte ihr das Fliegen bei. Nun hatten die Amerikaner nicht nur einen Helden, sondern ein Traumpaar, von dem sie nicht genug erfahren konnten. Wollten die Lindberghs ausgehen, mussten sie sich heimlich aus ihrem Haus in der Nähe von Princeton/New Jersey schleichen, um einem Blitzlichtgewitter zu entgehen. Als ihr Sohn Charles Augustus junior am 22. Juni 1930 geboren wurde, unterbrachen die amerikanischen Radiosender sogar das Programm.

Lucky Lindy und Anne Morrow: Jetzt hatten die Amerikaner ein neues Traumpaar.

Auch Anne war Pilotin aus Leidenschaft. Schon 1929 hatte sie ihren ersten Alleinflug geschafft, sie war die erste US-Amerikanerin, die den Flugschein machte. Meistens saß sie jedoch neben ihrem Mann als Navigatorin in der Pilotenkanzel. Gemeinsam mit Charles sollte sie 1931 die „great circle route“ von Kanada über Alaska nach Japan und China in einem einmotorigen Flugzeug bewältigen.

Doch dann traf die Lindberghs ein schwerer Schicksalsschlag: Ihr kleiner Junge wurde, noch keine zwei Jahre alt, am 20. März 1932 aus ihrem Haus in Princeton in New Jersey entführt. Lindbergh sollte 50 000 Dollar Lösegeld bezahlen. Das Kidnapping des Lindbergh-Babys geriet zur ersten Kriminalgeschichte der Welt, die von den Medien rund um den Erdball nahezu hysterisch verfolgt wurde. Die wildesten Spekulationen wucherten um das Schicksal des Kindes. Schließlich übergab der Fliegerheld bei einem mysteriösen Treffen auf einem Friedhof einem Unbekannten die geforderte Summe. Doch sein Kind bekam er nicht lebend zurück: Charles junior wurde 73 Tage nach dem Kidnapping tot in einem Wald unweit des Lindbergh'schen Hauses gefunden. Zwei Jahre später wurde der deutschstämmige Bruno Richard Hauptmann als Täter verurteilt und – obwohl er bis zuletzt seine Unschuld beteuerte – im April 1936 hingerichtet. Die Lindberghs bekamen fünf weitere Kinder: Jon, Land und Scott sowie die Töchter Anne und Reeve. 1935 flohen sie vor dem nicht enden wollenden Medienrummel um sie nach England.

Lindbergh inspizierte von dort aus für die US-Militärs die deutschen Flugzeugwerften. Adolf Hitler und seine Nationalsozialisten hatten in Berlin die Macht ergriffen. Die Amerikaner brauchten Informationen über die Stärke der deutschen Luftwaffe. Den Nazis kam der Held aus St. Louis gerade recht, um mit ihm Propaganda zu machen: Stolz führten sie ihm ihre Flugzeuge vor. Das Lindbergh-Ehepaar musste sich dafür verpflichten, publikumswirksam an der Eröffnungsfeier der Olympischen Spiele 1936 in Berlin teilzunehmen.

Lindbergh lobte die Nazis und Hitler. Damit schockierte er Amerika.

Zum großen Entsetzen seiner Landsleute zu Hause zeigte Lindbergh große Sympathien für die Nazis. Zwar betonte er in Briefen: „Es ist unnötig zu sagen, dass ich die Juden-Situation nicht akzeptiere", lobte aber zugleich den „Zustand des Landes". Hitler nannte er einen „großen Mann". Stolz ließ sich der Amerikaner im Oktober 1938 von Reichsmarschall Hermann Göring das Verdienstkreuz „Deutscher Adler" umhängen und spielte sogar mit dem Gedanken, ganz nach Berlin zu gehen.

Nach der „Reichskristallnacht" des 9. November 1938, wie die Nazis den Auftakt ihres Vernichtungsfeldzuges gegen die jüdischen Mitbürger nannten, kehrte Lindbergh dann aber doch in seine Heimat zurück. Dort reagierte man schockiert, als er sich gegen den Eintritt der USA in den Zweiten Weltkrieg aussprach. Vor allem seine Begründung empörte: Er ziehe die Deutschen den „halbasiatischen Horden" aus der Sowjetunion vor. Gleichzeitig griff er die US-Regierung an, die, so Lindbergh, das Land gemeinsam mit den Briten und den Juden in den Krieg treibe. Als der einstige Star sich auch noch weigerte, den Nazi-Orden zurückzugeben, schlug die Bewunderung der Amerikaner für ihren Fliegerhelden in Abscheu um.

Erst als Japan den US-Stützpunkt Pearl Harbour im Pazifik angriff, wollte Lindbergh doch Kampfeinsätze für Amerika fliegen. Die Armee lehnte dankend ab, setzte ihn aber als Berater der Luftwaffe ein. Das blieb er auch nach dem Zweiten Weltkrieg.

1953 brachte Charles Lindbergh seine Lebensgeschichte unter dem Titel „The Spirit of St. Louis" als Buch heraus und bekam dafür den angesehenen Pulitzer-Preis. Später engagierte er sich für den Tierschutz im World Wildlife Fund. Seine Tochter Reeve erinnerte sich so an ihren Vater: „Als ich ihn am besten kannte, spät in seinem Leben, flog er wieder um die Welt, so wie er es in jungen Jahren getan hatte. Aber diesmal, weil es um bedrohte Arten, unentdeckte Orte und Naturvölker ging."

Das war nicht die ganze Wahrheit. Reeve konnte nicht wissen, dass seit den 50er-Jahren immer wieder auch München eins der Reiseziele ihres Vaters war. Dort hatte er eine heimliche Geliebte. Die deutsche Hutmacherin Brigitte Hessheimer bekam drei Kinder von ihm, die die wahre Identität ihres Vaters erst lange nach dem Tod ihrer Eltern erfuhren. Dyrk, Astrid und David wussten nicht, dass der blonde Amerikaner, der sich Careu Kent nannte und den ihre Mutter so sehr liebte, der berühmte Charles Lindbergh war. Erst 2003, zwei Jahre nach dem Tod Brigitte Hessheimers, flog das große Geheimnis von „Careu" auf, als die Tochter Briefe von ihm fand.

Lucky Lindy alias Charles Lindbergh alias Careu Kent hatte da seine letzte Reise längst hinter sich: 1974 war der Abenteurer nach Maui auf Hawaii geflogen. Er hatte Krebs und wollte dort sterben. Am 26. August schloss er endgültig die Augen.

Ein Leben voller Lügen

Die Welt wollte es nicht glauben: Zu abenteuerlich klang die Geschichte der deutschen Lindbergh-Kinder, die 2003 für Schlagzeilen sorgte. Seit der Entführung des Lindbergh-Babys waren immer wieder Menschen aufgetaucht, die behaupteten, sein Sohn zu sein. Aber gleich drei Geschwister? Später stellte sich heraus, dass Charles heimlich noch weitere Kinder in Europa hatte, zwei davon mit der Tante der drei Münchner Geschwister, der Schwester seiner Münchner Nebenfrau. Anne Morrow Lindbergh hat nie davon erfahren: Sie starb 2001, bevor das Lebensgeheimnis ihres Mannes an die Öffentlichkeit kam.

Unterwegs mit Captain Planet

Wenn der Mann mit der wettergegerbten Haut, der roten Pudelmütze und der großen Hakennase vor rund 30 Jahren in die Wohnzimmer kam, wurde es mucksmäuschenstill. Was er zu erzählen hatte und die Bilder, die er mitbrachte, bannten Kinder, Eltern und Großeltern vor dem Fernsehschirm. 13 Jahre lang führte er allein in Deutschland den Zuschauern eine fremde und faszinierende Welt vor Augen, in die vor ihm noch niemand so tief eingedrungen war. Er hatte einen Weg gefunden, wie der Mensch den Bewohnern der Meere bis auf deren Grund folgen konnte.

Atemlos folgten Kinder und Erwachsene ihm in die „Geheimnisse des Meeres". So hieß auch seine Sendung. Er entführte sie in die Welt der Unterwasserbewohner, die sich seiner Kamera in unglaublicher Farbenpracht präsentierte. Er holte die Wunder, die sich in den dunklen Tiefen einer menschenfeindlichen Umgebung verborgen halten, ans Tageslicht. Er wusste Geschichten von Schiffen und Schätzen zu erzählen, die vor Jahrtausenden versunken waren. Er und seine „Fischmänner" brachten sie von dort unten hoch. Und er führte vor, wie der Mensch selbst zumindest eine Zeit lang unter Wasser leben kann.

Seine Landsleute hätten ihn am liebsten zu ihrem Präsidenten gemacht. Das lehnte der Abenteurer ab. Stattdessen setzte sich der Franzose 1992 auf dem Umweltgipfel der Vereinten Nationen im brasilianischen Rio de Janeiro „für die Rechte zukünftiger Generationen" ein. Für die gleichnamige Kampagne zum Schutz der gesamten Umwelt sammelte er über fünf Millionen Unterschriften und wurde dafür „Captain Planet" genannt.

Wer war das?

Jacques Yves Cousteau

und die Geheimnisse des Meeres

Geboren am 11.6.1910
in Saint André-de-Cubzac
Gestorben am 25.6.1997 in Paris

Das hatte er nun von seiner Raserei! Mit zwölf gebrochenen Knochen lag der junge Mann im Gipsbett und konnte sich nicht rühren. Den linken Arm mit allein fünf Brüchen wollten die Ärzte sogar amputieren. Das konnte er zum Glück verhindern. Besser hätten sie ihm die Todesangst genommen, die dem 25-Jährigen noch immer im Nacken saß.

Es war zwei Uhr morgens gewesen und stockduster. Der Marine-Soldat war am Steuer des „Salmon" seines Vaters mit quietschenden Reifen auf dem Rückweg von einer Hochzeitsfeier durch die Haarnadelkurven der Vogesen gerast. Plötzlich fielen die Scheinwerfer des schnittigen Sportwagens aus. Jacques Yves stieg in die Bremsen. Zu spät! Das Auto flog aus der Kurve. „Jetzt muss ich sterben!", war der erste Gedanke, an den er sich wieder erinnern konnte, als er im Autowrack eingeklemmt und blutend wieder aufwachte. Nach einer Ewigkeit – so kam es ihm vor – wurde er endlich aus dem Schrotthaufen befreit.

Es klingt verrückt, aber dieser Unfall führte Jacques Yves Cousteau in eine nicht nur für ihn neue Welt. Eigentlich wollte er nach seiner Ausbildung auf der Seefahrt-Akademie von Brest Pilot werden. Statt in den Himmel musste er sich jetzt aber ins Wasser begeben: Um seinen lädierten Knochen und steifen Gelenken die Beweglichkeit zurückzugeben, musste er nun zweimal täglich schwimmen gehen. Das hatten die Ärzte verordnet. Ein Freund brachte ihm dabei das Tauchen und Speerfischen bei. Ausgerechnet Speerfischen! Wenige Jahre später wurde Jacques Yves Cousteau zu einem der erbittertsten Gegner dieser Fischjagd mit der Harpune.

Bei den Tauchgängen am Strand von Le Mourillon unweit von Toulon kam der Genesende gerade mal so mit dem Kopf unter Wasser. Trotzdem tat sich für ihn schon dort, wie er fasziniert feststellte, „eine andere Welt" auf. Eine Welt, in die er weiter als jemals irgendjemand zuvor eindringen und die er mit seiner selbst gebauten Unterwasserkamera ans Licht holen würde. Dafür erfand er die „Aqualunge", eine Pressluftflasche mit Atemventil. Deshalb wird Cousteau der „Vater des Sporttauchens" genannt. Er hat einmal gesagt: „Wenn man Fische studieren will, wird man am besten selber zum Fisch." Die Aqualunge half ihm dabei – und machte ihn und seinen Kompagnon, den Ingenieur Emile Gagnan, obendrein reich.

Cousteau erfand die Aqualunge und wurde deshalb der „Vater des Sporttauchens" genannt.

Der Sohn eines Richters wurde am 11. Juni 1910 in Saint André-de-Cubzac bei Bordeaux geboren. Jacques war ein Bastler. Mit elf Jahren baute er sich einen Modellkran, mit 13 ein batteriebetriebenes Spielzeugauto. So handwerklich geschickt er war – als Schüler bekleckerte er sich nicht mit Ruhm. Damit er überhaupt seinen Abschluss schaffte, steckten die Eltern ihr wildes Kind in ein Internat. Nach dem Abitur besuchte Jacques Yves die Seefahrtschule in Brest und wurde 1933 auf dem Marine-Schulschiff „Jeanne d'Arc" Offizier. Der Autounfall hatte ihn seinen Traum, Militärpilot zu werden, gekostet.

Vom öffentlichen Gymnasium war er geflogen, weil dort durch ihn 17 Fensterscheiben zu Bruch gegangen waren.

Dafür tauchte er jetzt in jeder freien Minute. Mit einer Kamera, die er in eine Glasröhre steckte, nahm er alles auf, was er unter Wasser vor die Linse bekam. Tauchen war damals noch ein mühsames Unterfangen. Man musste sich in einen schweren Anzug zwängen und hing an einem Schlauch, der den Taucher von oben mit Luft versorgte. Der Tiefgang fand dadurch schnell

Grenzen. Cousteau aber konnte und wollte sich „nie damit abfinden, dass der Mensch nur eine Lunge voll Atemluft hat".

Mittlerweile Geschützoffizier auf einem Kreuzer, begann Cousteau, an einer künstlichen Zusatz-Lunge zu experimentieren. Mit einem Kameraden bastelte er eine kleine Sauerstoff-Flasche. Deren Erprobung kostete ihn fast das Leben: Erst blickte der Taucher „in ein großes blaues Gebiss und feindselige Augen" und konnte später nicht sagen, wer schneller geflüchtet war, der Raubfisch oder er. Doch noch schlimmer war, was mit seinem Körper passierte, als er an dieser Flasche hing. „Meine Lippen begannen unkontrolliert zu zittern. Meine Augen flatterten, mein Rücken bog sich durch wie ein Bogen. Mit Gewalt riss ich mir den Gewichtsgürtel vom Leib. Dann verlor ich das Bewusstsein." Eilig wurde er zurück auf das Schiff gezerrt. Wochenlang klagte Cousteau danach über Kopf- und Muskelschmerzen.

Privat hatte Jacques mehr Glück: Er lernte Simone Melchior kennen, die er, 27-jährig, 1937 heiratete. Die beiden bekamen zwei Söhne, Jean-Michel und Philippe. Und Cousteau einen Schwiegervater, der ihm bei seinen Experimenten weiterhalf. Monsieur Melchior leitete eine Firma, die industriell Gase herstellte. Interessiert hörte er sich die Berichte des Schwiegersohns über den Misserfolg mit der „Atem-Maschine" an. Und brachte ihn mit einem seiner besten Ingenieure zusammen.

Der, Emile Gagnan, arbeitete an einem Ventil zur Druckminderung für gasbetriebene Autos. Genau so ein Ventil könnte das Aus- und Einatmen von Sauerstoff unter Wasser möglich machen! Nach nur drei Wochen war der Prototyp dieser „Aqualunge" fertig. In einer Gesellschaft gleichen Namens – „Aqualung" – ging das Gerät in Serie.

Der Soldat Cousteau war während des Zweiten Weltkriegs für die französische Résistance, den Widerstand gegen die deutschen Besatzer, als Unterwasser-Spion aktiv. Er untersuchte die

Wracks von Kriegsschiffen, interessierte sich aber mehr für historische Funde auf dem Meeresboden. Er schaffte es, auf die damalige Rekordtiefe von 70 Metern zu tauchen. 1948 wurde er zum Korvetten-Kapitän befördert und nach dem Krieg Chef eines Minenräum-Kommandos. Seine Taucher bargen diese tickenden Zeitbomben aus dem Meer oder entschärften sie durch gezieltes Sprengen. Eine heikle Mission. Zugleich entwickelte Cousteau einen Unterwasser-Scooter, ein U-Boot, das man auch für die Forschung einsetzen konnte, sowie eine tiefseetaugliche Kamera.

Seine Erfolge sprachen sich herum – und brachten ihm 1950 ein großzügiges Geschenk des irischen Brauerei-Milliardärs Noel Guinness ein: Geld zum Kauf eines ausgemusterten Minensuchboots. Cousteau ließ es zum Forschungsschiff umbauen und gab ihm den Namen der griechischen Sagengestalt „Calypso", der Nymphe, die den Helden Odysseus sieben Jahre lang auf ihrer Insel Ogygia gefangen gehalten hatte. Sagenhaft sollten auch die Expeditionen auf der Calypso werden. Von ihr aus tauchte Cousteau überall in den Weltmeeren, sogar zu den Unterwasser-Eisbergen in der Antarktis. Als Präsident der französischen ozeanografischen Gesellschaft, der er jetzt war, nahm er Wissenschaftler wie Biologen, Geologen und Archäologen mit an Bord.

Der erste große Einsatz führte die Calypso-Crew vor die saudi-arabische Küste. Arglos und ungeschützt gingen seine „Fischmänner" ins Wasser, bis zu dem Tag, an dem ein vier Meter langer Hai einen Taucher mit beängstigendem Interesse an dessen Bein bedrängte. Cousteau hatte diese Tiere bisher für feige gehalten. Von nun an zog er es vor, seine Leute in hai-trächtigen Gewässern in spezielle Käfige zu stecken … Schon von dieser ersten Fahrt brachte der Franzose spektakuläre Farbfotos von Korallen und noch unbekannten Fischen mit.

Die Fische, deren Fotos Cousteau von seinen Tauchgängen mitbrachte, hatte zuvor noch nie ein Mensch gesehen.

Vor Marseille hatte Cousteau einen alten griechischen Weinfrachter entdeckt, der vor 2200 Jahren auf den Meeresboden gesunken war. Das Wrack barg einen Schatz, den seine Crew nun im Licht neuartiger Unterwasserlampen und vor den Linsen spezieller Kameras aus der Tiefe holte: tausende von Amphoren, einige waren sogar noch verschlossen. Höchstpersönlich verkostete der Franzose den uralten Wein daraus und schmeckte „die ganze Modrigkeit dieser Welt".

Mit seinem Buch „Die Welt der Stille" landete Cousteau 1953 seinen ersten Bestseller. Zwei Jahre später wurde unter der Regie des Filmkünstlers Louis Malle ein Leinwand-Werk daraus, das den beiden die „Goldene Palme von Cannes", eine der höchsten cineastischen Auszeichnungen, einbrachte. Es sollte nicht die letzte bleiben: 1964 folgte für Cousteaus „Welt ohne Sonne" ein Oscar für den besten Dokumentarfilm.

„Welt ohne Sonne" war das Ergebnis eines neuen spannenden Experiments, das Cousteau „Conshelf" nannte, zu deutsch „Vorkontinent". Er wollte beweisen, dass menschliches Leben im Wasser möglich war. Dazu konstruierte er eine „tauchende Untertasse", in die zwei Personen passten. „Conshelf I" wurde 1961 vor Marseille ins Wasser gelassen. Zwei „Ozeanauten" hielten es darin eine Woche in zwölf Meter Tiefe aus.

„Conshelf II" tauchte 1963 im Roten Meer ab, fünf Leute an Bord, darunter ein Koch. Einen ganzen Monat erforschte die Besatzung den Meeresgrund und ließ es sich in ihrer gelben Kapsel gut gehen – manchmal bei Rotwein und Zigarren. Nur der Champagner wollte nicht so recht perlen, wie Cousteau scherzhaft berichtete. Den gab es später: Aus dem Conshelf II-Experiment entstand der Film „Welt ohne Sonne".

Unter Wasser ließ sich Cousteau von seinem Koch nur Fleischgerichte servieren.

Harte Arbeit war für „Conshelf III" angesagt: Eine fünfköpfige Besatzung installierte in drei Wochen in 100 Meter Tiefe vor der Côte d'Azur einen Ölbohrturm.

In den 1970er Jahren erforschte Cousteau die Antarktis und

suchte in der Ägäis nach dem sagenhaften versunkenen Kontinent Atlantis. 1974 gründete er die Cousteau-Gesellschaft, die sich dem Schutz der Meere verschrieb. Bereits 1960 hatte der Franzose erfolgreich gegen die Versenkung radioaktiver Abfälle im Mittelmeer protestiert. Später setzte er sich vor der UNO in New York mit Erfolg dafür ein, dass die Antarktis zur internationalen Schutzzone erklärt wurde.

Cousteaus Stimme hatte Gewicht. Schon 1957 war er zum Direktor des Ozeanografischen Museums in Monaco ernannt worden. 1961 überreichte der damalige amerikanische Präsident John F. Kennedy ihm die National Geographic Medaille, die höchste Auszeichnung der renommierten Gesellschaft gleichen Namens. 1985 erhielt er 75-jährig die amerikanische Freiheitsmedaille, 1989 berief man Cousteau an die Académie Française.

Aber nicht nur der Meeresboden faszinierte den Forscher. Seine spannendste und größte Expedition mit 50 Leuten nahm sich 15 Monate lang den Amazonas vor. So erfuhr die Welt außerhalb Brasiliens erstmals von einem gigantischen Natur-Phänomen: Pararoca – dem „großen zerstörerischen Lärm". So nennen die Eingeborenen die Riesenwelle, die sich jährlich am Ende der Regenzeit aus dem Meer bis zu vier Meter hoch und 65 Kilometer weit flussaufwärts durch den Regenwald wälzt. Mit ungebremster Wucht wirft das Meer dabei die Wassermassen, die der gigantische Fluss bei Ebbe in die See hinausgedrängt hat, mit der einsetzenden Flut zurück ins Land. Die Pararoca hat 1982 fast die ganze Ausrüstung Cousteaus zerstört. Ein Ritt auf ihr ist heute der ultimative Kick für tollkühne Surfer aus aller Welt.

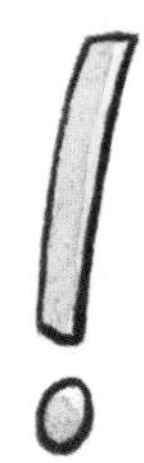

In rund 150 Filmen und 60 Sachbüchern hat Jacques Yves Cousteau Licht ins Dunkel der Welt des Wassers gebracht. Sein größtes persönliches Geheimnis aber blieb 15 Jahre lang unentdeckt: Der Franzose hatte eine zweite Familie. Erst als seine Ehefrau Simone 1990 starb, kam ihm sein Sohn Jean-Michel auf die

Schliche. Dessen Bruder Philippe, die rechte Hand des Vaters, hatte der Tiefsee-Taucher 1979 durch einen Unfall verloren. Jean-Michel erfuhr nun, dass es zwei weitere Geschwister gab: Diane und Pierre-Yves. Ihre Mutter war die Stewardess Francine Triplet.

Mit der 35 Jahre jüngeren Frau hatte Cousteau seit 1975 ein Verhältnis. Francine hatte Drehbücher für seine Filme geschrieben. 1991 heirateten die beiden. Der Forscher vertraute ihr nach dem Zerwürfnis mit seinem Sohn die Führung der Cousteau-Gesellschaft an. Francine war es auch, die der Welt am 25. Juni 1997 von Paris aus die Mitteilung machte: „Kapitän Jacques Yves Cousteau ist an diesem Mittwoch in die Welt der Stille gegangen.“ Ein Jahr zuvor war die Calypso vor Singapur gesunken.

Die Macht der Bilder

Jacques Yves Cousteau ist der berühmteste Taucher und Meeresbiologe der Welt. Fast 5 000-mal hat er sich im Lauf seines 87-jährigen Lebens in die Unterwasserwelt begeben. Sein größtes Verdienst war, der Welt als Erster vor Augen geführt zu haben, dass der Mensch ohne intaktes Ökosystem nicht überleben kann.

Natürlich hatte Cousteau auch Kritiker. Einige warfen ihm vor, Tiere für seine Filmaufnahmen abrichten zu lassen und nur ein gewiefter Geschäftsmann und PR-Stratege zu sein. Zu Letzterem stand er: Er erkannte die Macht der Bilder und nannte das Fernsehen eine „Möglichkeit, Umweltprobleme in die Wohnstuben zu bringen und so die öffentliche Meinung positiv zu beeinflussen“. Seine Arbeit führen heute die Cousteau-Gesellschaft unter Führung seiner Frau Francine und trotz des Zerwürfnisses sein Sohn Jean-Jaques mit seiner „Ocean Futures Society“ fort.

Wasserscheu im Ozean

Vor Wasser hatte er panische Angst. Kein Wunder, hatte der Norweger doch als Kind zweimal unliebsame Erfahrungen mit dem kühlen Nass gemacht. Mit fünf Jahren brach er ins Eis ein, mit sieben wäre er fast ertrunken. „Danach genügte es mir, das Meer von der Küste aus zu betrachten“, erzählte er später gern. Dabei war er an einem der schönsten Fjorde Norwegens aufgewachsen. Doch der Junge konnte und mochte nicht schwimmen.

Stattdessen sah er sich lieber gemütlich zu Hause sitzend Bilder von Indianern und Südseevölkern an. Hätte ihm damals jemand erzählt, eines Tages werde er im Meer von sechs Meter hohen Wellen überspült werden, mit eigenen Händen Haifische fangen, auf einem Boot aus Papyrus tausende von Kilometern über den Ozean kreuzen und zum berühmtesten „Seebären“ des 20. Jahrhunderts werden, er hätte sich vermutlich kaputtgelacht.

Dabei sollte es genau so kommen. Das Schwimmen lernte er mit 33 Jahren im Pazifik. Allerdings unfreiwillig, indem er – auf einem Floß stehend – über ein paar Schnecken an seinem Bein dermaßen erschrak, dass er ins Wasser fiel … Und schwamm. „Ich erreichte tatsächlich das Ufer“, staunte er hinterher. Es war schon verwunderlich genug, dass er mit seiner Frau ausgerechnet auf eine winzig kleine Insel im Ozean vor der Zivilisation geflohen war. Sie träumten davon, wie Adam und Eva zu leben.

Ganz so weit tauchte er dann zwar nicht in die Vergangenheit ein. Aber um ein paar Jahrtausende drehte er bei seinen Abenteuern die Zeit schon zurück. Er wollte beweisen, dass unsere Vorfahren zu weit mehr fähig waren, als die Menschen der Gegenwart ihnen zutrauten. Die Entdeckung ferner Kontinente durch Kolumbus, James Cook und Co? Von wegen! Er wollte beweisen: Es könnte alles auch ganz anders gewesen sein.

Wer war das?

Thor Heyerdahl –
im Papierboot übers Meer

Geboren am 16.10.1914 in Larvik
Gestorben am 18.4.2002 in Alassio

Zwei Wochen? Zwei Wochen würden sie ihm bestenfalls geben, hatten die Herren Wissenschaftler in New York gesagt, dann würde er mitsamt seinem Floß im Pazifik versinken. Pah, die sollten sich noch wundern! Mehr noch als das Knattern der Segel und das Tosen des vom Wind gepeitschten Meeres dröhnte Thor Heyerdahl die Katastrophen-Krakeelerei der Marinebeamten von Callao in den Ohren, als seine „Kon-Tiki" am 28. April 1947 das offene Meer ansteuerte.

Auf dem Seefahrtsamt des der peruanischen Hauptstadt Lima vorgelagerten Hafens hatten sie von ihm eine Unterschrift verlangt, dass er ganz allein die Verantwortung für sich und seine fünf Besatzungsmitglieder übernahm. Dass Regierung und Marine ihn auf das Risiko seiner abenteuerlichen Expedition hingewiesen hatten: Zwei Wochen, dann würden sich die Balsa-Stämme seines Floßes voller Wasser gesogen haben und mitsamt ihm und seiner Mannschaft jämmerlich untergehen. Bitte schön! Das unterschrieb er gern. Denen würde er es schon zeigen!

Die Kameraden – allesamt Landratten wie Heyerdahl selbst – wussten, auf was sie sich da eingelassen hatten. Jetzt war es so weit. Von diesem 28. April an stellten sich die sechs Männer und ein grüner Papagei dem Abenteuer auf wilder See. Auf einem Floß aus neun mit Hanfseilen vertäuten Stämmen, dessen Deck aus gespaltenem Bambus und geflochtenen Matten bestand, vertrauten sie sich dem Ozean an. Nur eine kleine Bambushütte mit einem Bananenblätterdach bot ein wenig Schutz und Schatten. Auf diesem vorsintflutlich anmutenden Gefährt nahmen sie von der südamerikanischen Westküste aus Kurs auf Polynesien.

Genau so wie es 2 000 Jahre zuvor die Ahnen der heutigen Peruaner getan haben könnten, um von dem Andenland aus die paradiesischen Inseln der Südsee zu besiedeln. Dass sie dazu in der Lage gewesen wären, wollte der 33-jährige Norweger beweisen. Und mit genau dieser Theorie hatte er die Forscher- und Seefahrerwelt so sehr gegen sich aufgebracht. Widersprach er doch damit der bisherigen Lehrmeinung, Polynesien sei von West nach Ost, also von Südostasien aus besiedelt worden. Er behauptete nämlich, das Volk der Polynesier könnte genau so gut von Osten, also aus Südamerika gekommen sein. Auf Balsa-Flößen wie seiner Kon-Tiki, die er aus jungen, durch den eigenen Saft imprägnierten Hölzern hatte bauen lassen, um ein Versinken im Meer zu verhindern.

Balsa-Holz ist leicht und eignet sich deshalb gut zum Bauen von Booten und Flößen.

Wie war Thor Heyerdahl bloß auf diese abenteuerliche Idee gekommen?

Den Sohn eines Bierbrauers aus dem norwegischen Larvik, wo er am 16. Oktober 1914 zur Welt gekommen war, hatte schon als Kind das Leben der Menschen in fremden Ländern und aus fernen Kulturen fasziniert. Geweckt hatte dieses Interesse seine Mutter, die das dortige Heimatmuseum leitete. Sie konnte gar nicht genug Bücher über Indianer, Inkas und die Inseln der Südsee heranschaffen, um die Wissbegierde ihres Jungen zu stillen.

Zoologie, Geografie und Anthropologie, also die Entwicklungsgeschichte des Menschen, waren auch Thors Fächer als Student an der Universität in Oslo. Dort verkroch er sich am liebsten in der Kroepelien-Bibliothek, um ungestört in dieser größten privaten Sammlung von Literatur über Polynesien zu schmökern. In Oslo lernte er auch Liv Coucheron Torp kennen, die er 1936 heiratete.

Das junge Paar verband vor allem die Liebe zur Natur. Beide hassten sie das hektische Leben in der Stadt. Fortschrittshunger und blinder Glaube daran nervten sie an den Menschen um sich herum. Liv und Thor sehnten sich nach dem einfachen Leben, nach Ruhe und Beschaulichkeit. Heute würde man sie Aussteiger nennen. Aussteigen, genau das hatten die beiden vor. Deshalb schifften sich die Heyerdahls nach dem ersten Ehejahr in den Pazifik ein. Auf den Marquesas-Inseln in der Südsee wollte Thor den Ursprung des transozeanischen Tierlebens erforschen. Und ansonsten mit seiner jungen Frau leben wie Adam und Eva im Paradies.

Auf Fatu Hiva, dem südlichsten Eiland, fanden die beiden ihren Garten Eden. Was der Mensch brauchte, schenkte ihm hier die Natur. Eine kleine Hütte genügte, bei deren Bau ihnen die Einheimischen halfen. Bei einem Besuch Tahitis wurde der blonde Hüne aus dem hohen Norden von Häuptling Teriiro'o sogar „adoptiert". Er bekam den Namen Te Rai ma te ata, was so viel wie „Spiegel des Himmels" heißt.

Auf den Marquesas entdeckte Heyerdahl Felsenzeichnungen, die den Anthropologen neugierig werden ließen. Vor allem ein Schiff, das eher einem ägyptischen Schilfboot als den Kanus und Flößen der Polynesier glich, machte ihn stutzig. Andernorts stieß er auf Stein-Statuen, die denen der Inka-Gottheiten in Peru ähnlich waren. Sollte es vielleicht vor Jahrtausenden Kontakte zwischen den Menschen diesseits und jenseits des Pazifiks gegeben haben?

Alte Sagen und Legenden der Einheimischen berichteten von einem Sonnengott Tiki, der in einem Land weit hinter dem Meer gelebt habe, und davon, dass die Ahnen aus dem Osten, also von Südamerika, gekommen seien. Hieß nicht auch der Sonnengott der Inkas Kon-Tiki? Und woher kamen die Süßkartoffeln auf Fatu Hiva? Diese Pflanzen waren doch in Südamerika beheimatet! Als Geograf wusste Heyerdahl, dass der Humboldt-Strom das Meer vor Peru in Richtung Pazifik abdriften ließ. Diese Strömung hätten die Menschen damals nutzen können, um mit ihr nach Polynesien zu treiben. So könnte es durchaus gewesen sein. Man müsste es eben mal ausprobieren …

Nach einem Jahr kehrten die Heyerdahls nach Norwegen zurück. In Europa war Krieg, und Thor meldete sich freiwillig als Soldat. Seine Idee ging ihm aber nicht aus dem Kopf. 1941 veröffentlichte er sie als Theorie in einer amerikanischen Wissenschaftszeitschrift. Nach dem Krieg tingelte er durch Europa und Nordamerika, um Unterstützung für sein Vorhaben zu finden. Doch die Expertenwelt tat ihn als Spinner ab. Dann musste er es eben auf eigene Faust versuchen!

Vom Segeln hatte keiner der sechs, die da am 28. April 1947 in Peru gestartet waren, eine Ahnung. Heyerdahl hatte seine Crew ganz bewusst aus puren Landratten zusammengestellt. „Ich wollte später nicht das Argument gegen mich haben, dass wir bessere Seeleute als die alten Flößebauer in Peru waren ... Das Floß und die Strömung taten das alles allein."

Heyerdahl bewies mit seinem Kon-Tiki-Experiment, dass seine Theorie, Polynesien sei von Südamerika aus besiedelt worden, keine Spinnerei war.

Nach fast 7 000 Kilometern und 101 Tagen erreichte die Kon-Tiki, die Heyerdahl nach dem Inka-Gott benannt hatte, ihr Ziel: Zwar strandete das Floß auf einem Riff vor Tahiti, und die Männer mussten ein paar Tage wie Robinson Crusoe auf einer einsamen Insel verbringen. Doch dann brachte ein französisches Schiff die Abenteurer auf und zusammen mit der Kon-Tiki nach Tahiti. Von dort ging es mit einem Frachter in die USA. Mit einem Schlag war Heyerdahl weltberühmt. Sein Buch über die Expedition, „Kon-Tiki. Ein Floß treibt über den Pazifik" wurde in 67 Sprachen übersetzt und verkaufte sich über 25 Millionen Mal. 1952 wurde die Verfilmung des Abenteuers mit dem begehrten „Oscar" belohnt.

Die offizielle Wissenschaft aber wollte von Heyerdahls These noch immer nichts wissen. Also suchte er weiter nach Beweisen. Auf den Galapagos-Inseln fand er 1953 bei Ausgrabungen 130 tönerne Schiffchen, die das angesehene Smithsonian Institute in Washington als vorkolumbianische Keramiken identifizierte. Auch das waren doch Hinweise auf ein Erbe aus Südamerika! Drei Jahre später stieß Heyerdahl auf den Osterinseln neben den sagenhaften bis zu 4 Meter 50 hohen Steinstatuen mit den gewaltigen Köpfen, langen Ohren und Hüten auf ein Gebilde, das den vorchristlichen Figuren der Tihanuanaco-Kultur südlich des Titicacasees im heutigen Bolivien glich. Und auch die Binsenboote der Maoi hatten auffallend viel Ähnlichkeit mit denen der Peruaner.

Ein internationaler Forscherkongress über den Pazifik-Raum in Honolulu gestand 1961 Heyerdahl nun erstmals ein, dass neben Südostasien auch der südamerikanische Raum eine „hervorragende Informationsquelle“ über die Menschen und Kulturen der Pazifischen Inseln sein könne. Immerhin.

Den Norweger bewegte längst noch ganz anderes: Er war inzwischen fest davon überzeugt, dass es eine große gemeinsame Vergangenheit der Menschen und Wanderungsbewegungen rund um den Erdball gab. Auf den Tonscherben der peruanischen Vor-Inka-Zeit hatte er Zeichnungen entdeckt, die altägyptischen Papyrusbooten glichen. War ihm auf Fatu Hiva nicht Ähnliches begegnet? Die Felszeichnungen dort stammten seiner Meinung nach aus Peru. Was, wenn die Bilder im Ton von Peru noch weiter zurück nach Osten wiesen? So könnte es doch auch gewesen sein: Vielleicht stammte die Ur-Bevölkerung Südamerikas sogar von den alten Ägyptern ab …

Mit seinen abenteuerlichen Fahrten wurde Heyerdahl zum Vater der „experimentellen Archäologie“.

Ein neues Kapitel seiner „experimentellen Archäologie“, wie man Heyerdahls Forschungsmethode nannte, begann. Jetzt wollte er mit einem Papyrusboot von Afrika aus über den Atlantik fahren. Diesmal ließ er sich noch viel weniger vom Kopfschütteln der Koryphäen aus Forschung und Wissenschaft irritieren. Seit dem Kon-Tiki-Abenteuer war er ein Medienstar. Sollten sich die Experten doch weiterhin Ohren und Augen zuhalten, die Kameras und das Interesse der Menschen hatte er auf jeden Fall auf seiner Seite.

Der Medien-Profi, der er inzwischen war, wusste zu inszenieren. 1969 ließ er zu Füßen der geschichtsträchtigen Pyramiden im ägyptischen Gizeh von Schiffsbauexperten, die er extra vom Tschad-See hatte kommen lassen, ein 15 Meter langes und fünf Meter breites Boot aus Papyrusrollen anfertigen. Die Afrikaner dort waren die Einzigen, die sich noch auf die alte Binsenbau-Technik verstanden. Die 200 000 Papyrus-Stauden hatte Heyerdahl extra aus Äthiopien herangeschafft. Als Vorlage für den Schiffsbauplan dienten alte Höhlenzeichnungen. Und wieder stand ein Sonnengott Pate: Diesmal nannte er sein Gefährt Ra nach dem Himmelsherrscher der Ägypter.

Am 28. April 1969, genau 22 Jahre nach dem Ablegen der Kon-Tiki in Callao, war die „Ra“ fertig. Ein Spezialtransporter brachte sie in die marokkanische Hafenstadt Safi. Dort zogen vier Ruderboote das 15 Tonnen schwere Gebilde 25 Kilometer weit hinaus aufs offene Meer. Auf moderne Ausrüstung hatte Heyerdahl weitgehend verzichtet. Nur ein Funk- und ein Navigationsgerät waren an Deck. Selbst die US-Weltraumbehörde NASA ließ der Norweger abblitzen: Die hatte, wenige Wochen vor der ersten Mondlandung, eine spezielle Funkausrüstung nach Marokko geschickt. Mit ihr, so träumte man in Washington, sollten der Archäonautiker Heyerdahl und der Astronaut Armstrong nach geglückter All-Mission miteinander sprechen. Der Kapitän der Ra lehnte das ab.

Anthropologen erforschen, wie sich der Mensch im Lauf der Geschichte entwickelt hat.

Er wollte mit seiner siebenköpfigen Besatzung ein ganz anderes Zeichen setzen. Bewusst hatte er ein internationales Team zusammengestellt. Es bestand aus einem mexikanischen Anthropologen, einem Zimmermann aus dem Tschad, einem amerikanischen Geografen als Navigator, einem Ägypter, einem sowjetrussischen Arzt und einem italienischen Fotografen und Taucher. Diese Crew war für ihn das Symbol seiner „Eine-Welt-Theorie“: Alle Menschen sind eins und gehören zusammen – egal, woher jeder Einzelne kommt. Halten wir zusammen, dann können wir alles schaffen.

Diesmal klappte das noch nicht ganz. Auch wenn die Ra es in 56 Tagen über 5 000 Kilometer weit bis in die Karibik schaffte, scheiterte die Mission. Das Boot war zu wenig erprobt worden. Das Heck erwies sich als nicht genügend vertäut, weshalb es abbrach und weggespült wurde. Die Ladung des Schiffes war nicht ausbalanciert, sodass die Taue auf einer Seite zu stark belastet wurden und rissen. Und zu guter Letzt verhinderten Haie eine Reparatur der lädierten Ra von der Unterseite aus. Eine Hochseeyacht rettete die „Papier-Kolumbusse“, wie eine englische Zeitung die Männer verspottete, 1 500 Kilometer vor dem Ziel. Aber einen Achtungserfolg hatten sie durchaus zu Stande gebracht.

Heyerdahl gab trotzdem nicht auf. 1970 startete die „Ra II“ und schaffte tatsächlich in 57 Tagen die Strecke von 6 100 Kilometern von Afrika nach Barbados.

Das Land Punt ist nur aus Inschriften der Ägypter bekannt. Sie sollen dort, in Afrika, im 3. Jahrtausend vor Christus Weihrauch und Gold gekauft haben.

So unerschrocken, wie sich Heyerdahl tausende von Kilometern über die Ozeane bewegte, tauchte er noch einmal um Jahrtausende zurück in die Wanderungsgeschichte der Menschheit ein. Mit der Ra hatte er bewiesen, dass die Ägypter vor 4 000 Jahren gen Amerika gesegelt sein könnten. Ende der 1970er Jahre wollte er austesten, ob es Verbindungen zwischen der Hochkultur der Sumerer im Mesopotamien des dritten und vierten Jahrtausends vor Christus, Mohenjo-Daro im Industal, und dem geheimnisvollen Punt der Ägypter in Afrika gegeben haben könnte.

Nach alt-sumerischen Zeichnungen ließ er ein Schilfboot rekonstruieren. Er nannte es „Tigris“ und fuhr damit im November 1977 den gleichnamigen Fluss von Al Qurnah hinunter durch den Persischen Golf in den Indischen Ozean bis nach Karatschi. Dann nahm er Kurs Richtung Somalia, wo das Goldland Punt gelegen haben soll.

Indem er die Tigris verbrannte, demonstrierte Heyerdahl gegen Krieg.

Doch der Krieg zwischen Jemen und Äthiopien stoppte die Weiterfahrt des Bootes nach fünf Monaten. Aus Protest gegen die militärische Auseinandersetzung verbrannte Heyerdahl sein Schilfboot vor der Küste von Dschibouti im Meer. Zugleich richtete er folgende Botschaft an die Vereinten Nationen: „Unser Planet ist größer als die paar Schilfbündel, die uns über den Ozean trugen, aber doch klein genug, um denselben Gefahren wie sie ausgesetzt zu sein, wenn wir nicht endlich einsehen, dass wir auf eine vernünftige Zusammenarbeit angewiesen sind, um uns und unsere gemeinsame Zivilisation vor dem Untergang zu bewahren.“

Die Tigris-Tour war das letzte spektakuläre Experiment Thor Heyerdahls. Doch zur Ruhe setzte sich der inzwischen mehrfach ausgezeichnete weltberühmte Mann noch lange nicht. 1983 suchte und fand er auf den Malediven Ruinen einer uralten Hochkultur. Von 1986 bis 1988 kehrte der nun über 70-Jährige noch einmal für seine ethnologischen Studien auf die Osterinseln zurück, grub danach erneut in Peru und legte in den Anden bei Tucume das bis dahin größte Pyramidenfeld in Südamerika frei. 26 dieser Bauwerke wurden dort von ihm entdeckt.

1995 zog es Thor Heyerdahl nach Teneriffa. Dort fand er sechs jeweils sechs Meter hohe Pyramiden aus der Zeit der Ureinwohner der Kanaren, der Guanchen. Und noch einmal ein spätes, privates Glück. Seine Ehe mit Liv Coucheron Torp, seiner „Eva“ von Fatu Hiva und Mutter seiner Söhne Thor und Björn, war ein Jahrzehnt nach der Zeit im polynesischen Paradies gescheitert.

Seiner zweiten Frau Yvonne Dedekam-Simonsen, mit der er drei Töchter in die Welt setzte, folgte nun, 1995, die Ehe mit Jacqueline Beer, einer Hollywood-Schauspielerin.

Mit 87 Jahren unternahm Heyerdahl eine letzte Expedition: Er suchte am Schwarzen Meer nach Spuren des nordischen Kriegsgotts Odin. Es war seine letzte Reise. Danach zog er sich an die italienische Riviera zurück, wo Thor Heyerdahl am 18. April 2002 an einem Hirntumor starb.

„Irgendjemand war immer vor uns da …“

Ob „Spinner“ oder nicht – Thor Heyerdahls Theorien waren für viele Wissenschaftler schon deshalb eine Provokation, weil er den Glauben der Europäer, sie hätten die Welt entdeckt, infrage stellte. Für ihn standen Forscherdrang und Erfindungsgabe der Ur-Einwohner denen der Menschen in den so genannten „zivilisierten“ Ländern in nichts nach. „Weil wir Europäer glauben, dass wir das Reisen erfunden haben, ignorieren wir das nahe Liegende einfach. In Wirklichkeit haben wir keinen einzigen Kontinent entdeckt, vermutlich nicht einmal ein Inselchen. Irgendjemand war immer vor uns da …“

Heyerdahl forschte zwar in der Vergangenheit – und doch galt sein Blick der Zukunft der Erde. Er war der Erste, der während seiner Fahrt mit der Ra über den Ozean die verheerenden Ölverschmutzungen des Meeres durch den internationalen Frachtverkehr entdeckte und an die Öffentlichkeit trug. Der frühere sowjetische Staatschef Michail Gorbatschow ließ sich von Thor Heyerdahl beraten, als er 1992 vor dem UNO-Gipfel in Rio de Janeiro die Gründung von „Green Cross“ vorschlug, einer Art „Rotes Kreuz für die Umwelt“. Ein Jahr später nahm diese internationale Organisation ihre Arbeit auf.

Ein Feigling namens Parzival

Ausgerechnet Parzival! Was hatten sich seine Eltern bloß dabei gedacht, als sie ihm diesen Namen (auf Englisch: Percival) eines Gralsritters und Edlen der Tafelrunde gegeben hatten? Ritter waren furchtlos und stark. Er dagegen brachte manchmal vor Schüchternheit kein Wort hervor. Während die anderen Jungen aus seiner Klasse zwischen den Schulstunden Unfug ausheckten, zog sich das dünne Kerlchen mit den hängenden Schultern meistens in eine Ecke zurück, um still sein Sandwich zu verzehren.

Wie hatte er sich geschämt, als der Sportlehrer bei der Begutachtung seiner neuen Klasse kopfschüttelnd mit den Worten vor ihm stehen geblieben war: „Was werden sie mir in Gottes Namen noch alles schicken?“ Danach teilte er ihn in die Gruppe der Unsportlichsten ein. Dabei war der Junge ganz schön zäh. Jahrelang war er jeden Morgen barfüßig zur Schule gelaufen. Aber weil er zwei Klassen übersprungen hatte, war er lange der Kleinste.

Was in ihm steckte, merkten seine Mitschüler erst, als er 16 Jahre alt war. Da machten sie einen Schulausflug zum Mount Ruapehu. Beim Klettern und Skifahren auf dem mit 2 797 Metern höchsten Berg der Nordinsel seines Heimatlandes Neuseeland lief er allen davon. Der Ausflug wurde für ihn zum Schlüsselerlebnis. Zum ersten Mal in seinem Leben hatte er Schnee gesehen. Von da an zogen ihn eisige Höhen und Berge wie magisch an.

Seine Schüchternheit dagegen sollte er beibehalten: Selbst als 34-Jähriger war er zu feige, seiner Auserwählten selbst den Heiratsantrag zu stellen. Das musste seine künftige Schwiegermutter für ihn übernehmen. Und doch wurde er weltberühmt. Noch heute ist er für seine Landsleute ein Nationalheld.

Wer war das?

Edmund Percival Hillary –

Bezwinger des Mount Everest

Geboren am 20.7.1919 in Auckland

Das Foto? Es gab keins. Wie bitte? Da hatte er zusammen mit dem Sherpa Tensing Norgay als erster Mensch auf dem höchsten Gipfel der Erde gestanden, und es gab kein Foto davon?

Fotos gab es durchaus. Auf einem hält Tensing seinen Eispickel in die Luft, an dem vier Fähnchen flattern: das der Vereinten Nationen, ein indisches, eins aus Nepal und die britische Flagge, der Union Jack, im Mini-Format. Die anderen Aufnahmen geben den atemberaubenden Ausblick wieder, den die beiden Männer an diesem 29. Mai 1953 vom Gipfel des 8 846 Meter hohen Mount Everest hatten. Aber auf keinem ist der Neuseeländer Edmund Percival Hillary zu sehen.

„Tensing hatte keine Kamera“, meinte Hillary später achselzuckend. „Er hatte noch nie in seinem Leben ein Foto geschossen. Und der Gipfel des Mount Everest war nicht der Platz, es ihm beizubringen.“ Weshalb es von ihm selbst in diesem historischen Moment eben keine Aufnahme gab. An der Frage, wer denn nun wirklich als allererster Mensch seinen Fuß auf den „dritten Pol“, die Spitze des höchsten Berges der Welt, gesetzt hatte, der Nepalese oder er, sollte sich weltweit noch ein hitziger Streit entzünden. Die beiden Männer einigten sich darauf zu sagen: „Wir haben den Gipfel beinahe gleichzeitig betreten.“

Dabei war Ehrgeiz Edmund Hillary durchaus nicht fremd.

Bei seinen weiteren Abenteuern, wie etwa der Durchquerung des Südpols oder der Fahrt mit dem Jet-Boot den indischen Ganges hinauf, überließ er nicht so einfach anderen das Feld. Zumal dann nicht, wenn er davon überzeugt war, besser als die anderen gewesen zu sein. Tensing Norgay aber war für ihn in erster Linie Partner, nicht Konkurrent. Für verbissene Wettläufe oder blanke Rekordsucht war bei ihrem gemeinsamen Abenteuer am Mount Everest kein Platz. Im Grunde seines Herzens war der Neuseeländer ein bescheidener Mann.

Der Neuseeländer stammte aus kleinen Verhältnissen. Sein Vater züchtete Bienen.

Edmund Percival Hillary kam aus kleinen Verhältnissen. Am 20. Juli 1919 in Auckland geboren, wuchs er mit seiner älteren Schwester June und dem jüngeren Bruder Rex in dem Provinznest Tuakau 60 Kilometer von Neuseelands größter Stadt entfernt auf. Ihr Vater war streng, ein Mann, der unter Erziehung auch Prügel verstand. Nach einem Zerwürfnis mit seinem Chef hatte er seinen Job als Journalist an den Nagel gehängt. Seitdem versuchte Percival Hillary senior, den Lebensunterhalt der Familie als Bienenzüchter zu verdienen. Ed und Rex mussten mit zupacken, wofür es noch nicht einmal Taschengeld gab. Das Einzige, was Edmund vom Honigwaben- und Büchsen-Schleppen in der Imkerei hatte, war das Muskelpaket, das er bei dieser kräftezehrenden Arbeit unweigerlich bekam. Einmal allerdings rächte er sich für des Vaters Knauserigkeit. Er klaute ihm nachts ein paar Pence aus der Hosentasche, um sich dafür ein Comic-Heftchen zu kaufen …

Als Student bekam Edmund immerhin das Geld für die tägliche Busfahrt. Das setzte er aber lieber in Boxstunden um und joggte dafür zur Universität. Aber nachdem er bei einem Wettkampf das erste Mal so richtig eins auf die Nase bekommen hatte, gab er diesen Sport schnell wieder auf. Wie auch das Studium: Die Universität verließ Hillary nach zwei erfolglosen Jahren. Und landete so schließlich doch zwischen den Waben der 1 600

Bienenvölker des Vaters, bis er 1944 gegen dessen Willen als Soldat zu Neuseelands Luftwaffe ging. Dort ließ er sich zum Navigator ausbilden.

Das Fliegen begeisterte Hillary. Viel lieber aber noch begab er sich auf eigenen Füßen in luftige Höhen. Wann immer es möglich war, setzte sich Ed in der Freizeit zum Bergsteigen von seiner Truppe ab.

Nach Ende des Zweiten Weltkriegs 1945 kostete den Soldaten ein Einsatz bei den Such- und Rettungsfliegern auf den Fidschi-Inseln fast das Leben. Bei einem Motorboot-Unfall verbrannten 40 Prozent seiner Hautoberfläche. Sein Zustand war mehr als ernst. Die Ärzte bangten bei seiner Einlieferung in die Klinik um Hillarys Leben. Umso fassungsloser waren sie, als Ed wider Erwarten schon nach drei Wochen wieder auf die Beine kam. Diesmal kehrte er gern als Bienenzüchter nach Tuakau zurück.

Im Winter, wenn die Bienensaison vorbei war, ging Edmund Hillary klettern. Er lernte Neuseelands bekanntesten Bergführer Harry Ayres kennen. Der brachte ihm bei, wie er unter Einsatz eines Pickels selbst steilste Eishänge erklimmen konnte. Mit Ayres bestieg Hillary den Mount Cook. Im Februar 1948 bezwangen die beiden als Erste den bis dahin gefürchteten Südgrat dieses mit 3 764 Metern höchsten Berges ihres Heimatlands.

Der sportliche Hillary träumte davon, den Mount Everest zu erklimmen.

Edmund Percival Hillary hatte da schon längst einen Traum: Er wollte auf den Mount Everest im Himalaya. Ein Dutzend Expeditionen waren an ihm schon gescheitert. 13 Menschen hatte der Berg in eisigen Höhen bei sich behalten, die berühmtesten Toten waren George Mallory und David Irvine. Bis heute weiß niemand genau, ob die beiden, oder auch nur einer von ihnen, zuvor auf den Gipfel gelangt waren oder nicht.

Drei Jahre später unternahm Hillary, inzwischen mit 1 Meter 92 Meter ein Hüne von Mann, mit Freunden tatsächlich seine erste Himalaya-Expedition. Einer der vier Träger, die sie begleitete, war der Sherpa Tensing Norgay. Niemand ahnte, dass die beiden schon bald zur berühmtesten Seilschaft der Bergsteigerwelt werden sollten. Hillary bestieg seinen ersten 6000er und kam noch höher hinauf.

Von nun an ging es für ihn in jeglicher Hinsicht bergauf: Zurück in Neuseeland kam er endlich seiner Angebeteten näher. Louise Rose war die Tochter eines Kameraden aus dem dortigen Alpin-Verein. Zwei Jahre später sollte die elf Jahre Jüngere an ihrem 23. Geburtstag seine Frau werden. Den Heiratsantrag hatte der Braut allerdings deren Mutter telefonisch überbracht. Edmund traute sich nicht – er fühlte sich mit seinen 34 Jahren ihr gegenüber wie ein alter Mann.

Sie sollte die Frau eines Helden werden. Ein Schweizer Bergsteiger-Team kündigte Anfang der 1950er Jahre den Gipfelsturm auf den Mount Everest an – und entflammte damit einen neuen Wettlauf der Nationen zum Dach der Welt. Großbritannien stellte ein Expeditionsteam zusammen, das einen gangbaren Weg von Nepal aus finden sollte. Hillary gehörte dazu. 1953 starteten die Briten ihren Versuch – mit 13 Männern, darunter Edmund Percival Hillary und Tensing Norgay. Für den Angehörigen des Volkes der Sherpa war es bereits der dritte Anlauf. Der Lastenträger hatte zuvor mit dem Schweizer Team den Rückzug antreten müssen.

Im März 1953 startete ein britisches Team mit Hillary und Tensing Norgay den Gipfelsturm auf den höchsten Berg der Welt.

Im März 1953 setzten sich zwei Marschkolonnen mit insgesamt 350 Trägern und 13 Tonnen Ausrüstung im Hochland von Nepal in Gang. In 5500 Metern richtete das Team unter Leitung des britischen Oberst John Hunt sein Basislager ein. Dann wurden mühsam überlebensnotwendige Vorräte an Essen, Schlafsäcken, Ausrüstung und vor allem Sauerstoffflaschen auf 7900 Meter Höhe geschafft. Vier Männer wählte Hunt für den Endspurt aus, die zwei Teams bilden sollten: den Arzt Charles Evans und den Wissenschaftler Tom Bourdillon für die erste und Edmund Hillary mit dem Sherpa Tensing Norgay als Ersatzmannschaft.

Erst sollten Evans und Bourdillon den Gipfelsturm wagen. Sie starteten am 26. Mai. Für den Fall ihres Scheiterns bereiteten sich Hillary und Norgay darauf vor, am nächsten Tag auf 8 500 Metern ein letztes Lager zu errichten. Und tatsächlich: 251 Meter weiter oben, auf dem Südgipfel des Mount Everest, knapp 100 Höhenmeter unter der höchsten Erhebung der Welt, ging Evans im wahrsten Sinne des Wortes die Luft aus. Auch für Bourdillon wurde es gefährlich knapp. Er hoffte, es doch noch bis nach ganz oben zu schaffen. Doch nie und nimmer wäre er mit den wenigen Sauerstoffreserven auch wieder heruntergekommen. Die beiden mussten umkehren. Als Bourdillon endlich zurück auf den Südsattel kam, konnte er sich nur noch auf allen vieren vorwärts bewegen. Mit größter Mühe mussten ihm Oberst Hunt und Evans aus der Todeszone nach weiter unten helfen.

Vor dem alles entscheidenden Tag gab es abends Aprikosen.

Also Norgay und Hillary. Am 28. Mai verbrachten sie eine letzte Nacht in Lager IX, auf 8 500 Meter Höhe. Mit dem Pickel hatten sie sich dort eine winzige Plattform ins Eis gekratzt, gerade groß genug, um ein kleines Biwak zu errichten. Tensing kochte Hühnersuppe mit Nudeln. Als Nachspeise gönnten sie sich in dieser bitterkalten Nacht vor dem alles entscheidenden Tag Aprikosen aus der Dose.

Würde der Sauerstoff reichen? Hillary rechnete aus, dass die Vorräte ihnen noch fünfeinhalb Stunden für An- und Abstieg ließen. Das war zu wenig. Aber es gab ja noch eine neue Flasche. Doch wo war der Adapter, um sie anzuschließen? Nicht zu finden! Was tun? Sollte daran wirklich alles scheitern? Nicht nur ihr eigener, auch der Traum der gesamten britischen Nation, deren Mount-Everest-Komitee sie schließlich hier hochgeschickt hatte? Und das ausgerechnet, weil ein Neuseeländer, dessen Heimat der britischen Krone unterstand, einen Adapter nicht fand?

Nein! Dann mussten sie eben in der Nacht mit weniger Sauerstoff auskommen. Und sich am Gipfeltag mit drei Litern statt der geplanten vier pro Stunde begnügen. Am nächsten Tag, dem 29. Mai 1953, morgens um halb acht brachen sie auf. Bei klarem Wetter ohne Wind und „nur" minus 27 Grad.

Eineinhalb Stunden später standen Hillary und Norgay am Südgipfel. Noch 100 Meter Höhe, 350 Meter Luftlinie nach ganz oben. Nur noch eine senkrechte Felswand stellte sich ihnen in den Weg. Später wurde sie „Hillary-Step" – Hillary-Stufe – genannt. Genau das war es, was Ed nun mühsam in Eis und Fels schlug: Stufen. Zwei Stunden lang. Jeder Atemzug schmerzte. Ed spürte kaum mehr seinen Arm. Mühsam arbeiteten sie sich weiter hoch, Schritt für Schritt.

Bis, es war 11 Uhr 30, um sie herum nur noch Weite und alle anderen Gipfel der Erde unter ihnen lagen. Sie hatten es geschafft! Hillary streckte Tensing Norgay – ganz britisch – die Hand entgegen. Doch der wollte den ganzen Mann. „Ich warf die Arme in die Luft und schlang sie dann um Hillary. Wir klopften uns auf den Rücken, bis wir selbst mit Sauerstoff außer Atem gerieten", schilderte der Sherpa den schönsten Moment seines Lebens.

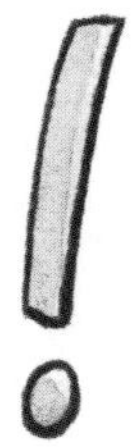

Tensing Norgay ließ auf dem Gipfel des Mount Everest ein Stück Schokolade für die Götter zurück.

15 Minuten blieben die beiden dort oben. Die Sauerstoffmasken hatten sie abgenommen. Hillary machte das berühmte Foto von seinem Kameraden. Tensing grub ein kleines Loch in den Schnee und legte ein wenig Schokolade für die Götter hinein. Der Neuseeländer drückte ein Kruzifix in den Schnee. Darum hatte ihn John Hunt gebeten. Dann stiegen sie wieder ab.

Beim Abstieg kam ihnen George Lowe, Hillarys Freund und Bergsteigerkamerad, mit einer Flasche voller heißer Tomatensuppe entgegen. „Wir haben den Bastard drangekriegt!", grinste

Hillary ihn an. Für diese banalen Worte schämte er sich später, wie er in seiner Biografie gestand.

Ganz und gar nicht banal war das, was die beiden Mount-Everest-Helden unten, zurück in der normalen Welt, erwartete. Die Begeisterung der Menschen wurde noch dadurch gesteigert, dass die Nachricht von ihrem Gipfelsieg die Briten zu Hause ausgerechnet am Tag der Krönung ihrer neuen Königin Elizabeth II. erreichte. „The Crowning Glory Everest is climbed", – „Die Krönung der Krönung – der Everest ist erstiegen", lautete die Schlagzeile einer englischen Zeitung am nächsten Tag, dem 30. Mai.

Die Queen erhob Edmund Percival Hillary in den Adelsstand. Jetzt durfte er sich „Sir" nennen. Aus dem einst schmächtigen Percival war nun tatsächlich ein Ritter geworden! Tensing wurde die George Medal, der höchste nicht-militärische Orden des britischen Königreichs, verliehen. Die ganze Welt, nicht nur die Berge, lag den beiden nun zu Füßen. Hillary ging auf Vortragsreise durch aller Herren Länder. Pro Auftritt blieben ihm allerdings nur 25 Dollar, denn die Everest-Mannschaft hatte vereinbart, dass die Gagen jeweils auf alle Mitglieder aufgeteilt wurden.

Zwischen 1954 und 1959 wurde Hillary dreifacher Vater von Peter, Sarah und Belinda. Seine Familie lebte vor allem von dem Geld, das der Neuseeländer mit seinem Buch über den Mount Everest verdiente. Später beriet er einen amerikanischen Camping-Ausrüster. Sein Abenteurer-Leben war aber noch nicht zu Ende. 1958 erfüllte sich Ed einen anderen Jugendtraum: Er nahm an einer Antarktis-Expedition teil und fuhr mit einem Traktor zum Südpol.

Mehrfach noch war Hillary im Himalaya unterwegs – 1960 als Mitglied einer Gruppe von Wissenschaftlern, die nach dem sagenhaften Schneemenschen Yeti suchte. Sie fanden ihn nicht … Doch mit zunehmendem Alter tat Hillary die Luft in so großen

Höhen nicht mehr gut. An weitere Gipfelstürme war nicht mehr zu denken.

Am Himalaya interessierten ihn jetzt ohnehin weniger die Berge als die Menschen, deren Heimat dort war. Ihnen fehlte es an fast allem, was für seine und die Welt seiner Kinder selbstverständlich war: Vor allem Schulen, aber auch eine ausreichende medizinische Versorgung, ja sogar Wasser und Transportwege, mit denen Dinge, die das Leben leichter machten, dorthin gebracht werden konnten. Deshalb gründete Hillary 1961 den Himalayan Trust, einen Fonds, für den er unermüdlich Spenden sammelte. In den nächsten vier Jahrzehnten wurden von dem Geld über 30 Schulen gebaut, zwei Krankenhäuser und zwölf medizinische Basisstationen.

1961 gründete Sir Hillary den Himalayan Trust, eine Spendenaktion zugunsten der Menschen im Himalaya-Gebiet, um Schulen und Krankenhäuser zu bauen.

Das Land seines größten Erfolges, Nepal, sollte aber auch das Land seiner größten privaten Tragödie werden: 1975 starben Hillarys Frau Louise und die damals 16-jährige jüngste Tochter Belinda in Nepal bei einem Flugzeugunglück. Für Hillary brach eine Welt zusammen. Er fühlte sich mitschuldig am Tod der beiden. Hatte seine Frau, die furchtbare Angst vor dem Fliegen plagte, doch nur ihm zuliebe die Maschine überhaupt bestiegen.

Hillary begann zu trinken. Nur mit Mühe kam er vom Alkohol wieder los – und brach zu einem neuen, ganz anderen Abenteuer auf: 1977 fuhr Ed mit einem Motorboot den indischen Fluss Ganges von der Mündung in Bengalen aus zurück in Richtung Quelle. 1985 schickte Neuseelands Regierung ihren Helden als Botschafter nach Neu Delhi. 1989 fand Hillary eine neue Gefährtin. June Mulgrew, die Witwe eines ehemaligen Bergsteigerfreundes, wurde seine zweite Frau.

Das Bergsteigen und Gipfelstürmen übernahm für ihn sein Sohn Peter: Zweimal trat er am Mount Everest in die Fußspuren seines Vaters. Mit dem Mann, der als Erster den Mond betreten hatte, Neil Armstrong, marschierte er zum Nordpol und bestieg den höchsten Berg der Antarktis, den Mount Vison mit 4 897 Metern.

Der Held vom Mount Everest wandte sich vollständig humanitären Aufgaben zu. 1991 wurde Edmund Hillary Sonderbotschafter der UNICEF-Kinderhilfsorganisation für die Himalaya-Region. Seit 1992 ziert sein Konterfei die Fünf-Dollar-Note seiner Heimat, eine Ehre, die vor ihm noch keinem Neuseeländer zu Lebzeiten zuteil geworden war. Mit über 80 Jahren zog sich Hillary nach Auckland zurück. Die Ärzte untersagten ihm, sich nochmal in größere Höhen als 3 000 Meter zu begeben. Mit 83 Jahren schaffte er es noch einmal in Nepals Hauptstadt Katmandu auf 1 340 Meter: am 50. Jahrestag seiner Everest-Erst-Besteigung.

Trampeltiere auf dem Dach der Welt

Wenn er noch einmal 33 Jahre jung wäre, würde er es dann noch einmal tun?, wurde Edmund Hillary beim 50. Mount-Everest-Jubiläum gefragt. Seine Antwort: ein klares Nein! In die Schar der über 1 200 Bergsteiger, die es seitdem bis nach ganz oben geschafft hatten, würde er sich nicht einreihen wollen.

Und schon gar nicht unter die 20 000 Bergtouristen, die pro Jahr auf dem Dach der Welt „herumtrampelten" und dort ihren Müll hinterließen, schimpfte der alte Mann. Einer einst unberührten Landschaft drohe deshalb die Zerstörung. Dass von den 60 000 bis 70 000 Dollar, die Gipfeltouristen für ihre geführten Expeditionen bezahlten, auch etwas für „seine" Nepalesen übrig bleibe, sei da nur ein schwacher Trost.

Wovon der Yak-Hirte träumt

Diese verrückten Leute! Da kamen sie extra tausende von Kilometern weit angereist, um sich dann in der feindlichen Fels- und Eiswüste zu Fuß mühsam nach oben zu quälen. Immerhin: Diese Sahib verschafften dem Volk der Sherpa im Himalaya ein willkommenes Zubrot. Die Europäer, Australier und Amerikaner würden es ja alleine nie schaffen, ihr schweres Gepäck auf die Sechs-, Sieben- und Achttausender hochzuschleppen.

So mancher Sherpa-Träger staunte, was diese Fremden alles mit sich führten: Schlafsäcke, Eispickel, Seile, schwere Flaschen mit Sauerstoff, ja sogar Essen in Dosen aus Blech. Das alles packten sich die Sherpa-Männer auf den Rücken. Doch sie waren froh, wenn sie so schnell wie möglich zu ihren Familien und Herden zurückkehren konnten. Für sie war es ein Job, nicht mehr.

Er dagegen hatte schon als kleiner Junge, wenn er zum Yak-Hüten auf weit über 5 000 Meter hochstieg, manches Mal sehnsüchtig zur Göttinmutter hinaufgeblickt. Tschomolungma – Göttinmutter – hieß in seiner Sprache diese Königin aus Stein, die alle anderen Gipfel des Himalaya überragt. Die Sahib sagten Mount Everest dazu. Der Hütejunge konnte verstehen, dass sie dort hinauf wollten. Wollte er das doch auch. Wie gern würde er dafür ihr schweres Gepäck auf seine Schultern nehmen.

Einmal, als 13-Jähriger, war er von zu Hause ausgebüxt und hatte versucht, in Nepals Hauptstadt Katmandu zu kommen, um sich dort Bergsteigern als Träger anzudienen. Das hatte nicht geklappt. Auch nicht beim zweiten Mal im indischen Darjeeling. Doch er sollte es schaffen – und weiter hinauf kommen als je einer aus seinem Volk zuvor.

Wer war das?

Tensing Norgay –

der Schneetiger auf dem Tschomolungma

Geboren vermutlich 1914 in Thame
Gestorben am 9.5.1986 in Darjeeling

Um seine Geburt ranken sich Legenden. Seine Mutter, so erzählen die Leute, sei gerade von seinem offiziellen Geburtsort Thame im Khumbu-Tal auf Pilgerreise nach Ghang Lha im Osten Nepals gewesen, als sie ihren Sohn Namgyal Wangdi zur Welt brachte. Ein hoher Lama – so werden die religiösen Meister im Buddhismus genannt – gab ihm später den Namen Tensing Norgay, was so viel heißt wie „Der, der Glück bringen wird".

Der Name Tensing Norgay bedeutet: „Der, der Glück bringen wird".

Viele Jahre später, nachdem er und damit auch sein Volk weltbekannt geworden waren, wurde Tensing Norgay noch ganz anders genannt: In ihm, so flüsterten sich die Leute ehrfürchtig zu, spiegele sich eine Gottheit wider. Andere hielten ihn für ein Avatar Shivas. Avatare werden die Erscheinungsformen der hinduistischen Götter genannt, in denen ihre Wiedergeburten auf die Erde zurückkommen. Und Shiva ist einer der höchsten Götter der Hindus. Wieder andere sahen in ihm ein Zeichen Buddhas. War doch auch der Fürstensohn Siddharta, der zu Buddha, dem Erleuchteten wurde und die nach ihm benannte Religion des Buddhismus begründet hat, auf die Welt gekommen, als seine Mutter unterwegs war.

Egal, ob die Sherpa diesen Mythen glaubten oder nicht: Wie ein Gott wurde Tensing Norgay nicht nur in Nepal, der Heimat seines Volkes im Himalaya, sondern auch in Indien verehrt. Weil er die meiste Zeit seines Lebens in Darjeeling verbrachte, betrachteten auch die Inder ihn als einen der ihren und sonnten sich in seinem Ruhm. Er hatte als Erster von ihnen allen seinen Fuß auf die Spitze des Tschomolungma gesetzt. Da war er vermutlich 39 Jahre alt. So genau weiß man nicht, wann er geboren wurde. Vieles spricht für das Jahr 1914.

Die Sherpa nennen den Mount Everest Tschomolungma. Das heißt „Göttinmutter".

„Ich musste gehen. Es gab nichts auf der Erde, was mich stärker anzog. Mein Leben hatte nur ein Ziel: den Gipfel des Mount Everest zu erreichen", sagte Tensing Norgay nach dem historischen Tag, dem 29. Mai 1953, an dem er und der Neuseeländer Edmund Percival Hillary als erste Menschen den 8 846 Meter hohen Gipfel des stolzesten Berges der Erde erstiegen hatten.

Den Himalaya kannte Norgay gut. Schon als kleiner Junge war er vom heimischen Khumbu-Tal aus in 6 000-Meter-Höhen gestiegen. Dort hatte er, wie die meisten seiner Altersgenossen, Yaks gehütet.

Yak-Rinder können gut klettern und Lasten tragen, spenden Milch, Fleisch und Wolle, und ihr Dung dient als Brennmaterial.

Doch während für die meisten Sherpa der Tschomolungma einfach nur „da" war, blickte Tensing, je öfter er sich in den Bergen herumtrieb, umso sehnsüchtiger zu den schroffen Eis- und Schneehängen dieses Giganten hinauf. Als Erwachsener verdingte er sich als Träger für die Sahib, die extra hierher kamen, um ihre Kräfte mit dem Himalaya zu messen. Zweimal hatte sich Tensing als Jugendlicher sogar heimlich von zu Hause weggeschlichen, um mitgehen zu können. Einmal, da war er 15 Jahre alt, kam er sogar bis ins indische Darjeeling, wo er später auch leben sollte. Ein Mädchen aus Darjeeling, Dawa Phuti, wurde 1935 seine erste Frau. Als 19-Jähriger hatte Tensing in Indien dann endlich Arbeit als Träger und Begleiter von britischen Bergsteigern gefunden.

Nun war auch er ein „Schneetiger". Diesen Namen gaben die Sahib den Sherpa, weil die sich wendig und zäh wie Tiger trotz der immer dünner werdenden Luft selbst in schwindelnden Höhen bewegen konnten. Viele der ausländischen Kletterer brachte dort oben schon ihr eigenes Körpergewicht außer Atem. Ohne die Hilfe der Lastenträger hätte so mancher kurz nach Beginn des Anstiegs schlapp gemacht.

Tensing Norgay war besonders gefragt, weil er ein guter, umsichtiger Kletterer war. Im Lauf seiner Schlepper- und Kletterjahre hatte er sich zudem mithilfe der vielen Fremden, die er begleitete, sieben Sprachen angeeignet, was ihn noch begehrter werden ließ. Schreiben dagegen hat er Zeit seines Lebens nicht gelernt.

In Darjeeling traf Tensing 1935 Eric Shipton, einen der berühmtesten britischen Bergsteiger. Mit ihm machte er den ersten Versuch, den Everest zu erobern. Dabei beeindruckte er Shipton so sehr, dass er 1936 und 1938 erneut in die Dienste der Briten kam. Doch bis ganz hinauf schaffte es keine der drei Mannschaften. Tensing aber war in den Rang eines Sirdar aufgestiegen: Nun war er nicht mehr nur einfacher Träger, sondern hatte die Aufgabe, selbstständig den gesamten Lastentransport einzelner Expeditionen zu organisieren.

Tensing Norgay bestieg auch den Nanda Devi und Garwhal in Indien, den Tirich Mir in Pakistan, den Nanga Parbat in Kaschmir und begleitete eine archäologische Tibet-Expedition.

Seine erste Frau Dawa Phuti, mit der er zwei Töchter hatte, starb 1944. Ein Jahr darauf heiratete Tensing eine andere Sherpa, Ang Lahmu. Seine dritte Frau Daku, ein Mädchen aus seinem nepalesischen Heimatdorf Thame, die er 1964 nach dem Tod Ang Lahmus geehelicht hatte, machte den da schon weltberühmten Norgay auch noch zum Vater dreier Söhne.

Doch zurück zur Göttinmutter: Nachdem die Chinesen 1951 Tibet besetzt hatten, war die Nordroute auf den Everest versperrt. Ein Schweizer Team wollte deshalb von Süden aus versuchen, den Gipfel zu bezwingen. Wieder war Tensing Norgay dabei, diesmal nicht mehr nur als Sirdar, sondern sogar als gleichberechtigter Teilnehmer. Er selbst hätte keinem einen Erfolg mehr gegönnt als dem Expeditionsleiter der Schweizer, dem

Genfer Raymond Lambert. Der sprach zwar nur Französisch, eine Sprache, deren Norgay nicht mächtig war, doch die beiden Männer verstanden sich auch so besser als je zuvor ein Sahib und ein Sherpa am Berg. Am Ende krochen Lambert und Norgay auf allen vieren das letzte Stück am Everest hoch. Und mussten doch, nur 150 Meter vom Gipfel entfernt, wegen der entsetzlichen Kälte und mangels Sauerstoff kapitulieren. Zum Abschied schenkte Lambert dem Sherpa seinen roten Schal, der zu Norgays Talisman wurde. Dieses Freundschaftssymbol trug er auch ein Jahr später, als ihm mit dem Neuseeländer Edmund Hillary der spektakuläre Sieg über die Göttinmutter dann endlich gelang. Danach hat Tensing den Schal, der nun von dort kam, wo der Schweizer nie hingelangte, Lambert zurückgebracht.

Tensing Norgay hatte das Ziel seines Lebens erreicht – für das er so hart wie sonst keiner gearbeitet hat. Kein Sherpa hatte bis dahin mehr Zeit am Mount Everest verbracht. Als Erster sah er die beiden heiligsten Klöster seines Volkes, Thengboche und Rongbuk, von oben. Die Aussicht empfand er als „schrecklich, wild und wunderbar". Konnte es Größeres in seinem Leben geben?

Bei der Rückkehr wurde Tensing empfangen wie ein Held. Zehntausende Menschen säumten die Landebahn, als er mit Hillary im indischen Delhi ankam. So etwas war noch keinem Sherpa widerfahren. Sogar der Premierminister, Pandit Nehru, gab für die Gipfelstürmer einen Empfang. Dass Norgay von ihm einen indischen Pass entgegennahm, hat ihm das offizielle Nepal nie verziehen. Doch die Menschen seiner Heimat lagen ihm zu Füßen. Ein Jahr später, 1954, wurde Norgay Field Direktor, Chef des Himalayan Mountaineering Institute, der ersten Bergsteigerschule im indischen Darjeeling. Das blieb er 22 Jahre lang. Die Inder schenkten ihm dort ein eigenes Haus. Tensing Norgay nannte es „Ghang Lha" – nach dem Ort, an den seine Mutter bei seiner Geburt als Pilgerin unterwegs war. Tensing Norgay starb am 9. Mai 1986, 72 Jahre alt. Sein Sohn Jamling stieg in seine Fußstapfen: 1996 folgte er seinem Vater auf den Gipfel des Mount Everest zur Göttinmutter Tschomolungma.

Gepäckträger für sechs Dollar am Tag ...

Welchen Sturm auf seine geliebte Göttinmutter er mit der Erstbesteigung des Mount-Everest-Gipfels auslösen würde, hat Tensing Norgay wohl kaum geahnt. Umso wichtiger war es für ihn, dass mit ihm ein Sherpa der erste Mensch dort oben war. Tensing hat noch miterlebt, wie Reinhold Messner, der Bergsteiger-Star aus dem italienischen Südtirol, den Tschomolungma als Erster ohne Sauerstoff bezwang.

Er sah aber auch, dass die Touristen, die sich seit 1953 an der Göttinmutter versucht haben, seinem Volk, einem der ärmsten der Erde, ein wenn auch geringes Einkommen verschafft haben. In einem Land, in dem ein Lehrer 40 Dollar im Monat verdient, ist ein Lohn von sechs Dollar am Tag für einen Lastenträger viel Geld.

Nicht nur, wer die Gipfeltouristen begleitet, verdient daran: Auch die Siedlungen und Unterkünfte, die mittlerweile rund um den Everest für die Besucher aus aller Welt entstanden sind, wollen versorgt sein. Es sind Sherpa, die Essen und anderes auf dem Rücken dorthin tragen – für zwei Dollar am Tag. Die Hälfte davon kann immerhin noch verdienen, wer sich als Shit-Porter verdingt – und die Verdauungsrückstände der Bergsteiger vom Basislager der Göttinmutter in die nächste Siedlung zum Vergraben bringt. Unter Bergsteigern sind die Sherpa inzwischen außerhalb der Everest-Saison auch in anderen Teilen der Welt als Bergführer gefragt.

Ein Mann mit guten Manieren

Jetzt bloß keinen Fehler mehr machen! Jetzt kam es darauf an, auch gegen keine der ungeschriebenen Regeln zu verstoßen. Schließlich ging es um die spannendste Mission der Welt. Und mit den Ausbildern war nicht zu spaßen. 14 seiner ursprünglich 19 Konkurrenten hatten das schon zu spüren bekommen. Sie mussten die „Stadt der Sterne" nach einem dummen Fehler sofort verlassen. Dabei waren die jungen Männer gar nicht im Dienst, als sie gegen eine dieser ungeschriebenen Regeln verstoßen hatten.

Die offizielle Begründung für ihren Rausschmiss hörte sich schon ziemlich peinlich an: „Probleme mit der Disziplin". Was tatsächlich passiert war, dafür sollten sie sich wirklich schämen. Die Kollegen hatten gefeiert und dabei zu tief ins Wodka-Glas geschaut. Ein bodenloser Leichtsinn, kam es in diesem Job doch darauf an, in jedem Moment hundertprozentig zuverlässig zu sein. Und Alkohol war strikt verboten. Zuletzt hatte der Russe noch fünf ernst zu nehmende Konkurrenten.

Dass dann tatsächlich er das Rennen machte, lag an einer klitzekleinen Kleinigkeit: Der junge Mann hatte sich die Schuhe ausgezogen, bevor er das erste Mal die Weltraumkapsel betrat. Das verriet sein Trainingsleiter erst Jahrzehnte später. Diese Sorgfalt, auch nicht das winzigste Stäubchen in das nagelneue Raumschiff zu tragen, hatten die Ausbilder davon überzeugt, dass er der Richtige war. „Mir gefiel, dass das so ein ordentlicher Junge war", schwärmte der oberste Chef später gegenüber den Biografen. Er selbst hat das vermutlich nie erfahren. Denn unser Held starb nur wenige Jahre nach seiner abenteuerlichen Mission.

Wer war das?

Jurij Gagarin –
der erste Mensch im All

Geboren am 9.3.1934 in Kluschino
Gestorben am 27.3.1968 in Nowosolowo

Mit weichen Knien stand der junge Mann im offenen Flugzeug. Verdammt, war das tief! Dort sollte er sich hinunterstürzen? Jurij Alexejewitsch Gagarin schien in der Luke zu kleben. „Nicht zittern, Jurij, die Mädels schauen zu!“, feuerte ihn der Ausbilder an. Jurij nahm allen Mut zusammen – und sprang.

Gagarin kam genau in der Region auf die Erde zurück, in der sein Heimatdorf Kluschino liegt. Dort war er am 9. März 1934 geboren worden.

Wenige Jahre später war ein Fallschirmsprung das triumphale Ende einer Mission, die noch viel mehr Mumm erfordert hatte: Am 12. April 1961 stolperte der Russe, den seidenen Stoffhimmel hinter sich herziehend, nach 108 Minuten im Weltall zurück auf die Erde. Als erster Mensch hatte er im Raumschiff „Wostok I“ unseren blauen Planeten einmal umrundet. Am Ausgangspunkt seiner Umlaufbahn angekommen, war Wostok I in die Erdatmosphäre zurückgekehrt und hatte den Kosmonauten schließlich zum freien Fall in den Himmel katapultiert. Um 10 Uhr 55 stand Jurij Gagarin wieder mit beiden Beinen auf Mutter Erde.

Schon 1957 hatten die Russen den Westen mit ihrer „Sputnik“-Mission geschockt und vor den USA einen unbemannten Satelliten ins All geschossen.

Von diesem 12. April an kannte die ganze Welt seinen Namen, sogar das ferne Amerika. Darauf war der 27-Jährige besonders stolz. Lagen doch die verfeindeten Weltmächte Sowjetunion und USA in einem Wettrennen auf dem Weg ins All. Mit ihm hatte seine sowjetische Heimat gesiegt.

Gagarin wurde zum „Held der Sowjetunion“ und ein Symbol des Arbeiter- und Bauernstaats, wie sich die Sowjetunion nannte. Ursprünglich hatte er Gießer gelernt und eine Ausbildung als Industrietechniker gemacht. 1957 wurde er dann Militär-Pilot.

Das war sein Traumberuf, seit er im Zweiten Weltkrieg miterlebt hatte, wie ein Jagdflieger auf einem Feld notgelandet war. Besonders beeindruckt hatte ihn, wie die Kollegen aus einer zweiten Maschine dem Piloten zu Hilfe geeilt waren, um ihn vor den deutschen Besatzern zu retten.

Jurijs Bruder und seine Schwester wurden im Krieg von den Deutschen als Zwangsarbeiter verschleppt.

Nach dem Krieg lernte Gagarin fliegen, wobei es zu der Zitterpartie bei seinem Sprung mit dem Fallschirm kam. Auf der Fliegerschule in Orenburg wurde er 1957 zum Leutnant ernannt. Im gleichen Jahr heiratete er die Ärztin Valentina Gorjatschowa. 1959 wurde Gagarin Vater von Jelena. Ihre Schwester Gaja war gerade vier Wochen alt, als der junge Vater 1961 als erster Mensch in den Weltraum flog. Die Familie lebte da schon länger in Swednyk Gorodok, der Sternen-Stadt, die das Zuhause aller Kosmonauten war.

Der Vater des Kosmonauten war Zimmermann, die Mutter Bäuerin. Das passte gut: Er selbst war also ein echtes Kind des Arbeiter- und Bauernstaats.

Dort, unweit von Moskau, hatte Gagarin gelernt, sich in der Schwerelosigkeit zurechtzufinden. Er wurde in Hitzekammern gesteckt, vom Flugsimulator auf den Kopf gestellt und hatte trainiert, wie man selbst im größten Stress Nerven und Konzentration bewahrt. Jurij konnte so was nicht erschüttern: Er hatte den Ruf, immer gut gelaunt und gelassen zu bleiben.

Die Kosmonauten mussten im Training schwere Mathematik-Aufgaben lösen, während sie mit Ohren betäubendem Lärm beschallt wurden.

Die ganze Welt konnte sein „Pojechali!“ – Los geht’s! – hören, als eine umgebaute Atomrakete die Kosmos-Kugel Wostok I mit Gagarin in den Himmel schoss. Amateur-Funker rund um den Erdball empfingen die Signale. Mit dieser ungewohnten Offenheit erstickten die sonst so verschwiegenen Russen jeden Zweifel im Keim, dass tatsächlich einer der ihren da oben war.

Hunderttausende Menschen jubelten dem neuen Helden nach dessen Rückkehr aus dem All auf dem Roten Platz in Moskau zu. Noch während des Fluges war Gagarin zum Major befördert worden, danach wurde er zum Kommandanten aller Kosmonauten ernannt. Nur sein größter Wunsch, noch ein zweites Mal ins All zu fliegen, ging nicht in Erfüllung. Angeblich wollten die Sowjets nicht riskieren, dass der lebende Beweis für ihren Triumph auf Nimmerwiedersehen im Weltraum verschwand. Diese Gefahr bestand ja bei jedem Flug in den Orbit.

Eigentlich sollte Gagarin gar nicht mehr fliegen. Schließlich erlaubte man ihm, als Testpilot von Kampfflugzeugen zu arbeiten. Doch dazu kam es nur ein paarmal: Denn am 27. März 1968 stürzte Jurij Alexejewitsch Gagarin mit einer MIG-15 in der Nähe von Nowosolowo ab. Warum, ist nach wie vor ein Staatsgeheimnis. Gerüchte besagten, der sowjetische Geheimdienst KGB habe Gagarin umgebracht, weil der Kosmonaut angeblich nicht mehr hundertprozentig auf der Linie der Kommunisten lag. Wie es einem Helden gebührt, wurde der Weltraum-Pionier aber nach einem Staatsakt in der Kreml-Mauer bestattet.

Urlaub im All

23 Tage nach Jurij Gagarins Triumph schickten die Amerikaner ihren ersten Astronauten ins All. Am 5. Mai 1961 hielt sich Alan B. Shepard 15 Minuten im Weltraum auf. Zehn Monate später umkreiste John Glenn als erster Amerikaner die Erde. Den ersten Weltraumspaziergang absolvierte 1965 wieder ein Russe. Die USA schickten 1969 die erste Mannschaft zum Mond.

Was damals, beim Wettlauf ums All, niemand für möglich gehalten hätte, wurde 1998 Wirklichkeit: Seitdem arbeiten 16 Staaten in der Internationalen Raumstation ISS zu Forschungszwecken zusammen. Seit Oktober 2000 ist die ISS ständig von einer sich abwechselnden dreiköpfigen Besatzung bewohnt.

Im April 2001 erhielten die Astronauten dort zum ersten Mal Besuch von einem Touristen. Ein Amerikaner hatte für diesen Ausflug 20 Millionen Dollar bezahlt.

Der Ritt mit der Blechgans

Aufgeregt tippelte der Steppke von einem Fuß auf den anderen. So schnell, wie seine Augen den Dingern da oben am Himmel folgen mussten, konnten die kleinen Finger gar nicht auf die Flugzeuge zeigen. Vater Stephen hatte an seinem Sohn sicher viel Spaß an diesem Sommertag im Jahr 1932. Der war gerade mal zwei Jahre alt, da hatte ihn Daddy schon das erste Mal nach Cleveland zu der jährlichen Flugzeugschau in Ohio mitgenommen. Dort gab es Doppeldecker, Propellermaschinen und Wasserflugzeuge zu sehen. Und tollkühne Männer sowie einige wenige Frauen, die in ihren fliegenden Kisten die verrücktesten Manöver wagten. Der Dreikäsehoch unten am Boden umklammerte fest Papas Hand. Vor Staunen bekam er den Mund kaum mehr zu.

Nur wenige Jahre später sollte der Junge selbst das erste Mal mit einer Blechgans durch den Himmel reiten. Nein, das war kein kindliches Fantasiespiel. Er saß tatsächlich in einer „Tin Goose" (Blechgans). So hieß die achtsitzige Maschine, die ihren Namen der Außenverkleidung mit Wellblech verdankte, in der der nun Sechsjährige zusammen mit seinen Eltern seine Premiere als Fluggast erleben durfte. Damals war so etwas – zumal für ein Kind – etwas ganz und gar Außergewöhnliches.

Fliegen! Nie wieder sollte diese Fortbewegungsart für ihn ihre Faszination verlieren. Noch bevor er Auto fahren konnte, saß er selbst auf dem Pilotensitz eines Flugzeugs. Zum 16. Geburtstag durfte er endlich den Flugschein für Sportmaschinen machen. Später steuerte er das damals schnellste Flugzeug der Welt und stellte mit ihm einen Geschwindigkeitsrekord auf. Aber er sollte noch viel höher hinaus kommen, höher als jemals ein Mensch zuvor.

Wer war das?

Neil Alden Armstrong –

der erste Mensch auf dem Mond

Geboren am 5.8.1930 in Wapakoneta

Verdammt! Was war das? Wild begann „Gemini 8“ erst zu taumeln und dann zu rotieren. Neil Alden Armstrong und David Randolph Scott rüttelte es gehörig durch. Verdammt! Es hatte doch bislang alles perfekt geklappt. Ganz nach Plan hatte ihre Raumkapsel an den unbemannten Zielflugkörper „Agena“ angedockt. 20 Minuten lang waren die beiden Orbit-Flugkörper friedlich vereint durch den Weltraum geglitten. Und plötzlich drohte das Tandem, außer Kontrolle zu geraten. Schon drehte es sich einmal in der Sekunde um sich selbst. Die beiden Astronauten waren nah daran, das Bewusstsein zu verlieren.

Die Metallkapsel war fünfeinhalb Meter lang und hatte einen Durchmesser von drei Metern.

Was war passiert? Ein Kurzschluss hatte die Düse zur Lagestabilisierung aktiviert. Daraufhin hatte automatisch das Steuertriebwerk gezündet. Gegensteuern! Sie mussten jetzt ganz schnell gegensteuern! Mit letzter Kraft setzten die Astronauten die entsprechende andere Düse in Gang, koppelten Gemini 8 wieder ab und programmierten von Hand alle Instrumente für einen vorzeitigen Wiedereintritt in die Erdatmosphäre.

Ein plötzlicher Kurzschluss setzte der Gemini-8-Mission ein jähes Ende.

Drei Tage hatten sie im All bleiben sollen, aussteigen und frei in der Schwerelosigkeit schweben – daran war jetzt nicht mehr zu denken. Das Abfang-Manöver der wild gewordenen Kapsel hatte zwei Drittel der Treibstoffvorräte verbraucht. Der Rest würde gerade noch reichen, um mit Gemini 8 zur Erde zurückzukommen. Das hofften sie jedenfalls …

Die Männer bereiteten die Notlandung vor. Am 16. März 1966 platschte Gemini 8 zehn Stunden, 41 Minuten und 16 Sekunden nach dem Start von Cape Kennedy in Florida nun in den pazifischen Ozean, 800 Kilometer südöstlich der japanischen Insel Okinawa. Am Himmel knatterte schon ein Rettungshubschrauber. Die Luke öffnete sich. Froschmänner sprangen ins Meer, um die Kapsel mit den beiden Astronauten darin zu sichern. Drei Stunden tanzte Gemini 8 – von Schwimmkörpern getragen – auf den Wellen des Ozeans. Dann hatte der amerikanische Zerstörer „USS Leonard F. Mason" ihren „Landeplatz" erreicht. Ein Kran hob die Weltraumkapsel an Deck und nahm die erschöpften Sternenfahrer auf. Mission beendet, wenn auch nicht von dem erhofften Erfolg gekrönt. Noch einmal Glück gehabt, Commander Armstrong und Pilot Scott!

Auf den Tag genau drei Jahre und vier Monate später sollte Neil A. Armstrong mit zwei anderen Kollegen zu einer noch viel abenteuerlicheren Mission ins All starten. Diesmal war die Frage noch viel spannender, ob sie überhaupt ihr Ziel erreichen würden. Würde das Andock-Manöver vor ihrem Rückflug klappen? Wenn nicht, hieße das für zwei der drei Astronauten den sicheren Tod. Sie müssten dann für immer im Weltraum bleiben. Drei Jahre nach der Gemini-8-Aktion stand Armstrong ein Abenteuer bevor, wie es bis dahin noch keines gegeben hatte: die erste Landung von Menschen auf dem Mond.

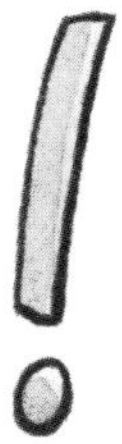

Dieser Griff nach den Sternen war noch ein Hirngespinst, als der sechsjährige Neil Alden Armstrong aus Wapakoneta im amerikanischen Staat Ohio seinen Himmelsritt mit der dreimotorigen „Blechgans" machte. Weite Reisen war er schon als kleiner Junge gewohnt. Der Vater, Stephen Armstrong, war Wirtschaftsprüfer. Sein Beruf verlangte, dass die Familie – Mr. Armstrong, seine Frau Viola und die drei Kinder Neil, June und Alan – häufig umziehen musste. Von Warren nach Jefferson, von Ravenna nach St. Marys und Upper Sandusky, bevor die Armstrongs dann endlich doch wieder am Geburtsort von Neil in Wapakoneta/Ohio sesshaft wurden. Dort war er am 5. August 1930 auf der Farm seines Großvaters zur Welt gekommen.

Aus dem kleinen Jungen, der so früh schon Kerosinduft und Höhenluft hatte schnuppern dürfen, wurde zuerst ein begeisterter Modellflugzeug-Bauer. Dann lernte er Segelfliegen und durfte mit 16 seinen Sportflugschein machen. Um sich die Trainingsstunden dafür leisten zu können, jobbte er in jeder freien Minute – am liebsten auf dem Airport seines Heimatortes. Dieser Flughafen von Wapakoneta sollte eines fernen Tages sogar seinen Namen tragen.

Nach dem High-School-Abschluss wurde Neil A. Armstrong Kadett auf der Marineflieger-Schule. Es folgte ein Studium der Luftfahrttechnik in Lafayette/Indiana. Dann schickte ihn die Marine als Militärflieger nach Südostasien. Dort herrschte Krieg. Die Amerikaner stellten das Hauptkontingent an Soldaten, die die Vereinten Nationen wegen des Konflikts zwischen Nord- und Südkorea dorthin entsandten. 78-mal musste Armstrong von einem Flugzeugträger aus zu Kampfeinsätzen starten. 1952 hängte er die Uniform an den Nagel und machte seinen Abschluss als Luftfahrtingenieur. Bei der NASA, der „National Aeronautics and Space Administration", wie die Weltraumbehörde der USA heißt, wurde Neil Testpilot.

Mit 6 700 Stundenkilometern durch die Wolken: Als NASA-Testpilot stellte Armstrong mit der X-15 einen neuen Geschwindigkeitsrekord am Himmel auf.

Jetzt war er vollends in seinem Element. Über 200 verschiedene Luftfahrzeug-Typen durfte Armstrong testen. Und es kam noch besser: Es gelang ihm, das modernste Hochgeschwindigkeitsflugzeug der Welt, die legendäre X-15, auf eine Höhe von bis zu 60 Kilometer über der Erde in den Himmel zu jagen. Der Pilot Armstrong stellte mit „seiner" X-15 sogar einen neuen Rekord auf. So schnell wie er – 6 700 Stundenkilometer – war noch nie jemand durch die Wolken gerast.

Seine Erfolge mit der X-15 verschafften ihm die Eintrittskarte in die Welt der Astronauten. 1958 berief die US-Luftwaffe den nun 28-Jährigen als einen von neun Testpiloten in das erste amerikanische Weltraum-Team. Ehrgeiziges Ziel des Raumfahrtprogramms war die Landung auf dem Mond!

Im Wettlauf auf dem Weg zum Mond wollten die Amerikaner unbedingt die Ersten sein.

Immerhin hatten die Amerikaner eine schwere Niederlage auszubügeln: Die Sowjets hatten es im April 1961 als Erste geschafft, überhaupt einen Menschen ins All zu schießen. Als der Kosmonaut Jurij Gagarin von seiner Mission zurückkam, kündigte der damalige US-Präsident John F. Kennedy ehrgeizig an: „Noch in diesem Jahrzehnt wird ein Mensch zum Mond fliegen und wieder heil zur Erde zurückkehren!“ Und das sollte unbedingt ein Amerikaner sein.

1962 trat das Gemini-Projekt in die heiße Trainingsphase für den Run auf den Mond. Mit acht anderen Astronauten lebte Neil Armstrong nun in El Lago, unweit des texanischen Raumfahrt-Zentrums Houston. Vier Jahre später startete er dann das erste Mal selbst ins All, als Kommandeur der Gemini 8. Auch wenn ihn die Panne nach dem Andock-Manöver mit der Agena zur Notlandung im Pazifik gezwungen hatte: Armstrong hatte die aus dem Ruder gelaufene „Gemini“-Kapsel wieder in den Griff bekommen – und sich damit zum heißesten Kandidaten für den ersten Flug zum Mond gemacht.

Am 16. Juli 1969 war es so weit. Ein letztes ausgiebiges Frühstück mit Steaks, Spiegeleiern und Speck auf der Erde, dann marschierten um 4 Uhr 15 Ortszeit Neil A. Armstrong, Michael Collins und Edwin E. „Buzz“ Aldrin Richtung Startrampe der „Saturn-V“-Rakete in Cape Kennedy. Armstrong war Kommandant der „Apollo 11“. So hieß das Raumschiff, das die ersten Menschen in Richtung des Erdtrabanten bringen sollte. Nicht alle drei waren für den Mondspaziergang selbst vorgesehen. Collins sollte die Kommandokapsel „Columbia“ so lange auf ihrer Umlaufbahn halten, bis die beiden anderen ihre Arbeiten auf dem Mond erledigt hätten, um sie dann wieder einzufangen. Aldrin war als Pilot des Mondlande-Geräts „Eagle“ (Adler) vorgesehen. Armstrong aber sollte derjenige sein, der als Erster einen Fuß auf den Boden dieser fernen Welt setzen durfte.

Am 16. Juli 1969 beobachteten Millionen von Menschen an ihren Fernsehern den Start von Apollo 11.

Die Welt hielt den Atem an, als um 9 Uhr 32 Orts- und 14 Uhr 32 mitteleuropäischer Zeit die 111 Meter hohe, 3 100 Tonnen schwere und 155 Millionen PS starke Saturn V-Rakete mit ohrenbetäubendem Lärm in einem infernalischen Feuersturm von der Startrampe abhob, um die drei Männer zum Mond zu schießen. Millionen Menschen saßen rund um den Erdball vor den Fernsehbildschirmen. Allein 1,5 Millionen waren extra an die amerikanische Ostküste gereist, um mit eigenen Augen zu sehen, wie der Koloss Richtung Himmel stob.

Nun waren die Astronauten nur noch per Funk mit der Erde verbunden. In ihren weißen Raumanzügen, völlig verkabelt, Beutel für ihre Ausscheidungen direkt auf dem Leib in der Hose und unförmige Helme auf dem Kopf, sahen sie eher wie plumpe Roboter als wie Menschen aus, die federleicht in der Schwerelosigkeit schwebten. Im Flugkontrollzentrum des texanischen Houston hielten andere Astronauten abwechselnd Kontakt mit den Kollegen dort oben.

Nach eineinhalb Erdumkreisungen, es war inzwischen der 19. Juli, zündete die letzte der drei Raketenstufen der Saturn. Apollo 11 – bestehend aus der Kontrollkapsel Columbia und dem Mondlandegerät Eagle – schoss aus der Erdumlaufbahn und raste mit 39 000 Stundenkilometern gen Mond. Um 4 Uhr 12 trennten die Weltraumfahrer bereits 325 000 Kilometer von der Erde und „nur“ noch 70 000 von deren Trabanten. Zwölf Stunden später trat ihr Raumschiff in die Umlaufbahn des Mondes ein und wurde per Zündung erst auf 9 200 dann auf 5 800

Stundenkilometer abgebremst. In 110 Kilometer Entfernung vom Ziel umkreiste Armstrongs Crew nun den Mond und legte eine letzte Schlafpause ein.

20. Juli, der vierte Tag: Armstrong und Aldrin sagten nun auch Collins „Good bye!". Sie stiegen von der Columbia in ihr Mondlandegerät um. Um 18 Uhr 45 – die Columbia umkreiste den Mond gerade zum 13. Mal – meldete sich Armstrong bei Collins mit den Worten „The eagle has wings!", „Der Adler hat Flügel!", und flog nun frei. Columbia-Commander Collins, jetzt der wichtigste Verbindungsmann zwischen Himmel und Erde, gab die Meldung nach Houston weiter. In Texas wurden alle technischen Messdaten überwacht. Nun kam von dort: „You have a go for landing" – „Ihr habt die Erlaubnis für den Abstieg!"

„The eagle has landed!" – „Der Adler ist gelandet!" So verkündete Armstrong die geglückte Landung auf dem Mond.

Aldrin zündete die Bremsrakete und steuerte den Adler per Hand. Der setzte, um 21 Uhr 17 an diesem historischen 20. Juli 1969, erst die Fühler, dann sanft seine vier Teleskop-Beine auf der Mondoberfläche auf. Armstrong meldete: „Tranquility base here, the eagle has landed!" – „Hier Stützpunkt der Stille, der Adler ist gelandet!"

Unten, fast 400 000 Kilometer entfernt, brach unbeschreiblicher Jubel aus. Oben sah Armstrong durch das Fenster nur Felsbrocken und Staub. Der Eagle stand in einem riesigen Krater, drum herum öde Mondlandschaft. Die beiden Astronauten ruhten sich aus und nahmen noch eine kleine Mahlzeit zu sich, bevor sie sich in die schweren Raumanzüge für draußen zwängten.

Um 3 Uhr 40 öffnete Kommandeur Armstrong die Ausstiegsluke des Adlers. Er betrat eine kleine Leiter und setzte den ersten Fuß auf den Mond und mit der plumpen, gerillten Sohle seines klobigen Stiefels – des ersten Moonboots – einen Abdruck für die Ewigkeit in dessen Staub. Dann sprach der Mann, der als Sechsjähriger in einer Blechgans mit der Fliegerei angefangen

„Das ist ein kleiner Schritt für einen Menschen, aber ein riesiger für die Menschheit!" Mit diesen Worten setzte Armstrong als erster Mensch einen Fuß auf den Mond.

hatte, die weltberühmten Worte: „That's one small step for a man, one giant leap for mankind!", „Das ist ein kleiner Schritt für einen Menschen, aber ein riesiger für die Menschheit!" Armstrong griff sich ein paar Steine und eine Hand voll Staub von dem puderigen Boden und steckte sie sicherheitshalber ein. Hätten sie ihr Abenteuer vorzeitig abbrechen müssen, hätte er so zumindest etwas vom Mond mit zurückbringen können.

Inzwischen hatte auch „Buzz" Aldrin den Mond betreten. Der Eagle-Pilot stellte eine Kamera auf. Sie funkte atemberaubende Bilder zur Erde. Dort unten trauten 500 Millionen Menschen vor den Bildschirmen kaum ihren Augen. Live konnten die Fernsehzuschauer jeden Schritt der Astronauten verfolgen. Die hüpften, zwei unförmige Gestalten, wie übermütige Jungs über den Mond! Der war auf einmal ganz nah – und mit ihm die Männer dort oben.

Die Menschheit sah zu, wie Aldrin einen Stab in die Mondoberfläche rammte. Daran befestigte er die an einer Querlatte montierte amerikanische Flagge. So verhinderte er, dass das Sternenbanner mangels Wind nur schlaff nach unten hing. Genauso spannte der zweite Mann am Mond eine Sonnenwindfolie auf, in der Hoffnung, dass sich Partikel ansammeln würden, die man später auf der Erde analysieren könnte. Er installierte einen Laser-Reflektor sowie ein Seismometer, das der Erde Schwankungen des Trabanten melden sollte. Armstrong hatte eine Plakette mit der Inschrift niedergelegt: „Hier setzten Menschen vom Planeten Erde erstmals ihren Fuß auf den Mond. Juli 1969, anno domini. Wir kamen in Frieden für die gesamte Menschheit." Dann sammelten die beiden Männer Steine ein.

Nach zwei Stunden 13 Minuten war ihre Arbeit getan. Die Astronauten kehrten in den Eagle zurück, um sich in den nächsten acht Stunden auszuruhen. Um 18 Uhr 52 zündete Aldrin das Triebwerk des Mondlandegeräts. Der Adler hob wieder ab und beschleunigte auf 6 643 Stundenkilometer, um wieder in die Umlaufbahn des Mondes einzutreten. Dort wartete Collins, um die Spaziergänger mit ihrem Gefährt ab- und aufzufangen.

Jetzt ging es zurück zum Heimatplaneten. Nach 193 Stunden und 50 Minuten Flugzeit trat Apollo 11 wieder in die Erdatmosphäre ein. Am 24. Juli um 11 Uhr 50 mittelamerikanischer Zeit plumpste das Raumfahrzeug, von Fallschirmen gehalten, bei Hawaii in den Pazifischen Ozean. Dort warteten schon der Flugzeugträger Hornet und der amerikanische Präsident Richard Nixon. Die drei Männer mussten erst mal in Quarantäne: Man wusste ja nicht, ob der Mond ihnen vielleicht gefährliche Bakterien oder Viren mitgegeben hatte.

Nach erfolgreicher Mission kehrte die Apollo 11 am 24. Juli 1969 wieder wohlbehalten zur Erde zurück.

Neil A. Armstrong hat insgesamt 1,5 Millionen Kilometer im Himmel zurückgelegt. Im Lauf seines Lebens war er acht Tage, 13 Stunden, 59 Minuten und 51 Sekunden im All. Er wurde mit dem höchsten amerikanischen Orden für Nicht-Militärs, der Freiheitsmedaille, und zahlreichen anderen Auszeichnungen geehrt. Danach blieb er am Boden und koordinierte für die NASA die Forschung für künftige Projekte. Von 1971 bis 1979 lehrte er als Professor an der Universität von Cincinnati Luft- und Raumfahrttechnik. Später ging er in die Industrie: Er hatte Jobs bei einer Computerfirma in Virginia und einem Elektronikkonzern in New York. Der Familienvater Neil Armstrong hat zwei Söhne, Eric und Mark, und eine Tochter. Doch Karen starb, als sie zweieinhalb Jahre alt war.

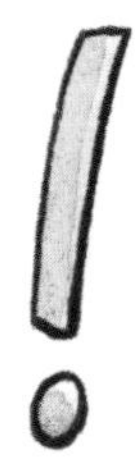

Noch einmal holte die NASA ihren Mondfahrer zu Hilfe. Der Anlass war die größte Katastrophe, die die amerikanische Raumfahrt je erlebt hat. Am 28. Januar 1986 war die Raumfähre „Challenger“ kurz nach dem Start in der Luft explodiert. An Bord starben sieben Astronautinnen und Astronauten. Armstrong half mit, dieses Unglück aufzuklären. Neil Alden Amstrong lebt heute mit seiner Familie in Ohio.

Und nun zum Mars?

Nach Armstrongs Premiere schickte die NASA sechs weitere Raumschiffe auf den Mond. Das letzte war „Apollo 17" Anfang der 1970er Jahre.

Inzwischen hat die Weltraumforschung noch viel ehrgeizigere Pläne: Der Mensch will zum Mars. Der ist – je nach Stand der Planeten – zwischen 55,8 und 399,9 Millionen Kilometer von uns entfernt. Der Weg zum Mond mit fast 400 000 Kilometern nimmt sich dagegen wie ein Katzensprung aus. Die Amerikaner haben aber vor, auf ihm eine Plattform zu errichten, die als Sprungbrett zum Roten Planeten dienen könnte. Eine Reise auf direktem Weg zum Mars und wieder zurück zur Erde würde über zwei Jahre dauern. Kein Raumschiff kann so viel Treibstoff bunkern. Deshalb bietet sich der Mond als Zwischenstation an.

Boten der Erde sind auf dem Mars bereits unterwegs: 2004 hat die NASA dort zwei kleine Roboter ausgesetzt, die auf seiner Oberfläche nach Spuren von Leben suchen.

Die einsame Frau im Wald

Manchmal kroch sie auf allen vieren durchs Dickicht. So versuchte sie, den Tieren näher zu kommen. Sie wollte deren Sprache erlernen. Die „Nyiramachabelli" war wirklich sonderbar. So, „die einsame Frau im Wald", wurde die Amerikanerin von den Einheimischen in Ruanda genannt. In dessen hügeliges Bergland hatte sie sich zurückgezogen. 18 Jahre lang lebte sie dort im afrikanischen Regenwald – für die Gorillas, mit ihnen und wie sie. Manchmal aß die Frau sogar wie ihre Schützlinge die Blätter der Bäume. Alles nur, um zur Vertrauten der Vierbeiner zu werden. Die Menschen wurden ihr darüber mehr und mehr fremd – und sie ihnen.

Schon früher, als sie noch in Amerika lebte, hatte sie sich am liebsten von ihnen fern gehalten. Nur Kinder ließ sie an sich heran. Ihren behinderten Patienten im Kinderkrankenhaus von Louisville in Kentucky war die gelernte Bewegungstherapeutin eine geduldige Zuhörerin. Unter den erwachsenen Kollegen galt sie dagegen als Sonderling. Auch die Nachbarn wussten nicht viel über die junge Frau zu sagen. Sie wohnte allein in einem kleinen Häuschen. Draußen sah man sie fast nur, wenn sie sich der streunenden Hunde ihres Stadtteils annahm. „Die mag Tiere lieber als Menschen", sagten die Leute über sie. Was ja auch stimmte.

In den Jahren im Regenwald wurden Menschen für sie zu Feinden. Manchmal schlich sie als Hexe verkleidet durch den Wald, um diese Feinde aus dem Reich ihrer Schützlinge zu vertreiben. Am Ende bezahlte die Frau ihren Menschen-Hass mit dem eigenen Leben. Eines Tages fand man die Nyiramachabelli mit gespaltenem Schädel in ihrer Hütte. Die wenigen Freunde begruben sie neben den von ihr so geliebten Tieren im Wald.

Wer war das?

Dian Fossey – ein Leben unter Berggorillas

Geboren am 16.1.1932 in San Francisco
Gestorben in der Nacht zum 27.12.1985

Mit allem, was ihre Lungen hergaben, brüllte Dian die beiden Tiere an, die da mit bedrohlichem „Uuuuaaarg!“ auf sie zugerast kamen. Sie nahm all ihren Mut zusammen und baute sich in voller Größe vor den Gorillas auf, um deren Kampfruf zurückzugeben. Mit dem wütenden Silberrücken und seiner Gefährtin war nicht zu spaßen! Die aber ließen sich durch ihre Drohgebärden nicht beirren. Blitzschnell warf sich Dian Fossey zur Seite und ins Gebüsch. Das tobende Pärchen walzte an ihr vorbei.

Puh! Das war gerade nochmal gut gegangen! Das Herz schlug ihr bis zum Hals. Immerhin hatten ihr heute die Knie nicht gezittert. Beim ersten Erlebnis dieser Art hatte sie sich noch vor Angst in die Hosen gemacht und sich an den nächsten Baum geklammert. Ihre Reaktion jetzt gefiel ihr schon besser. Das Ergebnis auch: Schließlich war das bedrohliche Duo an ihr vorbeigerannt.

Schade, dass Louis Leakey das nicht gesehen hatte. In ihrem nächsten Brief würde sie ihm ausführlich davon berichten. Er würde stolz auf sie sein! Es war noch gar nicht lange her, da hatte der Wissenschaftler sie wie ein dummes Schulkind gemustert. Sie wusste, dass der Mann immer auf der Suche nach Frauen war. Er lobte ihre Geduld, schätzte ihre Fähigkeit, eine Mutter-Kind-Beziehung aufzubauen, und wusste ihre Sensibilität für seine Arbeit in der Primatenforschung zu nutzen. Frauen lösten bei den Männchen weniger Aggressionen aus als das Auftreten ihrer menschlichen Geschlechtsgenossen.

Dian Fossey kannte diese seine Meinung. Deshalb hatte sie den berühmten Anthropologen und Zoologen 1966 nach einem Vortrag in Louisville auch angesprochen und ihm einen Bericht über ihre Erlebnisse in Afrika in die Hand gedrückt. Sein Blick stellte nur eine Frage: Ob du wohl die Richtige bist? Mit einer anderen Frau hatte er bereits beste Erfahrungen in Afrika gemacht: Die Britin Jane Goodall erforschte Schimpansen im tansanischen Gombe-Tal.

Dian Fossey wollte wissen, wer und wie „King Kong“ wirklich war.

Sie, Dian Fossey, wollte unbedingt das Gleiche bei den Berggorillas im Kongo tun. Für sie hatten Gorillas nichts mit dem „King Kong“ aus dem Kino zu tun, den die Filmemacher als tumben Kraft-Protz zeigten, der nichts konnte, als mit plumpen Fäusten auf seine Brust zu trommeln. Sie wollte erforschen, wie diese Menschenaffen wirklich waren.

Diese Neugier hatte eine Reise durch Afrika in ihr geweckt. Sieben Wochen lang hatte sich Dian Fossey Nationalparks angesehen und sich auf eigene Faust in den unwirtlichen Virunga-Bergen im Grenzland zwischen Kongo und Uganda herumgetrieben. Dort hatte sie Joan und Alan Root kennen gelernt, zwei Fotografen, die versuchten, einen Film über die Menschenaffen zu drehen.

Mit ihnen freundete sich die sonst so menschenscheue Globetrotterin an. Die beiden hatten ihr den Regenwald gezeigt, wo sie zum ersten Mal eines dieser Respekt einflößenden Tiere zu sehen bekam. Der Anblick ließ sie nicht mehr los. Aber noch ein anderes Bild bekam sie nicht mehr aus dem Kopf: Auf den Märkten wurden abgehackte Gorillaköpfe und -hände zum Kauf angeboten. Touristen fanden es schick, sich diese „Souvenirs“ als ausgefallene Aschenbecher mit nach Hause zu nehmen.

Noch entsetzter war sie, als sie erfuhr, dass die Jäger die so verstümmelten Tiere einfach liegen und verbluten ließen. Noch gnadenloser wurde Jagd auf die Gorilla-Babys gemacht: Diese lebende Beute brachte zigtausende Dollars ein, die Zoos den Tierhändlern dafür bezahlten. Weil Gorillas ihren Nachwuchs bis aufs Blut verteidigen, schlachteten die Wilderer skrupellos die erwachsenen Tiere ab, um an die begehrten Babys zu kommen. Auch davon berichtete Dian Louis Leakey. Der Zoologe teilte ihre Sorge, bald könnten diese ohnehin seltenen Primaten ausgerottet sein. Schließlich sagte er Dian Fossey zu, sie für drei Jahre zu den Berggorillas in den Regenwald zu schicken.

Seit Dezember 1966 war sie nun im Kongo, wo es schon nach wenigen Wochen zu der dramatischen Begegnung mit dem wütenden Menschenaffen-Pärchen gekommen war. Leaky hätte für seine wissenschaftliche Gorilla-Studie keine bessere Wahl treffen können. Kein Mensch hatte sich je näher an diese Tiere in freier Wildbahn herangetraut. Die Berggorillas wurden Dians beste Freunde. Insgesamt 18 Jahre lebte sie mit ihnen, als gehöre sie dazu, mitten im Wald. Bei ihnen fand sie Ersatz für das, was ihr in der Kindheit so gefehlt hatte: eine Familie.

In den Gorillas fand sie, was ihr fehlte: Freunde und eine Familie.

Dian Fossey war am 16. Januar 1932 in San Francisco zur Welt gekommen. Ihr Vater, George Fossey, war ein Trinker. Zu Hause gab es nur Zank und Streit. Als Dian drei Jahre alt war, ließen die Eltern sich scheiden. Aber ihre Mutter Kitty hatte keine Zeit für sie, sie arbeitete als Mannequin in Modehäusern. Ihre Schwester, Dians Tante Flossy, und deren Mann, Onkel Bert, kümmerten sich um das verstörte Kind.

Zwei Jahre nach der Scheidung heiratete Dians Mutter den Unternehmer Richard Price. Er machte keinen Hehl daraus, dass Dian ihm lästig war. Als Teenager kam sie sich wegen ihrer Größe von 1 Meter 85 neben der schönen Mutter hässlich vor, was sie in Wirklichkeit gar nicht war. Ihr Wunsch, Tiermedizin zu studieren, scheiterte an ihren schlechten Noten. Deshalb wurde sie Bewegungstherapeutin, um, wenn schon nicht mit Tieren, dann wenigstens mit Kindern arbeiten zu können. 1955 fand sie einen Job im Kinder-Krankenhaus von Louisville.

Mit geliehenem Geld erfüllte sich Dian mit 31 Jahren ihren größten Wunsch, einmal nach Afrika zu reisen. Am liebsten wäre sie gar nicht zurückgekehrt. Als sie hörte, dass der Zoologe Leaky nach Louisville kommen würde, sah sie darin die Chance ihres Lebens.

Mit seinem Auftrag in der Tasche brach sie alle Zelte in Amerika ab und reiste in den Kongo. Dort richtete sie sich auf der Kabara-Wiese mitten im Regenwald ein kleines Lager ein. Der Fotograf Alan Root half ihr dabei. Mit einem afrikanischen Küchenjungen und einem Fährten- und Holzsucher ließ er Dian dann dort oben im Reich der Gorillas allein. Anfangs traute sie sich kaum aus dem Zelt. Zu fremd und Furcht erregend waren die Geräusche des Urwalds. Auch die sintflutartigen Regengüsse machten ihr zu Beginn Angst. Allein mit Afrikanern, denen sie nicht traute, saß sie nun im Dschungel, einen stundenlangen, mühsamen Marsch von jeder Zivilisation und Hilfe entfernt. Sie ließ die Schwarzen spüren, dass sie sie nicht mochte. Die schlichen sich deshalb oft für Tage heimlich davon, was das Misstrauen der unfreundlichen Frau nur noch mehr schürte.

Fossey sollte für Leakey dokumentieren, welche Auswirkungen die Wilderei auf den Gorilla-Bestand hatte, was es für Folgen hatte, dass Bauern und Hirten in ihren Lebensraum eindrangen. Monatlich schickte Dian dem Wissenschaftler dicke Berichte. Nach einem halben Jahr musste sie aber wegen des Bürgerkriegs im Kongo ihr Lager verlassen und machte sich über die Grenze nach Ruanda davon.

Was richteten Wilderer, Hirten und Bauern damit an, dass sie ins Reich der Gorillas einbrachen?

An den Hängen des Mount Visoke errichtete sie ihre neue Beobachtungsstation, Karisoke. Die Arbeit dort sollte sie weltberühmt werden lassen. Hier wurde die Gorilla-Forscherin zur Gefährtin der Tiere. Hier wurde die Amerikanerin Dian Fossey zur „Gorilla-Frau“. In ihrem Buch „Gorillas im Nebel“ schrieb sie später: „Ich hatte den tief empfundenen Wunsch, gemeinsam mit wilden Tieren in einer Welt zu leben, die von den Menschen noch nicht kaputtgemacht worden war.“

Dian Fossey wurde zur „Gorilla-Frau“.

Monatelang kämpfte sich Dian durch den menschenfeindlichen Regenwald, um in Kontakt mit den Berggorillas zu kommen. Sie folgte ihren Spuren, zählte die Tiere. An ihren unterschiedlichen Nasen konnte sie sie bald auseinander halten und wiedererkennen. Jeder Gorilla bekam von ihr einen Namen. Ein gemütliches Männchen wurde zu „Onkel Bert“, weil er sie an den eigenen Onkel erinnerte. Dessen verspielter Kamerad war für sie „Peanuts“. Und dann war da „Digit“: Die „neugierige, flaumige Wollkugel mit leuchtenden Augen“ war fünf Jahre alt, als Dian sie das erste Mal sah. Weil er einen verstümmelten Finger hatte, wurde der kleine Gorilla von ihr „Digit“, Finger, genannt.

Das erste Tier, mit dem sie engeren Kontakt aufnehmen konnte, war Peanuts, Digit aber ihr erklärter Liebling, der ihr und dem sie noch viel näher kam: Eines Tages griff die Wollkugel ihr sogar ins Haar.

Diese Vertrautheit zu schaffen, war Dian Fossey gelungen, weil sie sich mit der Zeit selbst wie ein Menschenaffe benahm: Auf allen vieren bewegte sie sich über den Waldboden. Sie schlug sich auf die Brust, kratzte sich ihr imaginäres Fell, brach Äste ab und aß die Blätter, rülpste und ahmte die anderen Laute der Gorillas nach. Bald war sie den Tieren nicht mehr fremd. Sie sahen sie fast als ihresgleichen an. Dian konnte nun umso genauer das Gruppenleben der wilden Berggorillas studieren. Sie durchschaute die Rangfolge der einzelnen Familien, deren Chef stets das stärkste Tier, der „Silberrücken“ war.

Nicht nur für Tierforscher waren ihre Beobachtungen eine Sensation. National Geographic, das angesehenste Natur- und Geografie-Magazin der Welt, hatte sie schon mit Geld unterstützt. Nun schickte die Redaktion einen Fotografen, der in Ruanda einen Film über sie und ihre Tiere drehen sollte. Als Bob Campbell 1969 nach Karisoke kam, kümmerte sich die „Gorilla-Frau" gerade um zwei verletzte Affen-Babys, Coco und Pucker. Zwei Wildhüter hatten sie als Waise aufgegriffen. Sie sollten an einen europäischen Zoo verkauft werden. Dian pflegte sie gesund und wollte sie behalten. Doch Ruandas Regierung ordnete trotz ihrer Proteste die Herausgabe an.

Bob Campbell gelangen atemberaubende Fotos von Dian und den Menschenaffen. Im Januar 1970 machte National Geographic eines davon zum Titelbild des Heftes. Mit einem Schlag wurde Dian Fossey weltberühmt und hatte endlich ein Forum, um gegen die Gorilla-Jagd zu protestieren und der Welt zu sagen, wie bedroht diese Tierart dadurch war. Von der Universität von Cambridge bekam sie vier Jahre später für ihre Forschungen den Doktorhut der Zoologie.

Wilderer nahmen Dian Fossey das Liebste, was sie hatte: Digit und Onkel Bert.

Doch dann kam der schwärzeste Tag in Dian Fosseys Leben. Zehn Jahre, nachdem sie Digit, ihren liebsten Spielgefährten, kennen gelernt hatte, fand sie das Tier ohne Kopf und Hände, von Wilderern verstümmelt und danach verblutet. Kurz darauf wurde auch „Onkel Bert" umgebracht.

Mithilfe von National Geographic startete Dian eine Kampagne gegen die Wilderei. Sie gründete eine Stiftung, die sie nach Digit benannte. Mit den Spendengeldern stellte sie bewaffnete Söldner ein, die den Wilderern das Handwerk legen sollten. Doch das war Dian noch längst nicht genug. Vor Wut lief sie Amok. Kamen Touristen dem Revier ihrer Gorillas zu nahe, schoss sie über deren Köpfe. Sie verkleidete sich als Hexe und jagte so den Einheimischen Angst ein. Einmal soll sie einen Wilderer, den sie ertappt hatte, gezwungen haben, sich nackt auszuziehen, um ihn dann von ihren Männern mit Brennnesseln auspeitschen zu lassen. Bald war sie in Ruandas Bergen die meistgehasste Person. 1979 wurde Dian Fossey ausgewiesen und für vier Jahre des Landes verbannt.

Die Cornell Universität im Staat New York gab Dian Fossey einen Lehrauftrag. Das ermöglichte ihr, nebenbei ihr Buch „Gorillas im Nebel“ zu schreiben. Zwar konnte sie 1983 nach Ruanda zurückkehren, die National Geographic Society stellte aber die finanzielle Unterstützung für sie ein. Auch in Ruanda war sie nicht mehr gern gesehen. Überlegungen der Regierung, den Einheimischen durch Öko-Tourismus eine Alternative zur Wilderei zu schaffen, lehnte Dian rundweg ab. Für die Eingeborenen war sie jetzt wirklich eine verhasste Hexe. Im Oktober 1985 fand sie morgens an ihrer Tür eine Zeichnung, ein Todessymbol. Zwei Monate später war Dian Fossey tot. Am 27. Dezember 1985 wurde sie von einem ihrer Mitarbeiter mit zertrümmertem Schädel in ihrer Hütte gefunden.

Man begrub Dian Fossey neben Digit, Onkel Bert und ihren anderen Freunden auf dem Gorilla-Friedhof. Auf dem Grabstein steht „Nyirmachabelli – die einsame Frau im Wald“. Diese Inschrift hatte sie sich schon zu Lebzeiten gewünscht. Daneben steht noch: „Jetzt bist du da, wo du zu Hause warst.“

Aus dem Nebel ins Licht

1988 wurden das Leben und die Arbeit von Dian Fossey verfilmt. Dem Drehbuch lag ihr Werk „Gorillas im Nebel“ zu Grunde. Die Hauptdarstellerin, der amerikanische Filmstar Sigourney Weaver, war nach den Dreharbeiten so sehr von den Gorillas fasziniert, dass sie sich danach selbst für den Schutz dieser Tiere einsetzte. Sigourney Weaver wurde Ehrenpräsidentin des Dian Fossey Gorilla Funds DFGF, wie die von der Primatenforscherin gegründete Digit-Stiftung seitdem heißt. Durch deren Arbeit hat sich die Zahl der Berggorillas seit Dian Fosseys Tod auf 400 Tiere wieder fast verdoppelt. Weltweit wird der Bestand dieser vom Aussterben bedrohten Art auf rund 700 geschätzt.

Stichwortverzeichnis

Aborigines 89
Abu Abdallah Mohammed bin Abdallah bin Mohammed bin Ibrahim al-Lawati 33 ff.
Adventure 96
Alamut 197, 198
Alaska 83, 85 ff., 127, 281
Albuquerque, Alfonso de 68
Aldrin, Edwin 259 ff.
Aleuten 88
Allerheiligenstraße 71
Almeida, Francisco de 68
Amazonas 105, 106, 223
Amerika 13, 14 ff., 41, 45, 47 ff., 83, 85 f., 88, 120, 122 f., 142 f.
Amundsen, Roald 148 ff., 159, 163, 166, 204
Antarktis 89, 96, 149, 152 ff., 158 ff., 221, 222 f., 244
Apollo 11 259 ff.
Aqualunge 219 f.
Aragon 52
Archäologie 117, 125 f.
Archäonautiker 231
Arktis 127, 128 ff., 142, 155
Armstrong, Neil 231, 244, 257 ff.
Ashmolean Museum 185, 188
Assassinen 197 f.
Astronaut 231, 256 ff.
Atlantis 223
Aurora Borealis 135
Austbygd 18
Azteken 73, 74, 76 ff.

Baffin Island 15
Barrier-Riff 95, 98
Bartlett, Bob 138 f., 145
Battuta, Ibn 32 ff.
Beijing 23, 39
Belgica 148, 150
Bennet, Floyd 153
Bering, Vitus 84 ff.
Bering-Insel 84, 88
Bering-See 86
Bering-Straße 86, 97, 151, 152
Berrio 59, 63
Bonpland, Aimé 100, 104 ff.
Botswana 111
Brattahlid 18, 19
Buch der Wunder 21, 24, 27, 29, 30, 40
Byrd, Richard 153

Cabora Bassa 115
Cadiz 53
Calicut 33, 38, 42, 45, 46, 54, 55, 57, 63, 64
Calvert, Frank 123
Calypso 221, 224
Campbell, Bob 271

Captain Planet 217 ff.
Carter, Howard 178 ff.
Casiquiare 106
Cathay 23
Cavilhao, Pedro de 58
Challenger 263
Chimborazo 106
China 21, 22 ff., 31 ff., 38, 41, 43, 46, 50, 64, 87, 123
Cochin 64
Collins, Michael 259 ff.
Columbia 144, 259 ff.
Concepçion 69, 70, 72
Conshelf 222
Cook, Frederick 140 ff., 148, 150, 152, 156
Cook, James 90 ff., 103, 225
Cook-Straße 95
Cortez, Hernando 74 ff.
Cousteau, Jacques Yves 218 ff.
Cousteau-Gesellschaft 223, 224
Cuba 47, 52, 53, 73, 75, 78, 80, 106, 123
Cumaná 105, 106

Da Gama, Vasco 41, 54, 56 ff., 67
Diaz, Bartolomeu 58
Digit 270 ff.
Discovery 162
Diu 68
Dominica 53
Drachenboot 15, 19

Eagle 260 ff.
Eriksstadir 14, 17
Ellsworth, Lincoln 155
Endeavour 90, 94, 95, 98
Endeavour-Straße 95
Erik der Rote 16 ff.
Eriksson, Leif 14 ff.
Eskimos vgl. Inuit
Experimentelle Archäologie 230

Fang 167 f., 174
Fatu Hiva 228, 230, 233
Feuerland 70
Fluch des Pharaos 177, 183
Forster, Georg 103
Fossey, Dian 266 ff.
Fram 128, 131 ff., 152 f., 161, 163
Franklin, John 149
Franz-Josef-Land 134 f.
Fu Youde 43

Gagarin, Jurij 252 ff., 259
Gagnan, Emile 218, 220 f.
Geheimnisse des Meeres 217
Gemini 8 256 ff.
Gerlache, Adrien de 148 f.
Gesellschaftsinseln 97
Ghang Lha 246, 250
Gjöa 150 f.
Glenn, John 254
Goldene Horden 36 f.
Goodall, Jane 267

Gorillas 265 ff.
Göttinmutter 245, 248 ff.
Green Cross 234
Greenländer-Sage 15, 16
Grenville 93
Grönland 15, 18, 127, 129 ff., 139 ff.
Grönland-Durchquerung 129 ff., 140, 149
Guanahani 48
Guangzhou 39

Hangchow (Hangzhou) 21, 27, 28
Haschaschun 197
Hawaii 90, 97, 216, 263
Helena 117, 118
Helluland 15
Henson, Matthew 139 f., 144
Heyerdahl, Thor 226 ff., 231
Hillary, Edmund 236 ff.
Himalayan Trust 243
Hispaniola 52
Hissarlik 117, 123 ff.
Hop 16
Hottentotten 61, 62
Humboldt, Alexander von 20, 100 ff.
Humboldt, Wilhelm von 103
Humboldt-Strom 106, 229

Il Millione 21
Ilias 117, 118, 120, 123 f.
Indianer 13, 20, 48 ff., 77, 82, 88, 105 f., 225, 227
Indien 26, 37, 50 ff., 54, 55 ff., 84, 97, 246
Inka 227 ff.
Inuit 13, 20, 127, 131, 137, 138 ff., 151
Irvine, Andrew 207
Island 13, 14 ff., 130
Italia 156

Johanson, Frederik Hjalmar 133 ff., 153
Jusayy, Ibn 33, 40

Kalahari 112
Kamtschatka 83, 86 ff.
Kanton 39
Kap der Guten Hoffnung 41, 58, 95
Kap Tormentoso 58
Karisoke 269, 271
Karkemisch 188
Kastilien 67, 74
Khumbu-Tal 246 ff.
Kingsley, Mary 168 ff.
Knarre 13, 14
Kokachin 28
Kolumbus, Christoph 20, 48 ff., 73, 75, 83 f., 225
Konfuzius 45
Kongo 115, 116, 170, 173, 174, 267 ff.
Konquistadoren 73, 82
Kon-Tiki 226 ff.

Korcula 30
Kosmonaut 252 f.
Kosmos 102, 108
Kublai Khan 21, 23 ff.
Kuruman 111

L'Anse aux Meadows 13, 19
La Navidad 52, 53
La Noche Triste 81
Labrador 16, 145
Lambarene 168, 174
Lambert, Raymond 249
Lawrence von Arabien 186 ff.
Lawrence, Thomas Edward 186
Leifsbudir 19
Lindbergh, Anne Spencer 213, 216
Lindbergh, Charles 210 ff.
Linyanti 113
Lissabon 57 ff.
Livingstone, David 110 ff.
Llanos 105
Luanda 113
Luristan 197, 198
Lusiaden 55 ff.

Ma He 42 f.
Macao 64
Mactan 65, 66, 71 f.
Magellan, Ferdinand 66 ff.
Magellanstraße 71, 72
Makololo 112, 113
Malabar 63, 64
Malakka 44, 68
Malawi-See 115
Mallory, George 202 ff., 238
Mar Pacifico 65
Markham, Clement 160, 161
Markland 15
MaRobert 115
Maya 76
McMurdo-Sund 153, 162 ff.
Mexiko 73, 75 f., 81, 82, 106
Minik 143, 146
Moctezuma II. 76 ff.
Molukken 44, 64, 68, 69, 70
Mongolen 21, 22 ff., 37
Mosi-oa-Tunya 114
Mount Everest 202 ff., 236 ff., 246 ff.,
Mykene 123, 125

Nahuatl 76, 82
Namgyal Wangdi 246
Nansen, Fridtjof 128 ff., 140, 143, 147 f., 150, 152, 155, 161
Nansen-Kocher 130
Nansen-Pass 136
Nansen-Schlitten 130
NASA 258, 263 ff.
National Geographic Society 145, 223
Nepal 204 f., 239, 243, 245 f., 248 f.
Neufundland 13, 16, 19
Ngami-See 112

Niña 50
Nobile, Umberto 147, 155, 156
Nordpol 127 ff., 137 ff., 151 f., 155, 156, 161, 204, 244, 276
Nordwestpassage 149
Norgay, Tensing 236 ff., 246 ff.
Norge 155
Norwegen 17, 19, 93, 127, 136, 152 f., 225, 229
Nyiramachabelli 265

Ocean Futures Society 224
Ochotsk 85, 86
Orinoco 101, 102, 105 f.

Packeis 127, 132, 144 f., 148, 150
Pamir-Gebirge 21, 24
Papyrus 225, 230 f.
Paroroca 223
Patagonien 70
Peanuts 271
Peary, Robert E. 138 ff., 163, 204
Peter der Große 84 ff.
Petropawlowsk 87
Pflanzengeografie 107, 108
Pigafetta, Antonio 66, 69
Pinta 49, 50
Polo, Maffeo 22 ff.
Polo, Marco 22 ff., 40, 51
Polo, Niccolò 22 ff.
Polynesien 226 ff.
Popocatepetl 78
Portugiesisch-Indien 64, 68
Priamos 117, 124 ff.
Ptolemäus 51
Punt 232 f.

Quelimane 62, 114
Quetzalcoatl 76 f.
Quilin 42, 45

Ra 231 f., 234
Resolution 96, 97
Rodrigo de Trianas 49, 50
Roosevelt 138 f., 144
Ross, James Clark 150
Ross-Schelfeis 153, 166
Royal Geographic Society 93, 96, 112, 114, 160 f., 198, 204
Ruanda 226, 270, 272 f.
Rustichello 29

Sambesi 111, 113
San Antonio 69, 70, 71
San Bao 46
San Salvador 49, 52
Sankt Paul 87
Sankt Peter 87
Sansibar 109, 116
Santa Gabriel 59, 60, 61, 62, 63
Santa María 43, 50 f., 52
Santa Raphael 59, 62, 63
Santiago 69, 70
Saturn V-Rakete 260 f.

Sauerkraut 89 ff., 96
Schatzschiffe 44, 45
Schliemann, Heinrich 118 ff.
Schliemann, Sophia 117, 124
Schneetiger 246, 247
Scott, David Randolph 257 f.
Scott, Kathleen 158
Scott, Robert Falcon 152 f., 156, 158 ff.
Seidenstraße 30
Shackleton, Ernest 152, 162 f.
Shangtu 26
Shepard, Alan B. 255
Sherpa 205 f., 236, 239 f., 241, 245 ff.
Sibirien 26, 83, 84 f., 87
Sindbad 46
Sklaven 49, 73, 76, 99, 113, 115
Sklavenhandel 115, 116
Skorbut 61, 87, 88, 89 f., 96, 107, 148
Spirit of St. Louis 211, 215
Sputnik 253
Stanley, Henry Morton 116
Stark, Freya 194 ff.
Steinland 15
Steller, Georg Wilhelm 87
Südpol 90, 103, 148 ff., 159 ff., 204, 237
Südsee 95, 227
Swednyk Gorodok 253

Tahiti 94, 96, 229
Takla Makan 21, 25
Tal der Mörder 193 ff.
Tanganjika-See 115 f.
Tanger 31, 32, 37, 40
Tenochtitlan 76 ff.
Terra australis incognita 94, 95 f.
Terra Nova 153, 163
Texcoco-See 78, 82
Thron des Salomon 198 f.
Tibet 24, 26, 204 f., 248
Tigris 233
Tiki 228
Toscanelli, Paolo dal Pozzo 51
Trinidad 69, 72
Troja 117 ff.
Tschomolungma 245 ff.
Tutenchamun 178 ff.
Tyrins 125

Velazquez, Diego 74, 75, 78, 80
Venedig 21, 22 f., 29
Veracruz 77 f., 80
Vespucci, Amerigo 54
Vestbygd 18
Victoria 69, 70, 72
Viking 18, 129
Viktoria-Wasserfälle 111, 114
Vinland 15

Waldland 15
Weinland 15

Welt der Stille 222
Weltumseglung 66
Westindien 64, 73
West-Indische Inseln 56
Whitby-Kat 92, 94, 95
Wikinger 13, 15, 16 ff.
Wostok I 252, 253

Xanadu 21, 26
Xochimilco 82

Yak 24, 25
Yeti 242
Yong Li 42, 45
Yunnan 42

Zamorin 56 f., 63
Zheng He 42 ff.
Zhu Di 43
Zhu Gaozhi 45
Zhu Zhanji 45

Der war das!

Mit Lederkappe, Trinkhorn und Rauschebart

Leif Eriksson – der erste Entdecker Amerikas 13

Der Aufschneider von Venedig

Marco Polo – im Dienste des Kaisers von China 21

Ein Träumer aus Tanger

Ibn Battuta – unterwegs auf Allahs Teppich 31

Der Herr der schwimmenden Städte

Zheng He – des Kaisers oberster Eunuch 41

Zur falschen Zeit am falschen Ort

Christoph Kolumbus – der Entdecker der „Indianer" 47

Der Held der Lusiaden

Vasco da Gama – der Mann, der den Seeweg nach Indien fand . . . 55

Gift-Tod im Meer des Friedens

Ferdinand Magellan – als Erster einmal um die Erde 65

Die grausame Gier nach Gold

Hernando Cortez – der Untergang der Azteken 73

Der kalte Tod vor Kamtschatka

Vitus Bering – der Kolumbus des Zaren 83

Dem Glück der Wilden auf der Spur

James Cook – einmal um den Südpol und dreimal um die Welt . . . 89

Groß, charmant und genial

Alexander von Humboldt und das Abenteuer Wissenschaft 99

Es liegt ein Herz in Afrika …
David Livingstone – besessen vom schwarzen Kontinent 109

Die Auferstehung der Helena
Heinrich Schliemann – der zweite Kampf um Troja 117

Huckepack durchs ewige Eis
Fridtjof Nansen – vom Arktisforscher zum Friedensfreund 127

Mit dem Sternenbanner am Leib ins ewige Eis
Robert E. Peary – der erste Mensch am Nordpol 137

Vom Helden zum Griesgram
Roald Amundsen – der Sieger vom Südpol 147

Der teuerste Keks der Welt
Robert Falcon Scott – der tragische Held der Antarktis 157

Allein unter Menschenfressern
Mary Kingsley – mit Rock, Hut und Schirm
durch den Dschungel 167

Der Fluch des Pharaos
Howard Carter und das Grab des Tutenchamun 177

Auf den Spuren der Ritter
Lawrence von Arabien – der unglückliche Wüstensohn 185

Auf der Suche nach den Haschisch-Rauchern
Freya Stark – im Tal der Mörder 193

Leichtsinn im Kopf und den Teufel im Leib
George Mallory – die Marmormumie am Mount Everest 201

Lucky Lindys rätselhaftes Leben
Charles Lindbergh – allein über den Atlantik 209

Unterwegs mit Captain Planet
Jacques Yves Cousteau und die Geheimnisse des Meeres 217

Wasserscheu im Ozean
Thor Heyerdahl – im Papierboot übers Meer 225

Ein Feigling namens Parzival
Edmund Percival Hillary – Bezwinger des Mount Everest 235

Wovon der Yak-Hirte träumt
Tensing Norgay – der Schneetiger auf dem Tschomolungma 245

Ein Mann mit guten Manieren
Jurij Gagarin – der erste Mensch im All 251

Der Ritt mit der Blechgans
Neil Alden Armstrong – der erste Mensch auf dem Mond 255

Die einsame Frau im Wald
Dian Fossey – ein Leben unter Berggorillas 265

Christine Schulz-Reiss, Jahrgang 1956, studierte nach dem Abitur in Erlangen und München Germanistik, Geschichte, Politik und Kommunikationswissenschaften. Danach arbeitete sie als politische Reporterin und Redakteurin für Tageszeitungen in Stuttgart und München. Seit 1991 ist sie freiberufliche Journalistin. Sie schreibt für verschiedene Magazine sowie Kinder- und Jugendsachbücher. 2004 wurde der im Loewe Verlag erschienene Titel *Nachgefragt: Politik* für den Gustav-Heinemann-Friedenspreis nominiert. Von Christine Schulz-Reiss sind bei Loewe außerdem der Band *Nachgefragt: Philosophie* und der Titel *Was glaubt die Welt?* erschienen, der die fünf großen Religionen beschreibt. Die Autorin hat eine Tochter und lebt in der Nähe von München.

Bildnachweis

akg-images (S. 32, 48, 56, 66, 74, 100, 110, 118, 128, 138, 158, 186, 256), akg-images/Jürgen Sorges (S. 14), akg-images/Nimatallah (S. 90), akg-images/IMS (S. 148), akg-images/AP (S. 252), APA-IMAGES/epa/Wu Hong (S. 42), getty images/Michael Lewis (S. 236), Interfoto-IFPA (S. 84), Keystone (S. 210, 218, 246), picture-alliance/dpa (S. 178, 202), Scanpix Sverige/Keystone (S. 226), SuperStock/mauritius images (S. 22), SV-Bilderdienst (S. 266).